Über die Autorin:

Wendy Nikolaizik lebt im Ruhrgebiet und schätzt Ehrlichkeit und Direktheit. Sie glaubt, dass die Welt zu verbessern gar nicht so schwer ist, wenn jeder einen kleinen Teil beiträgt. Sie liebt es die Gedanken ihrer Leser zu hören, über ihre Charaktere zu reden und das Gefühl mit ihren Worten vielleicht nicht die ganze Welt, aber zumindest den Mikrokosmos einer Einzelperson verändern zu können.

„Guck mal, die Asis" ist ihr Debütroman.

Guck mal, die Asis

Wendy Nikolaizik

WREADERS TASCHENBUCH
Band 49

Dieses Buch ist auch als E-Book erschienen

Vollständige Taschenbuchausgabe
Deutsche Zweitausgabe

Copyright © 2020 by Wreaders Verlag, Sassenberg
Druck: BoD – Books on Demand, Norderstedt
Umschlaggestaltung: Julia Schrader
Lektorat: Mary Lee Wagner
Illustrationen: Marie Schulten
Satz: Lena Weinert

www.wreaders.de

ISBN: 978-3-96733-096-0

*Für Mama und Papa,
für jeden mit einem weichen Herz in einer harten Welt
und für die Punks.*

1

Thomas legte sich völlig grundlos mit den Punks an, die vorm Hauptbahnhof auf den schmutzigen Steinplatten saßen und Bier tranken. Eigentlich hatten er und seine Freundin Debby nur noch wenige Minuten bis ihre Bahn abfuhr, aber daran dachte er nicht.

„He, ihr Penner!", brüllte er den drei Kerlen schon aus einigen Metern Entfernung zu. Die Außenbeleuchtung des Bahnhofsgebäudes warf Licht auf einen grünen Irokesen und schwarze, wild abstehende Haarsträhnen. Ketten und Nieten reflektierten einzelne Lichtstrahlen.

„Was soll das werden?", zischte sie und drückte seine Hand ein wenig fester, aber er wandte ihr nicht mal den Blick zu. Stattdessen fixierte er den Kerl mit dem Iro, der ihm eine Antwort zubrüllte, ohne vom Boden aufzustehen.

„Was willst du?"

„Verpisst euch mal hier, ihr Asis. Wenn ich mit meiner Freundin vom Club nach Hause geh', will ich solche Verlierer wie euch nicht sehen!" Er zog Debby mit sich nach rechts vom Eingang weg und blieb wenige Schritte von der Gruppe entfernt stehen, sie gezwungenermaßen mit ihm. Sie schaute ihn von der Seite an.

Was war plötzlich in ihn gefahren?

Ja, er hatte was getrunken.

Ja, manchmal wurde er dann aggressiv.

Aber wieso zum Teufel pöbelte er plötzlich fremde Menschen auf dem Heimweg an?

„Geh weiter, bevor du dich in Schwierigkeiten bringst", erwiderte der Punk mit dem schwarzen Haar.

Thomas ließ Debbys Hand los und nahm die Schultern zurück. „Drohst du mir?", fragte er.

„Komm jetzt!" Sie griff nach seinem Handgelenk, aber er zog seinen Arm weg.

„Ich geb' dir nur einen Ratschlag", sagte der Punk.

„Du brauchst dich gar nicht so aufbauen", mischte sich der mit dem Iro ein. „Drei gegen einen sieht nicht gut aus für dich."

„Ich geh' jetzt nach Hause", zischte Debby. Der einsame Bahnsteig bei Nacht war bestimmt nicht gefährlicher als ihr Freund, der vollkommen unnötig eine Prügelei heraufbeschwor.

„Halt den Mund!", fuhr Thomas sie an. Für einen kurzen Augenblick wandte er ihr den Blick zu, seine Augen funkelten wütend.

Sie zog die Augenbrauen hoch, klappte den Mund auf, sagte aber nichts. Wenige Sekunden herrschte Stille, dann drehte sie sich um und eilte auf die Türen zur mäßig beleuchteten Bahnhofshalle zu. Aufsteigende Tränen ließen die Menschen in ihren Augenwinkeln zu einfarbigen Klumpen verschwimmen, ein paar gemurmelte Worte hallten von den hohen Decken wider und die Stimme von Thomas verschwand, als die Glastür hinter ihr zufiel.

S7   Gleis 3   Abfahrt: sofort,
verkündete die leuchtende Anzeigetafel und sie rannte los. Links die Treppe herauf, nach rechts abbiegen, links zum Gleis 3 hoch. Als sie außer Atem oben ankam, konnte sie nur noch die verschwommenen Rücklichter des Zugs erblicken.

„Verdammter Mist!" Sie zog die Nase hoch und wischte sich die Tränen von den Wangen, während der schneidende Wind an ihrer Kleidung zupfte. Thomas sollte bei ihr sein. Der Abend war schön gewesen mit ihm, seinen Kumpels und ihren besten Freundinnen. Wieso legte er sich jetzt lieber mit ein paar völlig Fremden an, statt mit ihr nach Hause zu fahren und sich ins Bett zu kuscheln? Sie schlang die Arme um ihren Oberkörper.

Vierzig Minuten bis die nächste Bahn kam.

Das Geräusch von Schritten erklang auf der Treppe und Debby wich ein Stück zurück. War das Thomas, der zur Vernunft gekommen war? Oder war es ein Fremder, der gesehen hatte, wie sie allein die Stufen hinaufgerannt war? Sie hielt die Luft an und machte sich bereit, zu fliehen.

Die Schritte erklommen die Stufen. Zuerst tauchte der schwarze Haarschopf auf, dann ein blasses Gesicht mit zwei Piercings nebeneinander auf der linken Seite der Unterlippe. Sie drehte sich weg.

„Keine Angst, ich tu dir nichts. Ich wollte nur sehen, ob alles in Ordnung ist, nachdem deinem Kumpel schon scheißegal ist, dass du hier ganz allein bist", hielt der Punk sie zurück.

Debby musterte ihn. Er blieb oben an der Treppe stehen und machte keine Anstalten, ihr näher zu kommen, während sie sich über ihre feuchten Wangen wischte und die Nase hochzog.

„Alles super", erwiderte sie heiser und räusperte sich. „Hab' nur meinen Zug verpasst."

Er nickte und schaute an ihr vorbei.

„Soll ich mit dir warten?"

Am Ende des Bahnsteigs entdeckte sie eine Gruppe von vier oder fünf Männern in dunkler Kleidung, allesamt groß gewachsen und breit gebaut. Sie schluckte das *Nein* auf ihrer Zunge herunter und nickte stattdessen.

„Wenn's dir nichts ausmacht", sagte sie leise.

„Tut's nich'", meinte er und lächelte, ehe er an ihr vorbei zu den metallenen Bänken herüberging, die direkt neben den Mülleimern im Boden verankert waren. Er setzte sich und sie tat es ihm nach kurzem Zögern gleich. Aus der Tasche seiner mit Nieten besetzten Lederjacke holte er eine Schachtel Zigaretten hervor und hielt sie ihr hin. „Möchtest du eine?"

Sie schüttelte den Kopf und er zog die Packung zurück, um sich selbst eine herauszunehmen, während sie die Arme enger um ihren Oberkörper schlang. Die Kälte des Metalls durchdrang ihre dünne Hose, während der schneidende Wind unter ihre Jacke kroch.

„Ist dir kalt?", fragte er und sie schüttelte erneut den Kopf. Er schaute sie skeptisch an, steckte sich die Zigarette zwischen die Lippen, stand auf und zog seine Jacke aus. Vorsichtig hängte er sie um ihre Schultern und hob die Hand, als sie protestieren wollte. „Ich seh', dass du frierst, also lass sie an. Ich brauch' sie gerade eh nicht."

„Na schön", murmelte sie und zog die Jacke enger um sich. Der kalte Wind prallte an dem abgetragenen Leder ab und ihr wurde sofort wärmer.

Zehn Minuten lang schwiegen sie. Der Punk rauchte und schnipste seinen Kippenstummel über den Rand des Bahnsteigs auf die Gleise. Wieder kamen Schritte die Treppe herauf und diesmal war es Thomas, der Stück für Stück auftauchte.

Zuerst erblickte er den Punk, dann Debby.

„Was willst du hier?", zischte er und ging mit großen Schritten an ihm vorbei zu ihr, die von der Bank aufstand. „Ist alles in Ordnung, mein Schatz?", wandte er sich an sie und griff nach ihrer Hand, ehe er den Punk wütend ansah.

„Alles gut", murmelte sie, entzog sich seiner Berührung und verschränkte die Arme vor der Brust.

„Bin schon weg", sagte der Punk, stand auf und warf ihr noch einen kurzen Blick zu, ehe er so nah an Thomas vorbeiging, dass sich ihre Schultern berührten. Schnellen Schrittes lief er die Treppe herunter.

„Pass bloß auf", zischte Thomas und straffte die Schultern. Er schaute ihm hinterher, bis er aus seinem Blickfeld verschwunden war und drehte sich dann zu Debby. „Hat er dich angefasst?", fragte er und streckte die Hand nach ihr aus, aber sie machte einen Schritt zurück.

„Nein. Er hat aufgepasst, dass mich niemand anfasst, weil du ja Besseres zu tun hattest", gab sie zurück.

„Aufgepasst, ja? Und wieso hast du seine Jacke an?", fragte er und schaute an ihr herunter.

„Er hat sie mir angeboten. Weil mir kalt war. Aber das ist eigentlich auch scheißegal jetzt, Thomas, du kannst nämlich zu dir nach Hause fahren und das alleine. Ich lass' mir weder von dir den Mund verbieten noch hab' ich Bock darauf, dass mein Freund grundlos irgendwelche Leute anpöbelt!"

„Was? Nein. Wir wollten doch zusammen zu dir, komm schon. Ich hab' mich schon drauf gefreut, gleich mit dir im Bett zu kuscheln", sagte er und streckte zum dritten Mal die Hand nach ihr aus.

Debby schüttelte den Kopf. „Das hättest du dir früher überlegen müssen", sagte sie und lief den Bahnsteig herunter. Weg von den Männern mit den Bierflaschen und weg von Thomas.

Noch vierundzwanzig Minuten.

2

Als Debby am Montagmorgen aus dem Bus stieg und die Straße herunter in Richtung Schule schaute, waren schwarze, wild abstehende Haare das erste, was ihr ins Auge fiel. Der Punk trug einen Rucksack mit schwarz-weißen Patches auf dem Rücken und blieb gegenüber dem Schulhof stehen, eine Zigarette in der Hand.

Wie hatte er ihr zuvor nie auffallen können?

Eilig schob sie sich zwischen den Schülern hindurch, die wie sie Richtung Schule strömten und wechselte die Straßenseite. Der Punk trug keine Jacke, hatte aber In-Ear Kopfhörer in den Ohren stecken. Den Blick in die Ferne gerichtet bemerkte er sie nicht, bis sie ihn leicht an der Schulter berührte.

„Hey, entschuldige", sagte sie und trat einen Schritt zurück, als er sich erschrocken einen Ohrhörer herauszog.

„Ja?", fragte er und wirkte, als habe sie ihn aus fernen Welten in die Realität zurückgeholt.

„Ich bin Debby", stellte sie sich vor und redete schnell weiter, als die Situation plötzlich irgendwie unangenehm wurde. „Wir kennen uns von vorgestern Abend am Bahnhof. Du hast mit mir auf den Zug gewartet und mir deine Jacke gegeben, danke nochmal dafür. Die hätte ich dir natürlich mitgebracht, aber ich hatte keine Ahnung, dass du auf meine Schule gehst, um ehrlich zu sein."

„Kein Problem", erwiderte er freundlich. „Ich könnte sie heute Nachmittag abholen, wenn dir das passt." Asche rieselte von seiner Zigarette zu Boden, ehe er sie an die Lippen führte und einen Zug nahm

„Das klingt gut. Hast du einen Zettel oder so? Dann schreib' ich dir meine Adresse auf."

Er zog sein Handy aus der Hosentasche, schüttelte das Kopfhörerkabel vom Display, entsperrte es und tippte kurz darauf herum, ehe er es ihr mit der geöffneten Notizenapp hinhielt. Sie nahm es entgegen und tippte ihre Adresse ein.

Nach einem letzten Zug trat er seine Kippe am Boden aus und schob das Handy in seine Hosentasche zurück.

„Bis heute Nachmittag dann", verabschiedete er sich und drehte sich bereits weg, als sie ihn zurückhielt.

„Warte! Wie heißt du eigentlich?"

Er lächelte ein wenig.

„Farin", sagte er, steckte sich den Ohrhörer wieder in den Gehörgang und wandte sich in die Richtung des Haupteingangs.

Debby hingegen drehte sich zum Schulhof und entdeckte dort ihre besten Freundinnen, die beieinander untergehakt am Eingang standen und zu ihr herüberstarrten. Sie schaute nach rechts und links und überquerte die schmale Straße. Lächelnd gesellte sie sich zu ihnen, aber weder Bella noch Clarissa erwiderten das Lächeln. Stattdessen zogen sie die Augenbrauen hoch und setzten einen tadelnden Blick auf.

„Was war das denn?", fragte Clari und strich sich eine Strähne ihres hellbraunen Haars hinter das Ohr.

„Was meinst du?" Debbys Lächeln schwand.

„Hast du dem etwa deine Nummer gegeben?", fragte Bella. Sie trug einen auffälligen, dunkelroten Lippenstift.

Debby drehte sich in die Richtung, in der von Farin nichts mehr zu sehen war.

„Nein, ich hab' ihm meine Adresse aufgeschrieben", erwiderte sie, woraufhin Bella und Clari noch verständnisloser aussahen als vorher.

„Direkt die Adresse, alles klar. Du weißt schon, dass du einen Freund hast?", sagte Clari.

„Ich weiß das. Aber Thomas hat Samstag kurzzeitig vergessen, dass er eine Freundin hat. Er hat nämlich lieber ein paar vollkommen Fremde angepöbelt, als mit mir den Zug zu kriegen. Und dann stand ich mitten in der Nacht alleine am Bahnsteig", gab Debby zurück und hob zum Ende die Stimme, um das Klingeln der Schulglocke zu übertönen. Die drei setzten sich in Bewegung.

„Und deswegen möchtest du ihn jetzt gegen diesen … Typen eintauschen?", schlussfolgerte Clari.

„Dieser Typ war so nett, mit mir zu warten und hat mir seine Jacke geliehen. Die hab' ich vergessen, ihm zurückzugeben", erklärte sie und Clari zuckte erneut mit den Augenbrauen. Überzeugt wirkte sie nicht.

Als Debby gefolgt von Bella und Clari kurz vor dem zweiten Klingeln den Klassenraum betrat, sprang Thomas von seinem Platz auf und kam zu ihr nach vorne. Bevor sie etwas sagen konnte, zog er sie in eine Umarmung.

„Tut mir leid", murmelte er in ihr Ohr, während er sie an sich drückte. „Ich war so ein Idiot, ohne Scheiß. Keine Ahnung, was Samstag mit mir los war." Er löste sich von ihr und behielt die Hände an ihren Schultern, während er sich etwas zurückzog und ihr in die Augen schaute. Echte Reue lag in den seinen.

„Ist schon gut", murmelte sie und lächelte, woraufhin er sich vorbeugte und ihr einen liebevollen Kuss auf den Mund gab. Sein ernster Gesichtsausdruck wurde von einem Lächeln abgelöst.

„Danke", sagte er und sie küssten sich nochmal, ehe er sie wieder losließ. Der Lehrer trat in den Raum und die beiden gingen durch die Sitzreihen zu ihren Plätzen. „Ich komm' heute bei dir vorbei und wir machen uns einen schönen Tag, okay?", schlug Thomas vor und Debby nickte lächelnd, ehe sie nach rechts abbog und sich neben Bella niederließ, während er sich auf der linken Seite zu seinen Kumpels setzte.

Clari lehnte sich auf den Tisch und beugte sich vor, ihr Collegeblock verschwand unter ihrem langen Haar.

„Denkst du wirklich, es war eine gute Idee, diesem Punk deine Adresse zu geben?", flüsterte sie, während der Lehrer vorne seine Tasche aufs Pult legte und sie aufforderte, ihre Hausaufgaben herauszuholen.

„Wieso?", fragte Debby, während sie in ihrem Rucksack nach ihrem Deutschheft suchte.

„Vielleicht brechen er und seine kriminellen Freunde bei dir ein."

Sie hielt inne und hob den Blick. „Was für ein Unsinn. Und wie kommst du bitte drauf, dass er kriminell ist?"

„Sind die das nicht alle?", meinte Bella und zog einen Kaugummistreifen aus der Tasche ihrer Jacke, die hinter ihr über der Stuhllehne hing. Debby ließ ihren Blick ein bisschen weiter wandern, um jetzt Bella anzusehen, die mit fragendem Blick auf ihrem Kaugummi herumkaute und auch Clari schien sich keiner Schuld bewusst. Sie seufzte und schüttelte den Kopf, dann schaute sie wieder in ihren Rucksack, um endlich ihr Heft zu finden.

Debbys Mutter kam aus der Küche in den Flur, als ihre Tochter gemeinsam mit Thomas durch die Tür trat.

„Schön, dich zu sehen, Thomas", sagte sie mit einem Lächeln. „Das Essen ist auch gleich fertig, ich hoffe, ihr habt Hunger mitgebracht."

„Danke, Susanne. Haben wir", antwortete er und lächelte höflich, ehe er in die Hocke ging und wie Debby seine Schuhe aufschnürte.

„Ich hab' mir schon Sorgen gemacht, als Debby am Samstag alleine nach Hause gekommen ist, aber scheint ja alles gut zu sein bei euch", sagte Susanne und ging in die Küche zurück.

„Zum Glück", meinte er, als sie schon im Gehen war. Er schaute ihr nicht hinterher, sondern blickte Debby an, die ihre Hand auf das Treppengeländer gelegt und ihren Fuß auf die erste Stufe gestellt hatte.

Sie lief die Treppe voraus nach oben, nachdem er seine Schuhe ins Schuhregal gestellt hatte. In ihrem Zimmer startete sie den Computer, der auf ihrem Schreibtisch an der linken Wand stand, und Thomas machte es sich auf ihrem Bett am Fenster bequem.

Er warf einen kritischen Blick auf Farins Jacke, die über dem Schreibtischstuhl hing, sagte aber nichts. Debby wählte die nächste Folge der Serie, die sie gerade schauten und legte sich dann in die Wärme seines Arms. Er zog die Decke über sie und sie versanken in fremden Welten, bis Debbys Mutter sie eine halbe Stunde später zum Essen rief.

Debby riss sich von der Handlung auf dem Bildschirm los, kletterte aus dem Bett und pausierte die Folge mit einem Tippen auf die Leertaste, dann lief sie gefolgt von Thomas in die Küche und setzte sich an den Esstisch, auf den ihre Mutter gerade den dritten Teller stellte.

„Es gibt Gemüseauflauf, ich hoffe, er schmeckt euch", sagte sie und holte die Auflaufform aus dem Backofen. Mit einem Pfannenwender trennte sie ein rechteckiges Stück heraus und schaufelte es Thomas auf den Teller.

„Es riecht auf jeden Fall hervorragend", sagte der und entlockte Debbys Mutter ein Lächeln.

„Vielen Dank", erwiderte sie und warf Debby einen vielsagenden Blick zu, als sie ihr das nächste Stück auftat.

Debby lächelte. Ihre Mutter war nicht die einzige, die Thomas charmante Art schätzte. Was in der Nacht von Samstag auf Sonntag am Bahnsteig in ihn gefahren war, konnte sie sich immer noch nicht erklären.

Sie aßen und führten ein lockeres Gespräch, das einige Minuten später von der Türklingel unterbrochen wurde. Alle hielten inne.

„Wer wird das sein?", fragte Susanne und nahm das Messer von der rechten in die linke Hand zur Gabel, da sprang Debby auf.

„Ich glaube, das ist für mich", sagte sie, ließ die Gabel auf den Teller fallen und lief zur Tür. Sie öffnete und mit Farins Anblick stieg ihr der Geruch von kaltem Rauch in die Nase.

„Hey", sagte er mit einem leichten Lächeln. „Ich wollte meine Jacke abholen."

Sie erwiderte sein Lächeln. „Ich hol' sie dir, warte kurz", sagte sie und lehnte die Haustür an, weil sie den Blick von ihrer Mutter und Thomas im Rücken spürte. Sie rannte die Treppe herauf und zog die Jacke von der Lehne ihres Stuhls. Als sie die Treppe wieder runterkam, war die Tür offen und Thomas stand mit verschränkten Armen im Rahmen.

„Was willst du hier?", fragte er und Debby sprang die letzten Stufen hinunter. Er baute sich wieder auf wie er es am Bahnhof schon getan hatte.

„Keinen Stress mit dir", hörte sie Farins ruhige Stimme.

„Er möchte seine Jacke abholen", mischte sie sich ein und schob sich an Thomas vorbei. Auf Socken trat sie auf die kühlen Steine vor der Haustür und streckte Farin, der einen Schritt vortrat, seine Jacke hin.

Er ergriff sie.

„Die Frage ist, warum meine Freundin überhaupt deine Jacke in ihrem Zimmer hat", kam es von Thomas. Auch er trat einen Schritt vor und stand auf gleicher Höhe mit Debby.

„Weil ich nicht wollte, dass sie sich erkältet, während du damit beschäftigt warst, dich mit meinen Freunden zu streiten. Keine Sorge, ich bin nicht hier, um sie dir auszuspannen." Farin schob seinen rechten Arm in die Lederjacke und zog sie schwungvoll an. Er wandte sich Debby zu. „Danke. Wir sehen uns." Er nickte ihr zu und drehte sich zum Gehen.

„Lass dich nicht nochmal hier blicken, klar?", murrte Thomas und schwellte seine Brust noch ein wenig mehr.

Debby schaute ihn von der Seite an und hob die Augenbrauen. „Was soll das?", fragte sie und wich aus, als er ihr die Hand auf die Schulter legen und sie mit sich ins Haus nehmen wollte.

„Wir müssen reden!", erwiderte er.

„Find' ich auch", stimmte sie zu und trat vor ihm ein.

„Entschuldige bitte, Susanne, Debby und ich müssen was besprechen", rief er in die Küche und zog die Haustür ins Schloss. Dann folgte er ihr eilig nach oben und setzte sich aufs Bett, während sie sich mit verschränkten Armen auf ihrem Stuhl niederließ.

„Woher hat der Kerl deine Adresse?", eröffnete er. Seine Stimme war gepresst und er saß auf der Kante, die Ellbogen auf den Knien aufgestützt.

„Von mir. Ich hab' sie ihm heute Morgen gegeben, damit er seine Jacke abholen kann. Da ist nichts dabei, immerhin war es echt nett von ihm, dass er sie mir überhaupt geliehen hat", gab sie zurück und lehnte sich zurück, die Augen leicht zusammengekniffen.

„Nichts dabei?", wurde Thomas laut. „Verdammt, Debby, ich möchte nicht, dass du dich mit Typen wie ihm abgibst. Die sind gefährlich!" Er erhob sich, während er die Worte sprach, woraufhin sie ebenfalls aufstand und ihm in die Augen blickte.

„Ich lasse mir von dir nicht sagen, mit wem ich meine Zeit verbringe. Für wen hältst du dich eigentlich?"

„Ich halte mich für deinen Freund, auf den du hören solltest", gab er zurück und straffte die Schultern, genau wie er es Farin und seinen Freunden gegenüber getan hatte.

„Seit wann machst du mir Vorschriften?"

„Seit es notwendig ist. Du hörst auf mich!"

Sie presste die Zähne aufeinander und schaute ihn an. Ließ ihren Blick von seinem rechten zu seinem linken Auge wandern und wieder zurück.

„Es ist besser, wenn du jetzt gehst."

„Wie bitte?"

„Raus hier!", wiederholte sie lauter, packte ihn am Arm und schob ihn an sich vorbei Richtung Zimmertür.

Er zog die Augenbrauen hoch und sein Mund klappte auf, sein Widerstand war nur gering.

„Also schön", zischte er, verließ den Raum und knallte die Tür hinter sich zu.

Sie wartete, während seine Schritte auf der Treppe zu hören waren. Stille. Seine Verabschiedung von ihrer Mutter. Das Zuschlagen der Haustür. Sie pustete die Luft aus und ließ sich auf ihren Stuhl sinken, das Gesicht vergrub sie in den Händen.

3

„Was ist passiert?", fragte Bella, die gefolgt von Clari in Debbys Zimmer trat. Auf dem Bildschirm des Computers war noch immer die Serie pausiert und Debby saß mit einem Kissen in den Armen auf ihrem Bett.

„Farin ist vorbeigekommen, um seine Jacke zu holen", erzählte sie, während Bella sich auf dem Schreibtischstuhl niederließ und Clari sich zu ihr aufs Bett setzte. „Thomas hat sich total aufgeregt, hat erst ihn angemacht und mir dann verboten, ihn wiederzusehen."

„Farin?", fragte Bella.

„Der Typ von heute Morgen. Der Punk."

„Willst du ihn denn wiedersehen?", fragte Clari. Sie rückte ein Kissen zurecht, lehnte sich an und zog ihre Beine ins Bett.

„Darum geht's nicht. Es geht darum, dass er mir nicht zu sagen hat, wen ich treffen darf und wen nicht." Sie umarmte das Kissen ein wenig fester.

„Er will dich nur beschützen", meinte Bella und strich sich eine Locke aus der Stirn.

Debby verdrehte die Augen und schüttelte den Kopf.

„Das hat nichts mit Beschützen zu tun", erwiderte sie.

„Was soll er denn sonst tun? Er hat doch recht, du weißt nichts über diesen Punk", sagte Clari und schaute sie einfühlsam an.

Debby legte das Kissen beiseite. „Es geht nicht um Farin", wiederholte sie, rutschte an die Bettkante und stand auf. An Bella vorbei griff sie nach ihrer Maus. „Aber auch egal, ich hab' keine Lust, mich auch noch mit euch zu streiten. Wollen wir einen Film gucken?"

„Klar", sagte Clari und Bella stand auf, um es sich ebenfalls auf dem Bett gemütlich zu machen.

Sie schauten ein Actiondrama und Debby holte zwei Tafeln Nussschokolade aus dem Schrank im Wohnzimmer, die sie sich teilten. Dann starteten sie eine Liebeskomödie mit einem Schauspieler, den Bella anhimmelte, und sie berichtete von den neusten Gerüchten, die sie im Internet auf irgendeiner Klatschseite über ihn gelesen hatte.

Debby schwieg. Sagte nicht, dass das Privatleben dieses Kerls sie genau so wenig interessierte wie das von Frau Müller zwei Häuser weiter. Sie ließ die beiden tratschen und genoss die Zeit, die sie mit ihnen verbrachte.

Es war kurz vor elf, als sie Bella und Clari zur Tür begleitete.

„Mach dir keinen Kopf, das mit Thomas und dir wird schon wieder", lächelte Bella, nachdem sie ihre Schuhe angezogen hatte. „Ihr passt von allen Pärchen echt am besten zusammen, das zerbricht nicht so schnell."

Debby erwiderte das Lächeln dankbar. Sie stand auf der letzten Treppenstufe, die Hand auf dem Geländer.

„Wir sehen uns morgen in der Schule", sagte sie und umarmte die beiden, dann öffnete Clari die Tür und Debby winkte ihnen, ehe sie die Tür wieder schloss.

Zurück in ihrem Zimmer scrollte sie durch das Filmangebot der Onlinevideothek. Durch die Neuerscheinungen, die einzelnen Genres. Immer wieder ließ sie den Bildschirm ihres Handys aufleuchten, aber eine neue Nachricht von Thomas ging nicht ein.

Eine halbe Stunde später holte sie das Deutschbuch und ihr Heft aus der Tasche. Sie schlug beides auf, schrieb aber kein einziges Wort. Der Füller ruhte ungenutzt in ihrer Hand.

Keine Nachricht von Thomas. Falls er wartete, dass sie sich zuerst meldete, konnte er lange warten.

Am nächsten Tag stand Debby in der Mittagspause mit ihren Freundinnen zusammen, während Thomas unweit von ihr mit seinen Kumpels an der Tischtennisplatte rumhing. Er hatte ihr nicht geschrieben, war nicht auf sie zugekommen und hatte sich nicht entschuldigt. Ob die nächste Idee eine gute war, wusste sie nicht, aber sie sagte ihren Freundinnen trotzdem, dass sie gleich zurück sei und ging mit Thomas'

Blick im Nacken über den Schulhof auf die Punks zu, die draußen vor dem Tor standen.

„Hallo", sagte sie und lächelte ein wenig verunsichert. Zigarettenrauch stieg ihr in die Nase, während sie in die gepiercten Gesichter von Farin und seinen Freunden blickte.

„Hey, Debby", erwiderte Farin mit einem leichten Lächeln auf den Lippen. Er führte die Zigarette zum Mund und nahm einen Zug, während sie einen Blick über die Schulter warf. Thomas starrte sie mit leicht geöffnetem Mund an, während die Blicke von Clari und Bella skeptisch waren.

Sie drehte sich wieder nach vorn, doch das Gefühl von Thomas' Blick in ihrem Nacken ließ sie nicht los.

„Das ist Hadrian", sagte Farin und deutete mit der linken Hand auf einen großen Kerl, der einen grünen Irokesen auf dem Kopf und einen Ring in der linken Augenbraue trug. Seine Beine steckten in Tarnhosen, die Füße in grün angesprühten Bundeswehrstiefeln und eine Kette mit Dog Tags hing vor seiner Brust.

„Hi", sagte er und lächelte.

„Hi", wiederholte Debby und erwiderte sein Lächeln.

„Das ist Lasko." Farin deutete mit der rechten Hand, in der er nicht viel mehr als den Filter seiner Zigarette hielt, auf einen schmächtigen Typen mit wuschelig blauem Haar, einem Ring im Nasenflügel und einem in der Unterlippe.

Lasko zog an seiner Kippe und nickte ihr zu, dann ließ er den Rauch durch seine Nasenlöcher entweichen.

Sie lächelte und spürte das Bedürfnis, sich nochmal umzudrehen, aber diese Genugtuung würde sie Thomas nicht geben.

„Was gibt's?", fragte Farin und schnipste den Zigarettenstummel weg, während sie ihren Blick noch über die Kleidung der Punks huschen ließ. Bandshirts mit Namen, die sie noch nie gehört hatte. Schief aufgenähte Patches, Ketten an den Hosen. Von Laskos Schultern ragten spitze Nieten auf und ihre Klamotten waren allesamt zerrissen. Farin trug die Lederjacke, die bis gestern noch über ihrem Stuhl gehangen hatte.

„Ich wollte mich für gestern entschuldigen", sagte sie und verschränkte ihre Finger ineinander. Sie konzentrierte sich auf den ruhigen Ausdruck in Farins dunkelblauen Augen und das leichte Lächeln auf seinen Lippen.

Hadrian zuckte mit den Augenbrauen und warf ihm grinsend einen wissenden Blick zu, aber er schüttelte den Kopf.

„Ich hab' nur meine Jacke bei ihr abgeholt", erklärte er und zog seine Zigarettenschachtel aus der Jackentasche.

Debby verlagerte ihr Gewicht von dem einen auf das andere Bein und knetete ihren Zeigefinger. Mit den drei zusammenzustehen, fühlte sich anders an. Während Bella immer einen Lippenstift und Spiegel bei sich trug und Clari ihre Haare unter riesigen Kapuzen vor jedem Nieselregen schützte, damit sie nicht kraus wurden, schien für die Punks das Urteil der Menschen um sie herum egal zu sein. Sie standen zwischen all den Leuten, aber drehten sich nach niemandem um, der sie anstarrte, schienen es nicht mal zu bemerken.

Farin zog eine Zigarette aus der Schachtel und wandte sich Debby zu.

„Du kannst nichts für deinen Freund, er ist sein eigener Herr. Und dass er ein Idiot ist, wusste ich bereits", sagte er und warf einen Blick über ihre Schulter auf den Schulhof, wo Thomas wahrscheinlich immer noch mit verschränkten Armen hinter der Tischtennisplatte stand und zu ihnen rüber starrte. „Ich hoffe, du hattest keinen Stress meinetwegen."

„Nicht der Rede wert", erwiderte sie und schaute auf die Spitzen ihrer Stiefeletten. Eigentlich wollte sie nur sauer sein, aber in ihrem Inneren schmerzte es, dass Thomas sich noch nicht entschuldigt hatte. Mit einem Mal fühlte es sich an, als sei er weit entfernt.

Sie hob den Kopf wieder und schaute direkt in Farins Augen. Aufmerksam erwiderte er ihren Blick.

„Hast du dich mit ihm gestritten? Wegen mir?", fragte er und das Lächeln war verschwunden.

Sie versuchte seinem Blick auszuweichen, während er ihren Augen folgte.

„Ja, schon", murmelte sie und sah ihn an. Sein Blick war intensiv und es fühlte sich an, als schaute er ihr tief in die Seele. „Na ja, nicht direkt wegen dir. Eher, weil er mir nichts vorzuschreiben hat."

Hadrian und Lasko hörten ihr genauso aufmerksam zu wie Farin es tat. Auch Hadrian schaute kurz an Debby vorbei, ehe er seine Zigarette auf den Boden fallen ließ und sie austrat.

Sie blickte auf ihre verkrampften Hände hinab.

„Möchtest du mit mir allein darüber reden?", fragte Farin. Seine Stimme war weich und löste in ihr den Impuls aus, nicken zu wollen. Die halbe Nacht hatte sie wach gelegen und sich jemanden zum Reden gewünscht, aber was würde Thomas denken, wenn sie jetzt mit Farin allein wegging?

„Debby", erklang Bellas Stimme. Sie drehte sich um und entdeckte sie und Clari nur wenige Schritte entfernt. Auch Thomas hatte die Tischtennisplatte hinter sich gelassen und stand mit geballten Fäusten und verkniffenen Lippen mitten auf dem Schulhof, den Blick fest auf die drei Jungs hinter seiner Freundin gerichtet. Auf Farin. „Kommst du wieder zu uns?"

„Bitte", sagte Clari und echte Sorge untermalte ihre Stimme.

Debby blickte von Bella zu ihr und zurück zu Thomas. Sie alle erwarteten, dass sie nachgab.

Thomas starrte jetzt sie an, in seinem Blick lag etwas Forderndes. Sie schaute ihren Freundinnen nochmal in die Augen, dann drehte sie sich wieder zu Farin.

„Das wär' schön", erwiderte sie mit einem leichten Lächeln, auch wenn ihre Hände zitterten und ihr Herz schneller schlug.

Nicht sie war diejenige, die einen Fehler machte.

Farin interessierte sich weder für Thomas noch für Bella und Clari. Er drehte sich um und überquerte nach einem kurzen Blick die Straße. Auf der anderen Seite ließ er sich auf einer kleinen Mauer nieder, die den Vorgarten des angrenzenden Hauses einrahmte.

Debby setzte sich ihm gegenüber und drehte sich zu ihm. Ein blauer Kleinwagen versperrte ihr die Sicht auf den Schulhof neben ihnen, aber die Blicke ihrer Freunde spürte sie trotzdem auf sich.

„Ich denke, du solltest dich mal mit deinen Freundinnen und deinem Freund zusammensetzen und in Ruhe über alles reden. Ohne Streit und ohne Vorwürfe", sagte Farin, nachdem sie ihm alles erzählt hatte. Währenddessen hatte er kein Wort gesagt, nicht auf sein Handy geschaut oder irgendwelche vorbeikommenden Menschen beobachtet. Er hatte ihr zugehört. So, wie ihr zuvor noch nie jemand zugehört hatte.

Nach kurzer Zeit war sein intensiver Blick unerträglich für sie geworden. Sie hatte überall hingeschaut, die meiste Zeit auf ihre Hände oder den Boden links neben ihr, um seinem Blick für einen Moment zu entkommen, während er jedoch kein einziges Mal weggeschaut hatte. Doch da war nicht nur Unbehagen in ihr. Seine ungeteilte Aufmerksamkeit entflammte eine sanfte Wärme in ihrem Inneren.

„Was soll das bringen?", fragte sie eine Sekunde, bevor die Schulglocke das Pausenende verkündete.

Farin machte keine Anstalten aufzustehen.

„Ihr müsst euch aussprechen und Verständnis füreinander aufbauen. Nur so kann man Probleme aus der Welt schaffen."

Debby zupfte an der unteren Kante ihres T-Shirts und richtete sich auf, um über das Auto hinweg einen Blick auf den Schulhof werfen zu können, der sich langsam leerte.

„Danke fürs Zuhören", sagte sie mit einem Lächeln. „Wirklich. Ich muss jetzt rein." Sie stand auf, auch wenn sie gerne noch länger mit ihm dort sitzen geblieben wäre.

„Immer gern", erwiderte er und blieb sitzen, während sie die Straße herunter zum Schuleingang eilte. Bevor sie durch die Türen trat, warf sie noch einen Blick über die Schulter und sah Farin in aller Seelenruhe die Straße überqueren und den Schulhof ansteuern.

Die Gänge waren fast leer, die Türen zu den Klassenzimmern bereits geschlossen. Debby rannte die Treppen rechts von ihr hinauf, stieß die Glastür auf und huschte an ihrem Lehrer vorbei in den Bioraum.

„Gerade noch rechtzeitig", sagte er und sie beeilte sich an den Tischen vorbei zu ihrem Platz neben Bella und Clari zu gelangen.

4

Eisiges Schweigen empfing sie. Ihre Freundinnen schauten stur nach vorne, während Debby sich setzte. Sie seufzte tief.

„Hey", versuchte sie es mit einem hoffnungsvollen Lächeln.

Keine Reaktion.

„Clari", sprach sie ihre Sitznachbarin an.

Keine Reaktion.

Sie presste die Lippen aufeinander und holte ihren Bioordner und ihr Mäppchen aus der Tasche. Sie könnte genauso gut alleine sitzen, einen Unterschied würde das nicht machen. Ein schmerzhafter Stich zuckte durch ihr Herz. Sie sollte mit ihnen reden, hatte Farin gesagt. Aber wie sollte man mit jemandem reden, der einen ignorierte, nur weil man einmal die Pause mit jemand anderem verbracht hatte? Was war das für eine Freundschaft?

Bella und Clari wandten ihren Blick den ganzen Unterricht lang nicht von der Tafel ab. Sie verfolgten die Worte des Lehrers und den Erklärungen, die er anschrieb. Fast, als interessierte es sie wirklich.

„Was soll das eigentlich? Ich weiß, dass ihr Bio stinklangweilig findet", zischte Debby und rammte Clari den Ellbogen in die Seite, als sie nicht reagierte.

„Au!", machte Clari vorwurfsvoll und drehte sich endlich um.

„Anders geht's ja nicht", gab Debby zurück. „Also, was soll das?" Sie flüsterte, ihr Lehrer war wieder in ein Tafelbild vertieft.

Clari rieb sich mit der Hand über die Rippen und Bella drehte sich ebenfalls um und lehnte sich nach vorne auf den Tisch.

„Du hast doch angefangen", zischte sie und strich sich eine Locke hinters Ohr.

Clari verschränkte die Arme vor der Brust, ein gekränkter Ausdruck dominierte ihre Gesichtszüge.

„Womit?", fragte Debby und stützte sich ebenfalls auf der Tischplatte ab.

„Du hast uns vorhin einfach stehen lassen und bist lieber zu diesen Punks gegangen. Wir haben dich gebeten zu uns zurückzukommen und du hast das einfach ignoriert. Verrat mir mal, warum wir dann noch mit dir sprechen sollten."

Debby zog die Augenbrauen hoch und stieß die Luft aus. Sie atmete tief ein, um zu einer Antwort ausholen zu können, doch ihr Lehrer kam ihr zuvor.

„Ich möchte die Damen wirklich nicht bei ihrem Kaffeekränzchen stören, aber da ihr nicht gleichzeitig mir und einander zuhören könnt, schlage ich vor, eure Gespräche auf nach dem Unterricht zu verschieben", sagte er. Mit der Kreide in der Hand stand er hinter dem Pult und schaute streng in ihre Richtung.

„'tschuldigung", murmelte Clari leise und ließ sich tiefer in ihren Stuhl sinken, während Bella sich wieder nach vorne drehte.

„'tschuldigung", sagte auch sie.

Debby verschränkte die Arme und lehnte sich in ihrem Stuhl zurück, den Blick dem Lehrer zugewandt. Der schaute die drei noch einen Augenblick lang an, dann widmete er sich wieder der Tafel. Debby ließ ein paar Minuten verstreichen, dann lehnte sie sich zu Clari herüber.

„Wollt ihr mir jetzt vorschreiben, mit wem ich meine Zeit verbringen darf? Sind wir keine Freunde mehr, wenn ich mich auch mal mit anderen Leuten unterhalte?", flüsterte sie.

„Es reicht!", rief der Lehrer. Mit der Kreide deutete er auf den Tisch ganz hinten im Klassenraum. „Debby, setz dich da hinten hin."

Sie schaute ihn an, dann ihre Freundinnen. Geräuschvoll schob sie den Stuhl zurück, fischte ihren Rucksack unter dem Tisch hervor und sammelte Schnellhefter und Stifte ein. Ein wenig umständlich warf sie sich ihre Jacke über den Arm und durchquerte unter den Blicken ihrer Klassenkameraden den Raum. Hinten angekommen warf sie ihre Sachen achtlos auf den Tisch, ließ den Rucksack auf den Boden fallen und setzte sich mit verschränkten Armen.

„Darf ich fortfahren?", fragte der Lehrer, der die Kreide zwischen seinen Fingern immer noch erhoben hielt.

„Sicher", erwiderte sie und konzentrierte sich darauf, ihre Freundinnen, die sich nicht einmal zu ihr umdrehten, mit ihren Blicken zu erdolchen.

Der Minutenzeiger der Uhr schlich vorwärts.
Noch zwanzig Minuten bis zum Klingeln.
Noch siebzehn Minuten.
Fünfzehn Minuten.
Fünf.
Immer noch fünf.
Debby verstaute ihre Stifte im Mäppchen und steckte es in ihren Rucksack. Klappte den Collegeblock zu und packte ihn ein. Zog ihre Jacke an.
Drei Minuten.
Mit dem Klingeln stürmte sie an ihren besten Freundinnen vorbei aus dem Bioraum, eilte die Treppe herunter und rannte die Straße entlang, um noch den frühen Bus zu erwischen. In letzter Sekunde sprang sie zwischen den sich schließenden Türen ins Innere und setzte sich ein wenig außer Atem auf einen der Gangplätze.

Während der Fahrt schaute sie auf der gegenüberliegenden Seite aus dem Fenster und stieg eine Haltestelle früher aus, um Brot, Paprika und passierte Tomaten aus dem Discounter mitzubringen. Die Paprika und das Brot fand sie schnell, dann durchquerte sie zwei Mal alle Gänge, bis sie die passierten Tomaten fand. Aus der Tiefkühltruhe nahm sie eine Packung Himbeereis mit und beeilte sich nach Hause zu gelangen. Die Herbstsonne ließ sie ins Schwitzen kommen.

Ihre Eltern waren noch auf der Arbeit, als sie die Haustür aufschloss. Sie stellte den Jutebeutel mit den Einkäufen auf den Küchentisch und nahm einen Löffel für ihr Eis mit nach oben, wo sie den Computer startete und die Rollläden herunterließ. Sie sperrte den sonnigen Tag aus und startete die nächste Folge der Serie, die sie bisher mit Thomas zusammen geschaut hatte. Mit ein paar Kissen im Rücken machte sie es sich auf ihrem Bett bequem und öffnete die Packung Himbeereis. Heute war es in Ordnung, ein wandelndes Klischee zu sein. Eis essen und Serien schauen war einfach verdammt entspannend.

Mit jeder Folge, die sie sah und jedem Löffel Eis, den sie sich in den Mund schob, fühlte sie sich ein wenig besser. Thomas und ihre Freundinnen würden zur Vernunft kommen. Ganz sicher würden sie das.

Ein Klopfen riss Debby aus der Serienwelt in ihr eigenes Leben zurück. Mit dem Löffel im Mund schaute sie zur Tür, die gleich darauf aufgeschoben wurde.

„Warum ist es so dunkel hier?", fragte ihre Mutter.

Debby zog den Löffel zwischen ihren Zähnen hervor und steckte ihn in das schmelzende Eis.

„Nur so", murmelte sie und schaute wieder auf den Bildschirm. Susanne durchquerte den Raum, schob mit dem Fuß Debbys Rucksack aus dem Weg, streckte sich über das Bett und zog die Rollläden hoch. Sie nahm ihrer Tochter die Eispackung vom Schoß.

„Das reicht jetzt. Hast du mal auf die Uhr geschaut?", fragte sie und trat einen Schritt vom Bett zurück.

„Mama", seufzte Debby und linste auf den Radiowecker, der auf einem kleinen Nachttisch stand. Kurz nach fünf, na und? Sie hatte nichts vor und der Tag war beschissen genug, um ihn vorzeitig zu beenden.

„Wenn du nicht weißt, was du machen sollst, kannst du Oma besuchen gehen. Das ist besser als den ganzen Tag im Bett rumzuliegen und sie freut sich. Vielleicht kannst du für sie mit Bernhard spazieren gehen, du weißt doch, dass sie Probleme mit ihrer Hüfte hat", sagte Susanne und nahm den Deckel vom Schreibtisch.

Debby stöhnte genervt auf und fing sich einen bösen Blick ein. Sie mochte ihre Oma und sie mochte auch Bernhard, den Bernhardiner mit dem einfallsreichen Namen. Aber er war genau so langsam unterwegs wie ihre Oma mit ihrem Rollator und eine Runde mit ihm dauerte eine Ewigkeit, in der man alle fünf Meter stehen bleiben musste.

„Ich geh' zu Oma", gab sie trotzdem nach, weil ihre Mutter sie sowieso nicht in Ruhe im Bett Serien schauen lassen würde.

Es dauerte ein paar Augenblicke, bis Debbys Oma die Tür öffnete, dann breitete sich ein Lächeln auf ihrem faltigen Gesicht aus und sie zog ihre Enkelin in eine herzliche Umarmung. „Das ist aber eine schöne Überraschung!", sagte sie.

„Hey", lächelte Debby und folgte ihrer Oma ins Innere des Hauses, nachdem sie ihre Umarmung wieder gelöst hatten.

„Du kommst genau richtig, ich habe gerade vorhin Kuchen gebacken", sagte ihre Oma und humpelte zur Arbeitsplatte, auf der ein Marmorkuchen auskühlte.

„Kannst du hellsehen?", fragte Debby lachend und setzte sich an den Küchentisch.

„Ich spür' sowas in meinen Knochen, Kindchen. Genau wie den Wetterumschwung. Da brauch' ich keine Wettervorhersage, meine Knochen sind zuverlässiger als diese geschniegelten Wetterfrösche im Fernsehen", erwiderte die Oma, holte ein langes Messer aus der Besteckschublade und schnitt großzügige Stücke vom Kuchen ab.

Debby lachte.

„Wie läuft es in der Schule?", fragte ihre Oma. Sie streckte sich und nahm zwei Teller aus dem Hängeschrank.

„Ach ja. Wie immer", erwiderte Debby.

„Und sonst? Alles in Ordnung?"

Sie zögerte einen Moment.

„Ja, alles bestens."

Ihre Oma trug beide Teller zum Tisch und Debby stand auf, um zwei Kuchengabeln aus der Besteckschublade zu holen, derweil die alte Dame sich setzte.

„Danke, Kindchen", ächzte sie, während sie sich langsam auf die Sitzfläche sinken ließ. Lächelnd legte Debby ihr die

Gabel hin und aß gemeinsam mit ihr von dem Kuchen, dessen Schokoglasur ihr auf der Zunge zerlief. Es war ein wundervolles Gefühl, an diesem Tisch zu sitzen und über alles Mögliche reden zu können, ohne verurteilt zu werden. Ohne ignoriert zu werden. Von dem Streit mit Thomas und ihren Freundinnen erzählte sie jedoch nichts.

„Ich dachte, ich gehe vielleicht mit Bernhard raus", sagte sie einige Zeit später. Sie legte ihre Gabel, mit der sie die letzten Krümel aufgesammelt hatte, auf den Teller.

„Das wäre wirklich lieb von dir, mein Kind. Mir fällt das Laufen momentan so schwer", erwiderte ihre Oma und stellte Debbys Teller auf ihren eigenen. Ächzend stützte sie sich auf der Tischplatte auf und drückte sich vom Stuhl hoch.

„Mach' ich gerne", lächelte Debby. Sie stand ebenfalls auf und holte Bernhards Leine und sein Halsband von der Garderobe im Flur. Der faule Hund lag im Wohnzimmer auf seinem Kissen neben der Couch und hob nicht mal den Kopf, als sie sich zu ihm hockte.

„Hallo, Bernhard", begrüßte sie ihn und streichelte über seinen massigen Kopf. „Na komm, du alter Stinker, Zeit für einen Spaziergang." Sie schob das Halsband unter seinem Kinn durch und tastete auf der anderen Seite unter seinen schlabbernden Lefzen danach. Nachdem sie es zugemacht hatte, stand sie auf und zupfte an der Leine.

Bernhard hob den Blick.

„Komm schon", sagte sie. „Wir gehen raus. Nur ein Ründchen." Sie zog ein wenig fester und Bernhard seufzte tief, ehe er langsam aufstand, sich streckte und hinter ihr in den Flur trottete.

„Bis später", rief sie in die Küche, in der ihre Oma die Kuchenteller abspülte, dann verließ sie das Haus und bog nach links Richtung Park ab.

Sie brauchten ewig für den Weg die Straße herunter. Eigentlich konnte man den Park von der Haustür aus schon fast sehen, aber Bernhard blieb alle zwei Meter stehen, schnüffelte am Wegrand oder setzte sich zu einem kleinen

Päuschen. Zufrieden hechelnd beobachtete er die Umgebung, bis Debby ihn zum Weitergehen überredet hatte.

Sie warf einen Seitenblick auf den Hund, während sie langsam in den Park einbogen. Wie lange er wohl noch leben würde? Seit dem Tod ihres Großvaters vor ein paar Jahren war Bernhard die einzige Gesellschaft ihrer Oma. Ohne ihn wäre sie ganz alleine in dem Haus, das einst voller Leben gewesen war.

Ein paar Jogger waren im Park unterwegs, ein Fahrradfahrer in Trainingskleidung überholte die zwei. Auf der anderen Seite der Wiese waren zwei Frauen mit bunten Kinderwagen unterwegs und vor einer Bank den Weg hinab standen zwei Typen, die etwa in Debbys Alter schienen. Einer von ihnen begann lautstark zu husten, feiner Zigarettenrauch stieg bei ihnen auf.

„Verdammt", keuchte der Typ mit dem Hustenanfall atemlos. Seine Stimme kam ihr bekannt vor. „So ein Teufelszeug!" Sie legte einen Schritt zu und zog an der Leine, aber Bernhard ließ sich kaum zum schneller Laufen motivieren. In Schneckengeschwindigkeit näherten sie sich der Bank, während der Typ wieder zu Atem kam. Sie konnte nur seinen Hinterkopf sehen, aber diese Jeans, die schwarze Jacke.

„Thomas?", fragte sie, als sie die beiden fast erreicht hatte.

Der Kerl drehte sich um. Seine Wangen waren ein wenig gerötet.

„Debby?", fragte Thomas in demselben entsetzten Tonfall. Er unterdrückte ein letztes Husten. „Was machst du hier?"

„Mit Bernhard rausgehen. Und du? Seit wann rauchst du?" Sie zeigte auf die Zigarette, die sein Kumpel Yannik in der Hand hielt.

Thomas verschränkte die Arme.

„Heute", sagte er ein wenig zickig.

„Wieso?"

Bernhard setzte sich hin. Sein Sabber zog Fäden in Richtung Boden.

„Weil du dich ja inzwischen für die *bösen Jungs* interessierst."
Thomas nahm Yannik die Zigarette aus der Hand und inhalierte tief, was wieder in einem Hustenanfall endete, den er erfolglos zu unterdrücken versuchte. Die rote Farbe in seinem Gesicht wurde noch eine Spur kräftiger.

Debby hob die Augenbrauen und schüttelte den Kopf. „Was für ein Schwachsinn. Das einzige Problem zwischen uns ist, dass du mich bevormunden willst."

„Ich möchte dich beschützen!", brachte Thomas hervor. Er machte einen Schritt auf sie zu und sie musste den Kopf ein wenig in den Nacken legen, um ihm in die Augen schauen zu können. Sie spürte eine Hitze in ihrem Inneren, ein unangenehm einnehmendes Kribbeln in ihren Extremitäten.

„Ich brauche niemanden, der mich vor Farin und seinen Freunden beschützt! Die sind nicht halb so bescheuert wie du und würden bestimmt niemals so ein riesiges Drama machen, nur weil ich mit jemand anderem gesprochen habe. Das ist lächerlich!", gab sie zurück. Sie drehte sich um und wäre am liebsten davon gestapft, aber Bernhard ließ sich Zeit. Gemächlich erhob er sich und schlabberte freundlich über Yanniks Hand, ehe er sich endlich umdrehte und sich dazu bequemte, ihr zu folgen. Sie musste sich damit zufriedengeben, sich nicht mehr umzudrehen.

„Ich werde dir beweisen, dass du zu mir gehörst und dass du gerade einen gewaltigen Fehler machst!", rief Thomas ihr hinterher.

5

Am nächsten Morgen stand Thomas vor Debbys Haustür, als sie sich auf den Weg zur Schule machte.

„Wir müssen reden", sagte er und sie verdrehte die Augen, während sie die Tür hinter sich ins Schloss zog. Am Vorabend hatte er drei Mal versucht, sie anzurufen, aber sie hatte nicht abgehoben.

„Müssen wir?", fragte sie und ging an ihm vorbei.

„Ja!", sagte er und setzte sich an ihre Seite.

„Dann rede", erwiderte sie, ohne ihn anzusehen und steuerte die Bushaltestelle an.

„Es läuft im Moment richtig scheiße zwischen uns!"

Ist dir das auch schon aufgefallen?, dachte sie, sagte aber: „Und an wem liegt das?"

Sarkasmus schien nicht seine Stärke zu sein.

„An dir!", erwiderte er, ohne zu zögern. „Tut mir leid, wenn ich das jetzt so direkt sagen muss, aber du benimmst dich in letzter Zeit echt daneben. Du behandelst nicht nur mich wie den letzten Dreck, sondern auch deine besten Freundinnen. Was soll das?"

Jetzt sah sie ihn doch an und durchbohrte ihn mit ihrem Blick. „Was? An mir? Ich benehme mich scheiße? Bist du wirklich hergekommen, um mir die Schuld in die Schuhe zu schieben?", fragte sie. Wieso konnte er nicht ein klein wenig erwachsener sein? Ein klein wenig mehr wie Farin?

„Nein, ich bin hergekommen, um unsere Beziehung zu retten. Weil mir was daran liegt. Und dir?"

Sie erreichten die Bushaltestelle. Ein Schild mit einem grünen H auf gelbem Grund und einem Fahrtzeitplan.

Debby wäre am liebsten einfach weitergelaufen, blieb aber stehen. Mit geschlossenem Mund zog sie die sommerliche Luft durch die Nase in ihre Lungen. Sie schmeckte noch immer nach Gräsern und Blumen und duftete nach den Abgasen der vorbeifahrenden Autos.

„Natürlich liegt mir was daran. Ich liebe dich doch. Aber ich will nicht nachgeben, wenn ich überhaupt nichts falsch gemacht habe. Ich verstehe nicht mal, was euer Problem ist. Warum stört es euch so sehr, dass ich Kontakt zu Farin habe?" Sie suchte Thomas' Blick und bemühte sich, Ruhe und Verständnis in ihre Stimme zu legen.

Der Bus hielt am Straßenrand und öffnete direkt neben Debby seine Vordertüren. Sie schaute ihren Freund noch einen Augenblick lang an, dann holte sie ihren Rucksack nach vorne und kramte ihr Ticket raus. Sie zeigte es dem Busfahrer, als sie als erste einstieg. Thomas folgte ihr.

„Typen wie er sind kein guter Umgang für dich. Der zieht dich nur in seinen Scheiß mit rein. Immer nur saufen, rauchen, wahrscheinlich Drogen nehmen. Ich will dich nicht an so einen kaputten Typen verlieren", sagte er, während sie den Bus durchquerten. Da war kein Vorwurf in seiner Stimme, sondern Sorge. Vielleicht konnte dieses Gespräch wirklich funktionieren.

Debby rutschte auf den Fensterplatz eines Zweiersitzes und nahm ihren dunkelblauen Rucksack auf den Schoß.

„Du kennst ihn nicht, woher willst du wissen, dass er kaputt ist?", sagte sie ruhig. Aufregen wäre der falsche Weg.

Thomas setzte sich neben sie, auch er nahm seinen Rucksack auf den Schoß. Das dunkelblonde Haar der jungen Frau, die vor ihnen saß, hing über die Lehne.

„Ich hab' diese Punks schon öfter gesehen, wenn ich mit meinen Jungs unterwegs war. Die sind echt asozial, glaub' mir. Die sitzen im Park oder am Bahnhof und besaufen sich. Guck doch mal, wie die schon rumlaufen. Damit zeigen die doch schon, dass die nicht dazu gehören wollen, dass die sich von uns abgrenzen wollen."

„Ist ja wohl jedem selbst überlassen, wie er rumläuft", sagte sie und starrte geradeaus an die graue Busverkleidung. War sein Horizont wirklich so beschränkt, dass er Leute in alternativer Kleidung und mit einem Bier in der Hand als gefährliche Außenseiter abstempelte?

„Ich will mich nicht streiten, nicht schon wieder. Können wir uns nicht einfach vertragen?", fragte Thomas plötzlich kleinlaut.

Sie drehte ihm den Kopf zu und sah endlich wieder diesen Blick in seinen Augen, den sie die letzten Tage so vermisst hatte. An dessen Stelle die Eifersucht getreten war.

„Ja, können wir", lächelte sie, wurde dann aber wieder ernst. „Unter der Bedingung, dass du nicht mehr versuchst, mir irgendwas vorzuschreiben."

Er schluckte, dann nickte er. Sie sah, dass es ihm widerstrebte, aber eine andere Möglichkeit hatte er nicht. Sie lächelte wieder und gab ihm einen Kuss.

„Ich bin froh, dass wir uns vertragen haben", murmelte sie und legte ihre Arme um ihn. Atmete seinen Duft nach Deo und einem Tick zu viel Aftershave ein. Sie hielten sich einen Augenblick im Arm, dann verkündete die Computerstimme ihre Haltestelle. Thomas löste sich und schob sich zwischen den übrigen Schülern aus dem Bus auf die Straße, Debby folgte ihm. Er griff nach ihrer Hand und sie liefen nebeneinander ins Schulgebäude, wo sie die Treppen nach oben zu den Kunsträumen nahmen, die sich drei Stockwerke höher unter dem Dach befanden.

Auf dem Absatz im ersten Stock begegneten sie Hadrian und Farin. Sie lehnten dort an der Wand und unterhielten sich, ihre Worte gingen im Lärm der Schüler unter. Als sie die beiden passierten, nickte Farin Debby zu und sie erwiderte die Geste mit einem Lächeln, das sie auch Hadrian schenkte. Er verzog seine Lippen ebenfalls ein wenig, dann wandte sie den Blick wieder ab. Sie wollte den neu gewonnen Frieden nicht direkt wieder zerstören.

Nach der Doppelstunde Kunst nahm Thomas Bella und Clari auf dem Schulhof beiseite. Debby konnte nicht hören, worüber sie redeten, aber als die drei sich einige Minuten später zu ihr gesellten, war auf einmal alles wieder gut.

„Wir sind doch beste Freundinnen", sagte Bella und zog Debby in eine Umarmung. Clari trat an sie heran und legte ihre Arme um die beiden.

„Uns bringt so schnell keiner auseinander", stimmte sie zu.

Lächelnd legte Debby einen Arm um Clari und einen um Bella. Zwischen den Gesichtern der beiden erblickte sie Thomas und lächelte noch ein bisschen breiter. Sie formte ein stummes *danke* mit ihren Lippen und drückte sich dann noch ein bisschen tiefer in die Umarmung. Eine Last fiel von ihrem Brustkorb, eine Last, die sie nicht mal bemerkt hatte.

Clari löste sich als erstes wieder, dann trat auch Bella einen Schritt zurück.

„Ich bin dafür, dass wir heute Nachmittag zusammen shoppen gehen", grinste Bella „Ich brauch' dringend noch was zum Anziehen für die Vorabi-Party!"

Thomas trat an Debby heran, legte ihr eine Hand in den Rücken und gab ihr einen Kuss. „Bis später", lächelte er.

Sie drückte ihn an sich und schaute ihm in die Augen, während sie sein Lächeln erwiderte. Sie hatte gewusst, dass er kein schlechter Mensch war und dass es nicht sein Ziel gewesen war, sie schlecht zu behandeln. Jeder machte Fehler, er genau wie ihre Freundinnen und sie selbst.

„Bis später. Danke", flüsterte sie und gab ihm noch einen Kuss, ehe sie sich voneinander lösten und er zur Tischtennisplatte herüberging, an der seine Kumpels abhingen.

„Bist du dabei?", fragte Bella und Debby wandte ihr den Blick zu.

„Klingt gut", sagte sie und Bella lächelte.

„Also, ich dachte an so ein trägerloses Oberteil, aber nicht so basic. Irgendwie besonders", erklärte sie.

„Vielleicht mit Glitzer. Pailletten oder so", überlegte Clari, die ihre Fingernägel gestern Abend neu lackiert zu haben schien. Ein metallisches Silber glitzerte Debby entgegen, als sie sich das Haar hinter das Ohr strich.

„Glitzer macht nicht alles besser", sagte Bella.

„Würde ich so nicht sagen", meinte Clari und wandte sich Debby zu. „Weißt du schon, was du anziehst?"

„Ich habe mir noch keine Gedanken gemacht", gab sie zu. In den letzten Tagen hatte die Party am Freitag keinen Platz in ihrem Kopf gehabt.

„Wir finden was für dich", sagte Bella.

Auf dem Weg zur Bahnhaltestelle rief Debby ihre Mutter an und sagte ihr Bescheid, dass sie später nach Hause kommen würde. Gemeinsam fuhren die Mädchen zum Hauptbahnhof.

„Ich brauch' noch einen trägerlosen BH, wenn ich das Oberteil hab'. Und neue High Heels, wir müssen später auf jeden Fall noch im Schuhladen vorbei", sagte Bella.

„Oh ja. In diesem einen unten beim Café hab' ich letztens voll Schöne gesehen", stimmte Clari zu. Sie saß gegenüber von Bella und Debby entgegen der Fahrtrichtung.

„Glitzern sie?", fragte Debby und Bella lachte.

„Und wenn?", erwiderte sie grinsend.

„Sie glitzern", lachte Debby und Clari verschränkte die Arme.

„Lass mich doch. Glitzer macht alles besser, ihr habt keine Ahnung", grinste sie und überschlug ihr Bein.

„Okay, Glitzer ist zumindest besser als die farblose Schlichtheit, in die Debby sich stets hüllt", sagte Bella und zupfte an Debbys dunkelgrauem T-Shirt.

„Für die Party holst du dir aber mal irgendwas Schönes, oder? Wenigstens Heels!", stimmte Clari zu.

„Ich kann nicht mal laufen in den Dingern, wozu?"

„Die lassen deinen Arsch richtig geil aussehen. Komm schon, Thomas würde sich bestimmt auch freuen", sagte Bella und zuckte grinsend mit den Augenbrauen.

„Kauf dir mal was, das richtig sexy ist für ihn", sagte Clari.

Debby stützte sich auf die Armlehne am Fenster.

„Nee, das ist einfach nicht mein Stil."

Sie stiegen aus und bogen von der Fußgängerzone ins erste Bekleidungsgeschäft ihrer Wahl ab. Im Eingangsbereich hingen neben fröhlichen Sommerkleidern und dünnen Tops bereits die ersten Pullover und Übergangsjacken in herbstlichen Farben.

Clari lief voraus und führte sie gezielt an den Tischen mit den langen Jeans vorbei in die hintere linke Ecke des Ladens nahe den Umkleidekabinen. Hier hingen Hotpants und noch vereinzelt Bikinis neben knappen Oberteilen in schrillen Farben.

„Sag mal, haben Thomas und du eigentlich schon?", fragte Bella lautstark, während Debby eine schwarze Hose genauer betrachtete. Sie hob den Blick und schaute sich schnell um, aber außer der Verkäuferin hinter der Kasse, die gelangweilt auf ihrem Handy herumtippte, und einer Frau vorne beim Schaufenster befand sich niemand im Laden.

„Nein", zischte sie und hielt den Stoff fest in ihren Fingern.

„Ihr seid doch schon eine ganze Weile zusammen, oder? Schon über ein halbes Jahr, oder nicht?", fragte Bella weiter. Ihr Blick lag auf einem eleganten Oberteil, das sie in die Luft hob. Die Röte, die Debby in die Wangen stieg, bemerkte sie nicht.

„Ja und? Das hat ja wohl noch Zeit."

Sie warf die Hose wieder hin und lief zu einem Kleiderständer auf der anderen Seite, wo hauptsächlich Pullover hingen.

Clari folgte ihr mit einem Paillettentop über dem Arm. Sie trat an einen Ständer mit Jeans in Debbys Nähe.

„So langsam könntet ihr schon, findest du nicht? Thomas ist bestimmt auch schon ganz scharf drauf. Weißt du, ob er schon mal hatte?", fragte sie, während sie die Kleidungsstücke durchforstete.

„Nein, weiß ich nicht und will ich auch nicht wissen!", gab Debby heftig zurück.

Bella und Clari hoben sofort die Köpfe.

„Ist ja gut, man wird ja wohl mal fragen dürfen", sagte Bella überrascht. Sie zog die Augenbrauen zusammen und ließ das Oberteil sinken, das sie von einer Kleiderstange genommen hatte.

Auch Clari schaute erschrocken drein.

„Tut mir leid. Können wir bitte einfach das Thema wechseln?", fragte Debby zerknirscht. Sie strich über den Ärmel eines Wollpullovers. Ihre Reaktion war ihr unangenehm, aber mussten die beiden so ein sensibles Thema im Klamottenladen breittreten?

„Klar", sagte Clari ein wenig skeptisch. Einen Augenblick herrschte Schweigen, dann meldete Bella sich zu Wort.

„Okay, wie findet ihr das hier?" Sie kam zu den beiden und präsentierte ihnen ein graues, schulterfreies Oberteil mit einer eleganten Raffung am Dekolleté.

„Das ist hübsch", sagte Clari. Sie selbst hängte eine Hotpants zu dem Top über ihren Arm. „Lass uns zu den Umkleiden gehen."

Debby folgte den beiden mit leeren Händen. Sie ließ sich auf einer der Bänke vor den Kabinen nieder und schwieg, während Clari und Bella sich über die Kabinenwände hinweg darüber unterhielten, welche heißen Kerle sie sich auf der Party erhofften.

Clari trug eine und Bella gleich drei große Plastiktüten bei sich, als die drei Mädchen sich gute zwei Stunden später in ein Café setzten. Neben Oberteil und BH hatte Bella sich zwei neue Paar High Heels zugelegt, obwohl sie bestimmt schon sieben Paar besaß. Sie hatte einen eigenen Schrank für sie in ihrem Zimmer. Einen eigenen Schrank nur für ihre Schuhe, während Clari etliche Ausführungen der immer gleichen Oberteile in ihrem Kleiderschrank hängen hatte. Bestimmt auch eines, das genau aussah wie das, das sie sich heute gekauft hatte.

Sie bestellten Saft und Schokoladenkuchen. Bei jedem Besuch in diesem Café aßen sie Schokoladenkuchen, es war fast eine Tradition.

„Alles gut bei dir, Debby?", fragte Clari, während sie um einen kleinen runden Tisch saßen und auf ihre Bestellung warteten.

„Ja. Wieso?" Debby blickte von der Serviette auf, deren Linien sie mit dem Finger nachgefahren hatte.

„Ich weiß nicht. Du bist so abwesend. Du benimmst dich irgendwie anders als sonst."

„Nein, alles gut", sagte sie schnell. Dabei merkte sie selbst, dass sich etwas verändert hatte.

6

Am Freitagabend trafen die Freundinnen sich bei Bella Zuhause. Ein Abend mit all ihren Stufenkameraden stand ihnen bevor. Denen, die sie mochten und denen, die sie nicht leiden konnten. In weniger als einem Jahr würden sie ihr Abitur schreiben und sich wahrscheinlich nie wieder sehen.

„Versuch's doch mal hiermit", sagte Bella. Sie hielt Debby, die auf ihrem Bett saß, ein schwarzes, schulterfreies Oberteil hin. Es hatte einen hübschen, aber dezenten Ausschnitt und schmale T-Shirt-Ärmel, die Seiten waren gerafft. Sie selbst und Clari steckten bereits in den Klamotten, die sie sich für die Party gekauft hatten, nur welche Schuhe sie anziehen wollte, wusste Bella noch nicht.

„Das ist echt schön", meinte Debby und nahm ihr den samtigen Stoff aus der Hand.

„Probier's an."

Clari saß an ihrem Schminktisch und zog sich mit konzentriertem Blick und geöffnetem Mund einen Lidstrich. Debby rutschte vom Bett und drehte den beiden den Rücken zu. Sie zog sich ihren Pulli und das T-Shirt über den Kopf und schlüpfte in das schwarze Oberteil.

„Steht dir", meinte Bella, als sie sich wieder umdrehte. „Aber die Träger … Hast du einen trägerlosen BH dabei?"

„Ich hab' nicht mal einen", sagte Debby und schaute auf die ebenfalls schwarzen Träger auf ihrer Schulter.

„Vielleicht doch lieber was anderes?", überlegte Bella und wandte sich wieder zu ihrem geöffneten Schrank.

„Wieso?", fragte Debby. Sie trat einen Schritt vor und betrachtete sich neben Claris Gesicht im Spiegel. „Ist doch gut."

„Wenn dir das gefällt", sagte Bella und hielt mit den Händen in einem Haufen Oberteile inne.

„Ich mag's", lächelte Debby. Sie strich über den glatten Stoff, der kühl auf ihrer Haut lag.

Eine gute Stunde später waren sie fertig angezogen, geschminkt und frisiert und liefen durch die kühle Abendluft zur Bahnhaltestelle.

„Endlich wieder ausgehen! Ich freu' mich", lachte Clari. Sie zog die dünne Jacke enger um ihren Oberkörper, der nur in dem paillettenbesetzten Top steckte.

Debby störte die Kälte nicht weiter. Nachher im Club in der Innenstadt, den das Vorabi-Party-Komitee für den Abend ausgesucht hatte, würde es ohnehin warm sein.

„Heute wird ein denkwürdiger Abend", stimmte Bella mit ihren leuchtend rot geschminkten Lippen zu und klimperte mit den Wimpern, die durch ihre Mascara lang und voll erschienen.

„Das sagst du immer, wenn wir weggehen", grinste Debby.

„Und jeder dieser Abende war denkwürdig, oder?"

Lachend und scherzend liefen sie durch die leeren Straßen und stiegen in die Bahn, die sie zum Hauptbahnhof brachte. Von dort mussten sie nur die Einkaufsstraße herunterlaufen und rechts in eine Seitenstraße einbiegen.

Vor dem Club standen kleine Grüppchen von Leuten, die sich unterhielten und rauchten. Debby hielt die Augen nach Thomas offen, aber er schien bereits drinnen zu sein.

„Stürzen wir uns ins Getümmel", lachte Bella und schwang ihre Hüfte gegen Debbys. „Ich hol' mir einen Drink und dann werde ich auf die Tanzfläche gehen."

„Da bin ich dabei", lachte Clari und ließ ihren Blick unauffällig über die umstehenden Typen schweifen. Der Türsteher nickte ihnen zu, als sie durch die Tür ins Innere des Clubs traten, wo sie von lauter Musik und buntem, flackerndem Licht empfangen wurden.

„Ich schau' mal, ob ich Thomas finde", rief Debby über den Lärmpegel hinweg.

„Bring ihn dann mit. Wir sehen uns auf der Tanzfläche!", erwiderte Clari und ergriff Bellas Hand. Die beiden bahnten sich ihren Weg durch die tanzenden Körper zur Theke hinüber, während Debby stehen blieb und versuchte, sich einen Überblick zu verschaffen.

Die Menschen auf der Tanzfläche sahen alle gleich aus. Ihre Gesichter waren in dem Lichtgewitter nicht zu erkennen, also schob sie sich zwischen die feuchten Körper. Es stank nach Schweiß und Bier, nach verschütteten Getränken, die ihre Schuhsohle bei jedem Schritt am Boden festhielten. Frische Luft war Fehlanzeige. Sie kämpfte sich ihren Weg durch die Tanzenden zur Rückseite des Clubs, wo einige Sitzgelegenheiten für diejenigen standen, die es nicht auf der Tanzfläche aushielten. Als sie sich zwischen zwei breit gebauten Kerlen aus dem Sport LK durchschob, entdeckte sie nicht Thomas, aber einen grünen Irokesen in der Couchecke. Sie trat näher und tatsächlich gehörte der Iro niemand anderem als Hadrian, der auch heute wieder in abgeranzten Militärklamotten gekleidet war. Rechts von ihm saß Lasko und als sie noch einen Schritt näher trat, erblickte sie auch Farin, der in der schwarzen Couch in der Ecke zu versinken drohte. Auf seinem Schoß saß ein Mädchen, das sie zuvor noch nie gesehen hatte.

„Hey", brüllte sie in dem Versuch, die hämmernde Musik zu übertönen, aber niemand reagierte. Sie startete einen neuen Versuch und streckte dann die Hand aus. Vorsichtig berührte sie Hadrian an der Schulter und er wandte sich um. Nach einem kurzen Augenblick lächelte er sie an.

Auch Lasko und Farin wurden jetzt auf sie aufmerksam. Farin rief irgendwas, aber seine Worte drangen nicht bis zu ihr durch. Dann lachte er, aber sie stimmte nicht mit ein.

Ihr Blick hing an dem Mädchen auf seinem Schoß, das ihm mit den gefärbten und zum Teil ausrasierten Haaren so ähnlich war. Ihre Schminke in Grün- und Blautönen war auffälliger als Bellas und die Löcher in ihrer Strumpfhose entblößten fast ihre gesamten Beine. Farins Hand lag auf ihrer Hüfte nur knapp über ihrem Nietengürtel. Debby spürte einen fiesen Stich, den sie nicht zuordnen konnte.

Farin grinste sie an und schob das Mädchen einfach von seinem Schoß. Er drückte sich aus dem Polster hoch und trat an Debby heran, um sie in die Arme zu schließen.

„Alles gut bei dir?", fragte er direkt in ihr Ohr. Trotz der lauten Musik hörte sie sein Lallen und der Geruch von Bier und Rum stieg ihr in die Nase.

Sie drehte den Kopf ein wenig.

„Alles super und bei dir?", erwiderte sie direkt neben seinem Ohr.

„Bestens", grinste er und löste sich wieder von ihr. Er klopfte ihr auf die Schulter und schob sich an ihr vorbei. „Ich geh' pissen", hörte sie ihn noch sagen, dann war er zwischen den Menschen verschwunden.

Debby schaute ihm ein wenig irritiert hinterher.

Hadrian erhob sich ebenfalls und beugte sich an ihr Ohr heran. „Der ist besoffen, wunder' dich nicht", erklärte er.

„Ich hatte nicht erwartet, euch hier zu treffen", gab sie zurück. Die Housemusik konnte niemals den Musikgeschmack der Punks treffen.

„Wir wollten billig saufen und da sind wir hier genau richtig", grinste Hadrian. „Setz dich doch zu uns."

Sie schüttelte den Kopf. „Ich bin eigentlich auf der Suche nach meinem Freund, aber danke für das Angebot. Bestell Farin noch einen Gruß von mir", rief sie, lächelte ihn nochmal an und kämpfte sich auf der Suche nach Thomas wieder durch die Menschenmassen. Sie fand ihn an der Theke, wo er sich mit Clari unterhielt. Als er sie näher kommen sah, lächelte er.

„Da bist du ja!", brüllte er gegen die wummernden Bässe an und zog sie in seinen Arm. Er drückte ihr einen schnellen Kuss auf die Lippen und sein Glas in die Hand.

„Wodka-E", sagte er und sie nahm einen Schluck von dem schrecklich süßen Zeug.

„Lasst uns tanzen!", brüllte Clari, deren Stimme noch ein wenig dünner und höher war als Debbys eigene. Sie zeigte auf die Tanzfläche, auf der Bella bereits mit einem Typen aus ihrer Stufe tanzte, dessen Namen Debby nicht kannte.

„Gute Idee!", meinte Thomas. Er griff Debbys Hand und zog sie mit sich, sodass ihr etwas von dem klebrigen Getränk auf die Finger schwappte.

Sie bahnten sich ihren Weg in die Mitte der überfüllten Tanzfläche. Stinkende, schweißnasse Körper drückten sich gegen Debby, rempelten sie an und drückten ihr spitze Ellbogen in die Seiten. Mit einer raumgreifenden Bewegung schlug das Mädel neben ihr ihr das Getränk aus der Hand. Der klebrige Energydrink schwappte über ihre Arme und Hände und das Glas zerbrach am Boden.

Genervt hielt sie in ihrer Bewegung inne. Viel mehr als die Schultern zu schaukeln und ein paar Schritte vor und zurück zu machen tat sie sowieso nicht, aber Thomas, der normalerweise auch eher ein verhaltener Tänzer war, schien verdammt viel Spaß zu haben. Vielleicht hatte er schon genug getrunken.

„Ich geh' mal zum Klo", brüllte sie ihm ins Ohr, woraufhin er sich schulterzuckend von ihr abwandte und dem Mädchen zu, das ihr eben das Getränk aus der Hand geschlagen hatte. Sie kämpfte sich zu den Toiletten durch und schubste die Menschen nach ein paar Schritten einfach aus dem Weg, weil es anders kein Vorankommen zu geben schien. Nachdem ein weiterer Ellbogen unter ihrem Kinn gelandet war, erreichte sie endlich die Sitzecken und stieß zwei Schritte weiter die Tür zum Toilettenraum auf. Sofort trat sie ans Waschbecken, drehte den kalten Hahn auf und wusch sich die klebrigen Getränkereste von der Haut. Sie seufzte und betrachtete ihr Bild im Spiegel, während sie den Schaum von ihren Fingern spülte.

Was war los? Das war nicht ihr erster Besuch in einem Club wie diesem. Mit schlechter Musik und viel zu vielen Menschen. Sonst hatte sie getanzt und Spaß mit Thomas und ihren Freundinnen gehabt, wieso ging ihr heute alles auf die Nerven?

Sie wischte die letzten Seifenreste weg und drehte das Wasser wieder ab. Hinter ihr hatte sich eine kleine Schlange vor den Kabinen gebildet und sie schob sich an den Mädels vorbei ins Innere des Clubs. Ihr Blick blieb an der Sitzecke hängen, in der Farin und Lasko gerade die Köpfe in den Nacken legten und ein Bier um die Wette exten.

Farin setzte die Flasche als erster ab und drehte sie um, ehe er sie schwungvoll auf den Tisch stellte. Das Punkmädchen neben ihm lachte, dann beugte sie sich zu ihm und drückte ihm einen Kuss auf die Wange.

So eine Schlampe.

Erschrocken hielt Debby inne. Woher kam dieser Gedanke? Vielleicht war das Mädchen Farins Freundin, das konnte sie nicht wissen. Sie kannte sie nicht, sie hatte kein Recht über sie zu urteilen. Hatte sie sich nicht aus genau diesem Grund mit ihren Freundinnen verkracht? Weil die nicht mehr als einen Blick riskierten, um einen Menschen zu bewerten?

Farin streckte seine Hand über den Tisch und schlug lachend bei Lasko ein.

Vielleicht sollte sie sich doch zu ihnen setzen? Unschlüssig ließ sie ihren Blick schweifen und entdeckte Thomas auf der Tanzfläche, wo er inzwischen mit Clari tanzte. Sie lachte und drehte sich schwungvoll um, tanzte rückwärts an Thomas heran, der eine Hand an ihre Seite legte.

Ein kleines Lächeln huschte über Debbys Gesicht. Wenigstens ihre Liebsten hatten Spaß, wenn sie den Abend schon nicht genießen konnte.

Ihr Blick wanderte zu den Punks zurück. Das Mädel lehnte sich gerade auf Farins Schulter und flüsterte ihm etwas ins Ohr, woraufhin er lachte. Dann erhob er sich und kam plötzlich genau in Debbys Richtung. Ihr Herzschlag beschleunigte sich, aber Farin lief einfach an ihr vorbei. Den Blick zielsicher auf die Theke gerichtet kam er natürlich nicht auf sie zu. Wieso sollte er auch?

Als er auf ihrer Höhe war, bemerkte er sie doch noch. Er hielt inne und drehte sich zu ihr.

„Warum stehs' du hier so allein?", rief er gegen die laute Musik an und sie zuckte mit den Schultern.

„Ich weiß nicht, wohin mit mir", brüllte sie, ihre Stimme verlor sich beinahe.

Er legte ihr schwungvoll einen Arm um die Schultern und zog sie mit sich in Richtung Theke. Er rempelte sie gegen ein paar ebenfalls herumstehende Leute, die darauf genauso wenig Rücksicht nahmen wie er.

„Dann kommst du eben mit", lachte er und Debby drehte den Kopf, um ihn von der Seite ansehen zu können.

Ein bisschen gruselig war sein super fröhliches, betrunkenes Ich schon, aber sie ließ sich trotzdem mitreißen. An der Theke angekommen nahm er seinen Arm von ihren Schultern und streckte eine Hand in die Luft.

„Fünf Mexikaner", rief er und der Barkeeper nickte ihm zu. Er wandte sich an Debby. „Und jetzt kommst du mit an unseren Tisch", sagte er, während der Barkeeper die Pinnchen vor ihm aufstellte und dann aus einer großen Flasche eingoss.

Sie schüttelte den Kopf. Sie war mit Thomas und ihren Freundinnen hier, die wollte sie diesmal nicht wieder sitzen lassen. Außerdem saß auch das Punkmädchen mit am Tisch, auf deren Bekanntschaft sie verzichten konnte.

„Sicher?", fragte Farin und sie nickte. Er schaute sie einen Augenblick lang an, dann winkte er dem Barkeeper zu. „Noch einer!", rief er und hob einen Finger an, mit dem er anschließend auf die bereitstehenden Pinnchen zeigte.

Der Barkeeper brachte ihm einen weiteren Mexikaner und Farin zahlte, dann drückte er Debby eines der Pinnchen in die Hand. Auch er nahm sich eines und erhob es mit feierlichem Gesichtsausdruck.

„Auf das Ende dieser Schule!" Grinsend stieß er sein Glas gegen ihres, schaute ihr tief in die Augen und kippte gleichzeitig mit ihr den Alkohol herunter.

Der Mexikaner war scharf und brannte sich seinen Weg ihre Speiseröhre hinab bis in ihren Magen, wo er langsam erlosch. Der würzige Geschmack war definitiv angenehmer als die klebrige Süße des Wodka-E, den Thomas ihr in die Hand gedrückt hatte. Trotzdem würde sie am liebsten ein großes Glas Wasser hinterher kippen.

„Dann mal viel Spaß. Und wie gesagt, du kannst gerne zu uns kommen", sagte Farin, während er die übrigen vier Kurzen einsammelte.

„Danke", lächelte sie und blieb stehen, während er sich den Weg zu seinen Freunden zurück bahnte.

„Was wollte der denn?", erklang Bellas Stimme an ihrem Ohr und Debby drehte sich erschrocken zu ihr um.

„Wo kommst du denn her?", fragte sie mit hoher Stimme.

„Von der Tanzfläche", sagte Bella und richtete den tiefen Ausschnitt ihres Oberteils. „Was wollte der?"

„Nichts. Wir haben nur einen Kurzen zusammen getrunken", rief Debby und bemerkte schon jetzt ein Kratzen in ihrem Hals. Die Musik war verdammt laut, gerade so, als wären Unterhaltungen überhaupt nicht erwünscht.

„So, so." Bella zog die Augenbrauen hoch und schaute noch einen Moment in Richtung der Sitzecke, dann drehte sie sich zum Barkeeper und bestellte. Kurz darauf drückte sie Debby einen bunten, mit Früchten gespickten Cocktail in die Hand. Ein Schirmchen steckte neben dem Strohhalm zwischen den Eiswürfeln. Auch Bella hielt einen solchen Cocktail in der Hand.

„Auf uns", sagte sie mit einer ähnlichen Geste wie Farin vorhin, dann stießen sie an und Debby trank einen Schluck durch den Strohhalm. Bisher das beste Getränk des Abends – nicht zu süß, nicht zu scharf, aber schön fruchtig. „Und jetzt komm mit zu deinen Freunden und lass uns Spaß haben!" Bella lächelte und hakte sich bei Debby unter. Sie ließ sich mit auf die Tanzfläche ziehen, obwohl ihr nicht gefiel, wie Bella das Wort *Freunde* betonte.

Kein Streit heute Abend.

Bella zog sie hinter sich her bis zu Clari und Thomas, die noch miteinander tanzten. Sie machten Platz, sodass die vier zusammen in einem Kreis zwischen ihren Mitschülern und Stufenkameraden standen.

Debby trank noch ein paar Schlucke, dann schloss sie die Augen und spürte die Musik in ihrem Inneren. Sie griff nach dem Rhythmus und bewegte ihren Körper im Takt, um endlich Spaß an diesem unvergesslichen Abend zu finden.

Später in der Nacht ging Debby vor die Tür. Die Luft im Club war verbraucht, heiß und stickig und langsam machte sich der Alkohol in ihrem Kreislauf bemerkbar. In der Seitenstraße war die Luft kühl und schmeckte nach Winter, während sie nach Zigarettenrauch roch. Die meisten Leute hatten ihren Weg nach drinnen gefunden und neben dem Türsteher standen hier draußen nur ein paar Raucher herum.

Auf der anderen Straßenseite saß Farin auf dem Boden. Er lehnte mit dem Rücken an der Hauswand, hatte den Kopf zurückgelegt und ein Knie angezogen, während er das andere Bein von sich streckte. Zwischen seinen Fingern qualmte eine Zigarette.

Debby trat an ihn heran.

„Hey", sagte sie. Ihre Ohren klingelten von der brüllenden Musik drinnen.

Farin schreckte auf.

„Ach, du bist's", murmelte er müde und ließ den Kopf wieder gegen die Wand sinken. Mit geschlossenen Augen führte er die Zigarette an seine Lippen und nahm einen tiefen Zug.

Sie setzte sich neben ihn auf den kalten Steinboden und lehnte sich gegen die Mauer. Der kühle Wind strich über die nackte Haut an ihren Armen und die Härchen stellten sich auf. Vielleicht hätte sie ihre Jacke von drinnen mitnehmen sollen.

„Geht's dir gut?", fragte sie Farin, als er sich nicht rührte.

„Bestens", murmelte er, klang aber nicht halb so überzeugend wie vor wenigen Stunden im Club. „Bin nur 'n bisschen müde."

„Und betrunken", ergänzte sie, sog die frische Nachtluft tief in ihre Lungen und spürte das Kratzen vom Zigarettenqualm in ihrem Hals.

„Da kann ich nich' widersprechen", meinte er und brachte seinen Kopf wieder in eine aufrechte Position. Er zog den Rest seiner Zigarette weg und schnipste den Stummel davon. „Was machs' du überhaupt hier draußen?"

„Ich brauchte frische Luft. Da drinnen ist es auf Dauer ja nicht auszuhalten."

„Ja, Luft is' super", stimmte er zu und zog sein Zigarettenpäckchen aus der Jackentasche. Er öffnete es, schob sich eine Kippe zwischen die Lippen und zündete sie an, dann fuhr er sich mit der freien Hand durch das Gesicht. „Sobald ich klar komm', geh' ich wieder rein. Oder nach Hause. Wie spät is'n überhaupt?"

„Kurz nach zwölf", antwortete sie.

„Fuck", murmelte er. „Ich glaub', ich mach mich auf'n Heimweg." Er steckte sich die Zigarette zwischen die Lippen und stützte sich an der Wand ab. Schwankend kämpfte er sich auf die Füße und schaute dann Debby an, die ebenfalls wieder aufgestanden war. Er pustete den Rauch zur Seite weg. „Was is' mit dir? Gehst du wieder rein? Ich möchte dich nich' so alleine hier sitzen lassen."

Ein warmes Gefühl schloss ihr Herz ein und ein Lächeln legte sich auf ihre Lippen. Sie antwortete, ohne wirklich einen Einfluss auf die Worte zu haben, die aus ihrem Mund fielen.

„Ich glaube, ich komme mit und gehe auch nach Hause. Ich hole nur eben meine Jacke."

„Ich warte hier." Farin lehnte sich gegen die Wand und aschte auf den Boden. Die Nieten auf seiner Jacke verursachten ein kratzendes Geräusch, als sie über den Stein schabten.

Am Türsteher vorbei kehrte Debby in die stickige Wärme des Clubs zurück und ließ ihren Blick über die Tanzfläche schweifen. Überall waren Menschen, unendlich viele Menschen, aber Thomas oder ihre Freundinnen konnte sie nicht entdecken. Also ging sie zur Garderobe, holte ihre Jacke ab und trat wieder ins Freie, wo Farin aussah, als würde er im Stehen schlafen.

„Können wir?", fragte sie und er schreckte auf, dann stieß er sich von der Wand ab.

„Immer bereit", nuschelte er, schob seine Hände in die Taschen seiner Lederjacke und lief neben ihr die spärlich beleuchtete Seitengasse hinunter. Abseits von den Clubs und Bars war kaum noch etwas los.

„Was ist eigentlich mit deiner Freundin?", fragte Debby vorsichtig, als sie auf die Einkaufsstraße abbogen. Immer noch hatte sie das Bild vor Augen, wie das Mädchen auf seinem Schoß gesessen hatte. Wie sie ihm einen Kuss auf die Wange gegeben hatte.

„Welche Freundin?" Er hob den Blick und schaute sie aus glasigen Augen an.

„Na, dieses Punkmädchen, das vorhin bei euch saß."

„Ach, du meinst Les. Nee, die ist nicht meine Freundin." Er grinste, lachte dann, schien sich in seinem Lachen zu verlieren und verstummte wieder, den Blick auf einen undefinierten Punkt in der Ferne gerichtet.

Also doch eine Schlampe.

Sie wehrte sich gegen diesen Gedanken, aber ihre innere Stimme ließ sich nicht von ihrer schadenfrohen Feststellung abbringen.

„Wieso fragst du?"

„Nur so." Im Grunde wusste sie es selbst nicht. Farin konnte tun und lassen, was er wollte, dieses Mädel konnte tun und lassen, was es wollte. Er war nicht ihr Freund, im Gegensatz zu Thomas, dem sie vielleicht Bescheid sagen sollte, dass sie schon gegangen war. Sie zog ihr Handy aus der Hosentasche und entsperrte es. Das weiße Licht des Bildschirms durchbrach die dunkle Nacht und blendete sie für einen Moment. Sie öffnete Thomas' Chat.

Hey, ich bin schon auf dem heimweg. Du brauchst dir keine sorgen machen, viel spaß noch!

Als sie wieder aufsah, sprang Farin gerade auf die Kante eines steinernen Blumenkastens. Einige Schritte klappte sein Balanceakt erstaunlich gut, dann bekam er Übergewicht nach links und landete wieder auf seinen Füßen auf dem Gehweg. Er schob eine Hand in die Innentasche seiner Jacke und zog Kopfhörer und sein Handy hervor.

„Willst du mithören?", fragte er, während er den Klinkenstecker in die Kopfhörerbuchse steckte.

„Ehm, gern." Sie nahm einen der In-Ear Kopfhörer entgegen und steckte ihn sich ins Ohr. Der Klang von verzerrten

E-Gitarren ertönte. Ein Schlagzeug. Der Bass. Dann setzte der Sänger ein. Seine Stimme war rau und ungeschliffen und auch, wenn Debby keine Ahnung von Musik hatte, erkannte sie sofort, dass es sich hier um Punk handelte.

„Eine Wohltat nach dem Scheiß im Club", meinte Farin, der den anderen Ohrhörer trug. Mit leiser Stimme sang er die Texte mit.

„Ist auf jeden Fall was anderes", meinte sie. Sie hatte sich nie zuvor mit der Musik auseinandergesetzt, niemand in ihrem Umfeld hörte Punk und es lief nicht im Radio oder im Fernsehen. Es war anders, auf eine interessante Art und Weise.

„Ich glaub', du musst dich erstmal dran gewöhnen. Aber dann gibt's nichts Besseres mehr", sagte er mit einem leichten Lächeln auf den Lippen.

Auch Debby lächelte, dann spürte sie die Vibration ihres Handys an ihrem Oberschenkel.

Allein?, hatte Thomas geschrieben. Sie sah zu Farin, dessen leiser Gesang sich mit dem des Sängers in ihrem Ohr vermischte und der seinen Blick über die geschlossenen Geschäfte schweifen ließ. Wenn sie Thomas erzählte, dass sie mit ihm unterwegs war, würde es definitiv wieder Streit geben. Sie hatten sich gerade erst wieder vertragen und sie wollte den Frieden nicht aufs Spiel setzen. Deswegen sah sie keine andere Möglichkeit, obwohl sich alles in ihr dagegen sträubte.

Ja, tippte sie. Es war das erste Mal, dass Debby ihren Freund anlog.

7

Farin lag auf der kalten Metallbank ganz am Ende des Bahnsteigs. Sie waren so weit hinten, dass kein Dach den Blick in den Himmel versperrte.

„Erzähl mir was über dich", sagte er, ohne den Blick von den Sternen abzuwenden.

Debby stand neben ihm und hatte die Arme fröstelnd um ihren Oberkörper geschlungen. Ihre dünne Jacke konnte nichts gegen die herbstliche Kälte ausrichten, die sich die Nächte schon jetzt krallte.

Eine halbe Stunde, bis der nächste Zug kommen würde.

„Da gibt's eigentlich nichts", murmelte sie und ließ ihren Blick über die verlassenen Gleise gleiten, die in der Ferne im Dunkeln verschwanden.

Farin drehte seinen Kopf und schaute sie von der Seite an.

„Natürlich", sagte er und setzte sich hin. „Du bis' hier, du lebst." Er stand auf, zog seine Jacke aus und hängte sie ihr um die Schultern. „Du tust jeden Tag irgendwas. Da wird schon was Erwähnenswertes dabei sein." Er ließ sich wieder auf der Bank nieder.

Debby lächelte ihn dankbar an und zog die Jacke enger um sich. Sie schaute ihn an, während sie nachdachte. Ja, sie war hier, aber alles, was sie tat, war beliebig, immer dasselbe, unwichtig.

„Nein."

Er schaute ihr in die Augen. „Hast du nie irgendwas Verrücktes getan? Warst du nie im Kanal schwimmen oder bist in den Zug gestiegen und ans Meer gefahren, wo du am Strand geschlafen hast, weil kein Zug mehr nach Hause gefahren ist? Oder hast einfach die ganze Nacht bis zum Sonnenaufgang auf irgendeinem Dach gesessen und die Sterne angeschaut?"

Sie schüttelte den Kopf und verspürte ein Gefühl, das ihr neu und doch so bekannt vorkam. Ihr Leben war langweilig. Sie hatte nie irgendwas Verrücktes getan, nicht mal etwas, von dem es sich zu erzählen lohnte.

„Mit Thomas und meinen Freundinnen schaue ich meistens Serien oder wir gehen ins Café oder manchmal ins Kino. Und ich geh' manchmal mit dem Hund meiner Oma raus."

Sie sprach leise, aber ihre Worte waren laut in der Stille der Nacht. Farin hatte bestimmt ein spannendes Leben.

„Du verpasst was", meinte er, als hätte er ihre Gedanken erraten. „Wir machen mal was zusammen, aber nich' mehr heute. Heute bin ich zu müde." Mit diesen Worten legte er sich auf die Seite, zog die Beine an und schloss die Augen. Er murmelte ein „Gute Nacht", dann vergleichmäßigte sich sein Atem. Er war eingeschlafen.

Das war wirklich ziemlich verrückt.

„Farin?", fragte sie, aber von ihm kam keine Antwort mehr. Zwanzig Minuten lang stand sie einfach da, hing ihren Gedanken nach und betrachtete ihn.

Er sah so jung aus, wie er da lag und schlief. Nicht wie dieser Typ, der rauchte und sich betrank. Seine wilden Haare und die beiden schwarzen Ringe in seiner Unterlippe standen im Kontrast zu seinem unschuldigen Gesicht. Er war erwachsener und reifer als alle anderen Leute, die Debby in ihrem Alter kannte.

Aber warum? Wer war Farin und was hatte ihn zu dem Menschen gemacht, der er heute war? Im Grunde wusste sie nichts über ihn, außer, dass er anscheinend gern verrückte Dinge tat.

Aber sie würde gerne mehr wissen.

Wenige Minuten bevor der Zug einfahren sollte, rüttelte sie ein wenig zögerlich an Farins Schulter.

„Farin?", fragte sie und rüttelte ein wenig fester.

„Hmm …" Er versuchte halbherzig ihre Hand abzuschütteln.

„Du musst aufwachen, der Zug kommt gleich."

„Is' ja gut", murmelte er heiser, blieb noch einen Augenblick liegen und brachte sich mit einem Griff an die Rückenlehne der Bank ein wenig umständlich in eine sitzende Position. Mit den Händen rieb er sich durchs Gesicht und strich seine Haare nach hinten. „Bitte, lass mich nie wieder betrunken irgendwo einschlafen, wo nich' mein Bett is'."

„Sorry", erwiderte sie mit einem nervösen Lächeln auf den Lippen. Sie setzte sich neben ihn und schaute ihn von der Seite an. „Warum hast du überhaupt so viel getrunken?"

Er nahm die Hände aus dem Gesicht und erwiderte ihren Blick, dann schaute er zwischen seine Füße auf den Boden.

„Ach, hat seine Gründe. Nich' der Rede wert."

Thomas und seine Kollegen schauten öfter mal zu tief ins Glas. *Keine Ahnung, passiert halt mal*, wäre ihre Antwort. Auch Bella und Clari tranken ab und an mal einen über den Durst, auch für sie war das nichts Besonderes.

Farin hatte Gründe.

Er holte seine Zigaretten aus der Jackentasche und zündete sich eine an. Sog den heißen Rauch tief in seine Lungen und ließ ihn nur langsam entweichen.

Debby nickte und fragte nicht weiter, obwohl sie mehr Fragen als Antworten bekommen hatte. Aber Farin sah nicht aus, als würde er über seine Gründe sprechen wollen.

Mit einem lauten Rattern kündete sich der einfahrende Zug an.

Farin zog seine Zigarette mit tiefen Atemzügen in Rekordgeschwindigkeit weg und ließ sie ins Gleisbett fallen, als sie durch die Tür in die S-Bahn stiegen.

Der schneidende Wind blieb draußen auf dem Bahnsteig und wohlige Wärme umarmte Debby. Das angenehme Licht entspannte ihre Augen und auch wenn es nach Pisse stank, war es im Zug sehr viel angenehmer als in der Kälte.

„Soll ich dich noch nach Hause begleiten?", fragte Farin, während er ihr voran einen der Vierersitze ansteuerte.

„Danke, aber ist nicht nötig", erwiderte sie und ließ sich auf dem Fensterplatz ihm gegenüber nieder.

„Sicher? Is' schon spät, nich', dass dir was passiert."

„Sicher. Von der Haltestelle aus hab ich's nicht mehr weit. Du brauchst für mich keinen Umweg machen, sieh lieber zu, dass du ins Bett kommst", sagte sie und lächelte ihn an. Er sah verdammt müde und ziemlich fertig aus. Das warmweiße

Licht brachte die dunklen Augenringe in seinem blassen Gesicht zur Geltung.

Thomas hatte ihr keine weitere Nachricht geschickt. Dafür nahm Farin ihr das Handy aus der Hand, als sie gerade ihre Nachrichten überprüfte. Er tippte darauf herum und reichte es ihr zurück.

„Sag Bescheid, wenn du sicher Zuhause bist", sagte er. Auf dem Display waren ihre Kontakte geöffnet. Farins Name, darunter seine Nummer.

Im Haus war es dunkel, als Debby eintrat. Leise zog sie die Tür hinter sich ins Schloss, drehte den Schlüssel und schlüpfte aus ihren Schuhen. Im Dunkeln tastete sie nach dem Schuhregal und stellte sie hinein, dann schlich sie die Treppe rauf in ihr Zimmer, wo sie endlich auf den Lichtschalter drücken konnte. Erst dort, als sie sich ihrer Jacke entledigen wollte, bemerkte sie, dass ihre Arme in Farins Lederjacke steckten. Sie pustete einen Schwall Luft durch die Nase aus, hielt dann aber einen Moment inne und schnüffelte am Jackenkragen. Er roch nach kalter Luft und altem Zigarettenrauch.

Nach Farin.

Sie ließ ihre Hand vom Kragen weiter nach unten gleiten und zog die Jacke aus. Hängte sie über die Lehne ihres Schreibtischstuhls und legte ihre eigene Jacke darüber. Einen Augenblick betrachtete sie Farins Jacke noch, dann schaltete sie das Licht wieder aus, kniete sich auf ihr Bett und öffnete das Fenster.

Keine einzige Wolke versperrte die Sicht auf die unzähligen Sterne. Sie lehnte sich aus dem Fenster und der kalte Wind jagte ihr eine Gänsehaut über die Arme. Das Licht der Laternen unter ihr war nicht halb so funkelnd wie die Sterne am schwarzen Firmament.

Sie waren wunderschön.

All diese Sterne waren so viel älter als sie und würden noch da sein, wenn sie es nicht mehr war. Jeder Mensch auf dieser

Halbseite der Erde befand sich im Moment unter eben diesem Sternenhimmel, er verband sie alle miteinander und sprach von Freiheit. Er gab ihr das Gefühl, als stünde ihr die ganze Welt offen. Als könne sie gehen, wohin sie will und sein, wer sie möchte. Als gäbe es keine Grenzen.

Mit einem zufriedenen Gefühl in ihrem Inneren rutschte sie vom Bett und ging durch den dunklen Flur ins Badezimmer, wo sie sich abschminkte und ihre Zähne putzte. In ihrer Schlafkleidung ließ sie sich ins Bett fallen und drehte ihren Kopf auf die linke Seite. Früher hatte sie immer bei geschlossenem Fenster und mit heruntergelassenen Rollläden geschlafen, aber heute ließ sie beides offen. Mit dem Blick in den unendlichen Sternenhimmel glitt sie in die Traumwelt hinüber.

Die Luft in Debbys Zimmer war frisch und angenehm kühl, als sie am nächsten Morgen die Augen aufschlug. In der Wärme unter ihrer Decke liegend richtete sie den Blick nach draußen, wo die Sonne Häuser und Gärten in ein sommerliches Gold tauchte. Sie gähnte einmal herzhaft und lächelte dann ein klein wenig.

Heute war ein schöner Tag, vielleicht einer der letzten dieses Sommers. Ein Tag, den sie mit ein paar schönen Erlebnissen füllen konnte.

Sie drehte sich zu ihrem Nachttisch und entsperrte ihr Handy, öffnete die Liste mit den zuletzt gewählten Nummern und drückte auf Bellas Namen. Das Freizeichen ertönte einige Male, dann nahm jemand ab.

„Hmm …?", grummelte Bella.

„Hi, Debby hier. Ich wollte fragen, ob du Lust hast, Frühstücken zu gehen. Wir könnten uns in einem Café in die Sonne –"

Bella unterbrach sie. „Hast du 'ne Ahnung, wie spät es ist? Ich war gestern noch ein bisschen länger weg als du und will in Ruhe ausschlafen! Außerdem hab' ich Kopfschmerzen." Ein Knacken in der Leitung verkündete, dass Bella aufgelegt hatte.

Debby nahm das Handy vom Ohr und schaute überrascht auf das Display.
Anruf beendet.
Clari nahm gar nicht erst ab und unter Thomas' Nummer meldete eine computergenerierte Stimme, dass der Teilnehmer vorübergehend nicht zu erreichen sei.
Als Debby gerade den Sperrenknopf drücken wollte, ging eine neue Nachricht über den Messengerdienst des sozialen Netzwerks ein, in dem sie angemeldet war. Sie zog die Benachrichtigungsleiste herunter und erblickte Farins Namen.
Gut zuhause angekommen?, schrieb er.
Verdammt.
Tut mir leid, habs vollkommen vergessen. Bei mir ist alles gut, tippte sie und drehte sich dabei auf die Seite.
Es war wirklich lieb, dass er nachfragte. Thomas hingegen schien es nicht zu interessieren, ob seine Freundin heil oder überhaupt zu Hause angekommen war.
Während sie sich in der Küche ein schnelles Frühstück zubereitete, entschied sie sich, ihre Oma zu besuchen und eine Runde mit Bernhard spazieren zu gehen. Die würde sich bestimmt freuen, wenn Debbys Freunde schon keine Lust auf sie hatten.
Als sie sich in ihrem Zimmer umzog, blieb ihr Blick an Farins Jacke hängen. Das Leder war abgetragen und von den wahrscheinlich ehemals akkuraten Nieten waren viele zerdrückt, einige verloren gegangen und ein paar hingen nur noch mit einer Ecke in ihren Löchern. Bei ein paar der aufgenähten Patches lösten sich die Fäden oder der Stoff riss ein. Die Namen der Bands hatte Debby nie gehört. Am besten gab sie Farin seine Jacke so schnell wie möglich zurück. Ihre Finger zitterten, als sie zum Handy griff und seinen Kontakt auswählte. Es dauerte nur wenige Sekunden, bis er abnahm.
„Hallo?", sagte er, seine Stimme war sehr rau und klang tiefer als sonst.
„Hi, Debby hier. Sorry nochmal, dass ich dir nicht geschrieben habe, ich hab's echt vergessen." Sie unterbrach

sich mit einem kleinen Lachen, redete dann aber schnell weiter. „Ich hab' gestern vergessen, dir deine Jacke wiederzugeben und dachte, die möchtest du bestimmt haben. Ich gehe gleich mit dem Hund meiner Oma in den Axmannpark, vielleicht können wir uns ja da treffen. Falls du Zeit hast. Dann bringe ich sie dir mit." Sie sog Luft in ihre Lungen, als der Redeschwall aus ihrem Mund geflossen war und allen Sauerstoff mitgenommen hatte.

„Ach, meine Jacke. Hab' ich noch gar nicht bemerkt. Ich kann in 'ner Stunde da sein, passt dir das?" Ein leises Rascheln war im Hintergrund zu hören.

„Passt super", stimmte sie zu. Sie verabredeten einen Treffpunkt und Debby brach mit Farins Jacke über dem Arm zu ihrer Oma auf.

8

„So schnell hab' ich nicht wieder mit deinem Besuch gerechnet, Kindchen. Ich freu' mich, dass du da bist", begrüßte Debbys Oma sie.

„Hi", lächelte diese und erwiderte die herzliche Umarmung. „Ich dachte, ich schau' mal vorbei und gehe eine Runde mit Bernhard raus."

„Das ist lieb von dir", sagte die Oma und humpelte durch den Flur in die Küche. Mit einem beherzten Schritt überwand sie Bernhard, der sich wie ein zweiter Läufer auf dem Boden ausgestreckt hatte. „Der Wetterumschwung ist mir auf die Knochen geschlagen. Gestern war's noch frisch und heute ist es schon so warm." Sie seufzte und zog die Kühlschranktür auf, während Debby sich auf der Küchenbank niederließ. „Möchtest du ein Glas Limonade? Ich habe sie heute Morgen aus frischen Zitronen gepresst."

„Gerne."

Die alte Dame holte zwei Gläser aus dem Schrank über der Spüle und schenkte ihnen ein, ehe sie sich zu ihrer Enkelin setzte.

„Erzähl, wie läuft es in der Schule?", fragte sie und verwickelte Debby in ein Gespräch, das die schließlich unterbrach, um nicht zu spät zu ihrem Treffen mit Farin zu kommen.

„Ich geh' dann mal eine Runde mit Bernhard", sagte sie und sammelte den alten Hund im Flur ein.

Er schien sogar zu verstehen, dass sie heute keine Zeit zum Trödeln hatten und verzichtete auf den Großteil seiner Pausen. Flott wie schon lange nicht mehr trottete er neben ihr die Straße hinunter und durch den Park. Mit wenigen Minuten Verspätung erreichten sie den Springbrunnen.

Farin saß auf einer der Holzbänke im Schatten, trug eine Sonnenbrille im Gesicht und hatte eine Wasserflasche neben sich auf dem Boden stehen.

„Hey", grüßte Debby und blieb einen Schritt von der Bank entfernt stehen. Der Duft von Zigarettenrauch stieg ihr in die Nase und sie spürte winzige Wassertropfen in ihrem Nacken, die vom Springbrunnen zu ihr herüberwehten.

Bernhard war nicht so schüchtern. Schwerfällig tapste er auf Farin zu, stellte seine schmutzige Pranke auf dessen zerrissene Jeans und leckte ihm mit seiner feuchten Zunge über die Hand.

„Bernhard!", sagte Debby und war im Begriff, die Leine kürzer zu nehmen, aber Farin winkte ab.

„Schon gut", grinste er mit seiner brüchigen Stimme und wuschelte ihm mit der angesabberten Hand durch das Fell. „Na, mein Junge?"

Bernhard hob die Nase und Debby sah ihn vor ihrem inneren Auge bereits durch Farins Gesicht lecken.

Im Kontrast zu seiner dunklen Sonnenbrille und den schwarzen Haaren war Farin blass. Seine Haare standen auch nicht wie sonst wild in alle Richtungen ab, sondern hingen in Strähnen unordentlich an seinem Kopf herab.

Sie trat einen Schritt vor und reichte ihm seine Jacke. Er wischte seine Hand an seiner Jeans ab und nahm sie entgegen.

„Danke", sagte er mit einem schwachen Lächeln und schob einen Arm in den Ärmel.

Bernhard nahm seine Pfote wieder von Farins Knie und er stand auf, um sie sich anzuziehen.

Debby strich über die raue Leine zwischen ihren Fingern. Sollte sie jetzt einfach wieder gehen?

„Kann ich noch ein bisschen mit euch laufen?", fragte er und richtete den Kragen.

„Klar", lächelte sie. Sie ruckte an der Leine, um Bernhard an seinem Vorhaben, sich für ein Nickerchen hinzulegen zu hindern.

Farin hob seine Wasserflasche vom Boden auf und trank einen tiefen Schluck, ehe sie losliefen.

„Ein bisschen Bewegung an der frischen Luft tut mir bestimmt gut, bevor ich mich für den Rest des Tages in mein Bett in meinem dunklen Zimmer legen werde", grinste er und trank noch mehr Wasser.

„Weniger saufen täte dir bestimmt auch gut", erwiderte Debby scherzhaft. Die warmen Strahlen der Mittagssonne küssten ihre nackte Haut und sie schob die Ärmel ihrer Jacke hoch, um die Wärme spüren zu können. Eine Gruppe Singvögel kreuzte zwitschernd ihren Weg zwischen den blühenden Wiesen her.

Farin zuckte grinsend mit den Schultern.

„Was sein muss, muss sein", meinte er, drehte die Flasche zu und streckte sich. Ein leichtes Knacken löste sich aus seiner Wirbelsäule. „Aber ich sollte in Zukunft nicht mehr auf kalten, harten Bahnhofsbänken schlafen."

Sie stimmte in sein Lachen mit ein und nickte dann heftig.

Zeit mit Farin zu verbringen war schön. Er hatte nichts an ihr auszusetzen und drängte sie nicht dazu, über Themen zu sprechen, die ihr unangenehm waren. Er war unkompliziert und ihr gefiel seine leichtlebige Art, wie er die Dinge auf die leichte Schulter nahm.

Nicht wie Bella, die sie am Telefon angemeckert und einfach wieder aufgelegt hatte, obwohl Farin mit hoher Wahrscheinlichkeit mehr getrunken hatte als sie.

Thomas hatte sie nicht zurückgerufen und er hatte ihr keine Nachricht geschickt. Er lag allerdings nicht schlafend im Bett, sondern stand zusammen mit Yannik neben dem wettergegerbten Pavillon, an dessen Steinwänden sich schon etliche Sprayer verewigt hatten. Er entdeckte sie wenige Sekunden später.

„Debby!", rief er und selbst aus der Entfernung konnte sie erkennen, wie sein Blick auf Farin fiel und sich verfinsterte. Er setzte sich in Bewegung. In seiner Hand qualmte eine Zigarette, die er mit ausgestrecktem Arm von seinem Körper fernhielt. „Was machst du hier?"

„Die bessere Frage ist, was du hier machst", erwiderte sie und blieb stehen. „Ich hab' heute Morgen versucht, dich anzurufen und scheinbar bist du ja wach und munter. Zurückgerufen hast du mich aber nicht und ob ich gut nach Hause gekommen bin, interessiert dich scheinbar auch nicht."

Sie hielt Bernhard zurück, als er fröhlich an Thomas hochspringen wollte. In ihrem Augenwinkel sah sie Farin eine Augenbraue hochziehen.

„Ich weiß doch, dass du auf dich aufpassen kannst. Oder bist du gar nicht nach Hause gegangen, sondern zu ihm?"

Da war sie wieder, Thomas' Eifersucht. Sie blitzte in seinen Augen und hing in seinen angespannten Gesichtszügen. Wahrscheinlich würde er Farin am liebsten eine reinhauen.

„Spinnst du?", fragte sie und zog die Augenbrauen zusammen.

„Wenn ich betrunken bin, ist mit mir eh nichts anzufangen", warf Farin ein. Sein Blick blieb an der Zigarette hängen, die unbeachtet zwischen Thomas' Fingern runterbrannte. Thomas starrte ihn einen Moment lang an, dann wandte er den Blick wieder Debby zu. „Du bist gestern doch alleine nach Hause gegangen, oder?", lauerte er.

„Ja!", erwiderte sie sofort. Vielleicht ein bisschen zu schnell.

Farin schaute sie an, sagte aber nichts. Die Spannungen, die zwischen ihnen in der Luft hingen, wurden unerträglich.

„Was macht der dann hier?" Thomas' Blick hätte nicht abschätziger sein können, als er Farin von oben bis unten musterte.

„Wir haben uns zufällig getroffen, genau wie ich dich zufällig getroffen habe", sagte sie.

Das zweite Mal, dass sie ihren Freund anlog.

„Mein Bett wartet auf mich, ich bin mal weg. Schönen Tag noch, Debby", sagte Farin. Er schaute Thomas und seinen Kollegen an, der mit ein paar Schritten Abstand stehen geblieben war. „Idioten." Er nickte ihnen zu und klaute Thomas mit einer flinken Bewegung den Rest der qualmenden Zigarette, als er an ihm vorbeiging. „Das konnte ich nicht länger mitansehen", grinste er, nahm einen tiefen Zug und ging einfach davon. Drei Leute, darunter Debby, starrten ihm fassungslos hinterher.

„Ich weiß, wir haben uns vertragen und ich will mich wirklich nicht mit dir streiten, aber du machst es mir echt schwer", sagte Thomas und schaute wieder zu ihr.

„Warum?", gab sie zurück und zog ihre Augenbrauen noch ein wenig enger zusammen. Bernhard neben ihr ließ sich auf dem Boden nieder.

Thomas seufzte, sein Blick wurde weicher. „Ich will doch nur, dass du dich nicht mit den falschen Leuten anfreundest, mein Schatz", sagte er und auch seine Haltung entspannte sich. „Man sieht doch schon auf den ersten Blick, dass der Typ Ärger bedeutet."

Fast hätte sie ihm gesagt, dass Farin ihr angeboten hatte, sie nach Hause zu bringen, während er sich nicht mal gemeldet hatte. Dass Farin ihr schon zum zweiten Mal seine Jacke gegeben und sich heute Morgen nach ihr erkundigt hatte, während er es nicht einmal für nötig hielt, sie zurückzurufen.

Fast.

Stattdessen presste sie die Lippen aufeinander.

„Ich will mich auch nicht streiten. Aber vielleicht solltest du Farin erstmal kennen lernen, bevor du über ihn urteilst. Er ist wirklich nett."

„Er hat uns gerade die Zigarette geklaut", warf Yannik ein und kam ein paar Schritte näher.

„Ihr seid nicht mal Raucher, ich bitte dich. Das Ding wäre einfach abgebrannt, wieso auch immer ihr mit der Scheiße anfangen wollt." Sie schüttelte den Kopf.

„Bei ihm hast du ja offensichtlich nichts dagegen." Thomas verschränkte die Arme.

„Ich bin weder seine Mutter noch seine Freundin. Was geht es mich an, was er tut?"

„Eben, du bist *meine* Freundin. Vergiss das nicht." Er nickte mit bedeutungsschwerer Miene.

„Ich hab' das nicht vergessen, aber du könntest aufhören, meine Anrufe zu ignorieren. Und den Scheiß mit dem Rauchen sein lassen, das ist lächerlich." Auch sie verschränkte die Arme und der Karabiner an Bernhards Leine klimperte.

„Tut mir leid", sagte Thomas und wirkte nun doch ein wenig zerknirscht.

„Schon vergessen. Möchtest du vielleicht mit mir Bernhard zu meiner Oma bringen und wir machen noch was?", bot sie mit einem leichten Lächeln an.

Auch er lächelte. Er verabschiedete sich mit einem Handschlag von Yannik und schloss dann seine Finger um ihre. Seite an Seite liefen sie den Weg hinunter und folgten der Straße zum Haus ihrer Oma.

„Hallo, Rita, schön, dich mal wiederzusehen", lächelte Thomas, als er hinter Debby durch die Tür trat.

„Für dich immer noch Frau Rochow, Bürschchen", erwiderte Debbys Oma.

Das Lächeln auf Thomas' Lippen fror ein wenig ein. „Natürlich", sagte er.

Debby befreite Bernhard von seinem Halsband und der Hund trottete in die Küche, wo sein Wassernapf stand. Das Wasser spritzte in alle Richtungen, als er daraus trank.

„Darf's noch ein bisschen Limonade sein?", fragte Debbys Oma, während sie Bernhard hinterher humpelte.

„Gerne", lächelte ihre Enkelin. Sie folgte als nächstes, dann kam Thomas. Er setzte sich neben sie auf die Bank und bekam ebenfalls ein Glas vor die Nase gestellt.

Rita sah ihn nicht an, während sie aus der Glaskaraffe eingoss.

„Hatten du und Bernhard einen schönen Spaziergang, Kindchen?", fragte sie, während sie die Limonade wieder in den Kühlschrank stellte. Dann setzte sie sich ebenfalls.

„Ja, ist auch echt schönes Wetter. Und ich hab' Thomas im Park getroffen." Sie warf ihm ein Lächeln zu und nahm dann einen Schluck aus ihrem Glas.

„Du wohnst doch gar nicht hier in der Nähe", sagte Debbys Oma mit Blick in seine Richtung.

„Ich hab' mich mit einem Freund getroffen. Der wohnt hier. Ist auch eine wirklich schöne Gegend, in der Sie hier leben", murmelte Thomas.

„Ja, ja", erwiderte Rita.

Die Stimmung wurde nicht besser und so machten Debby und Thomas sich schon fünfzehn Minuten später auf den Weg. Debbys Oma verabschiedete sie herzlich wie immer, für Thomas hatte sie nur einen kurzen Blick über.

„Was hat sie eigentlich für ein Problem mit mir?", flüsterte er, als sie sich ein paar Meter entfernt hatten.

„Ich weiß nicht, ich glaub', sie mag dich irgendwie nicht."

„Aber wieso? Ich hab' ihr nie was getan und deine Eltern mögen mich doch auch." Er schaute sie von der Seite an.

„Ich weiß es doch nicht. Man kann nicht jeden mögen." Sie zuckte mit den Schultern, als sie seinen Blick erwiderte. „Mach' dir keine Gedanken."

Er zuckte ebenfalls mit den Schultern. Schweigend liefen sie zu einer kleinen Pizzeria und setzten sich dort an einen der drei runden Tische, die draußen in der Sonne standen. Thomas zahlte für sie. Auch wenn ihr der Streit der letzten Tage noch in den Knochen steckte, freute sie sich. Ihm lag etwas an ihr, er würde die Beziehung nicht wegschmeißen, bloß, weil er aus irgendwelchen Gründen eifersüchtig auf Farin war.

Das Pärchen verbrachte den Nachmittag mit Gesprächen und Lachen. Debby fühlte sich gut, aber, und diesen Gedanken konnte sie nicht vertreiben, sie fühlte sich nicht so wohl wie am Vormittag, als sie mit Farin durch den Park gelaufen war. Immer wieder schaute sie auf ihr Handy und hoffte, eine Nachricht von ihm zu entdecken, doch es kam keine. Natürlich nicht. Er hatte keinen Grund, ihr zu schreiben, wahrscheinlich lag er im Bett und schlief.

Wie sein Zimmer wohl aussah? Er schlief bestimmt mit offenem Fenster und halb heruntergelassenen Rollläden, durch die ein wenig Licht in den Raum fiel. An den Wänden hingen Poster von Punkbands und in der Ecke stand eine Gitarre.

Ob Farin Gitarre spielen konnte?

„Was sagst du? Hast du Lust?"

Debby fixierte ihren Blick auf Thomas.

„Hm, was?", fragte sie. Das Bild von Farins Zimmer verblasste vor ihrem inneren Auge.

„Ich hab' gefragt, ob du Lust hast heute Abend mit mir und den Jungs in den Club zu gehen."

„Oh, ähm ..." Sie dachte an den vergangenen Abend. An schwitzende, tanzende Menschen, schlechte Luft, klebrige, viel zu süße Getränke und nirgendwo Platz, um mal durchzuatmen. „Eigentlich nicht wirklich."

„Ist es denn in Ordnung, wenn ich gehe?" Er schaute ihr in die Augen und strich mit seinem Daumen über ihren Handrücken.

Sie lächelte.

„Klar, lieb, dass du fragst."

Er lud sie noch auf ein Eis ein, bevor sie sich verabschiedeten und sie sich auf den Heimweg machte. Die Sonne stand schon tief am Himmel und tauchte Häuser und Straßen in ein goldenes Licht, als ihr die Idee kam. Sie zog ihr Handy hervor und wählte Farins Nummer.

9

„Einen wunderschönen guten Morgen", sagte Farin, nachdem er Debbys Anruf entgegengenommen hatte.

„Ausgeschlafen?", lachte sie. Seine Fröhlichkeit schien durch das Telefon zu kriechen und sich in ihrem Inneren breit zu machen.

„Allerdings. Was gibt's?"

„Hast du heute noch was vor?" Sie biss sich auf die Unterlippe und überholte eine junge Mutter, die einen himmelblauen Kinderwagen vor sich herschob.

„Bisher nicht", erwiderte er.

Debby lächelte. Sie schaute nach rechts und links und überquerte dann eine kreuzende Straße. „Mach was Verrücktes mit mir! Ich möchte die ganze Nacht auf einem Dach sitzen und in die Sterne schauen."

Ein Kribbeln breitete sich in ihr aus. Es begann in ihrer Brust und lief durch ihren Bauch in ihre Beine hinab und über ihre Arme bis in die Fingerspitzen.

„Klar, komm vorbei. Ich schick' dir meine Adresse. Bis gleich", sagte er, als sei es keine große Sache. Als sei es normal, den Abend auf diese Weise zu verbringen.

„Bis gleich!", grinste sie ein wenig atemlos. Schnell legte sie auf, damit Farin das Quietschen nicht hörte, das sich aus ihrer Kehle löste.

Heute Abend würde sie etwas tun, von dem es sich zu erzählen lohnte. Nicht den immer gleichen langweiligen Scheiß, mit dem sie ihr Leben bisher gefüllt hatte. Nicht shoppen gehen oder Serien schauen oder Pizza essen. Heute würde sie in die unendlichen Weiten des Himmels blicken, zusammen mit Farin, der selbst alles andere als langweilig war.

Er wohnte nicht weit von ihr entfernt. Sie fuhr eine Haltestelle mit der Bahn und brauchte von dort noch eine Viertelstunde zu Fuß, bis sie das in die Jahre gekommene Mehrfamilienhaus erreichte, in dem er lebte. Die ehemals blaue

Farbe war abgeblättert und ausgeblichen, viel mehr als ein schmutziges Grau war nicht übrig. Sechs Klingelschilder reihten sich übereinander neben der Tür, aber Debby hatte keine Ahnung, wie Farin mit Nachnamen hieß. Sie holte ihr Handy raus und schrieb ihm, dass sie da war.

Ganz oben, kam die Antwort und die Tür summte. Sie trat einen Schritt vor und drückte sie auf.

Im Flur war es kühl, die Wände waren in einem hellen Blau bemalt und die Stufen aus grauem Linoleum waren alt und ausgetreten. Absatz für Absatz stieg sie hinauf und als sie oben angekommen war, war sie außer Atem. Farin lehnte im Türrahmen und zog einen Mundwinkel zu einem Lächeln hoch. Er trug ein Bandshirt und eine schwarze Jogginghose, nirgends waren Ketten, Nieten oder Springerstiefel zu sehen. Nur pinke Socken. Mit seinem zerzausten Haar sah er so harmlos aus, dass Thomas' Worte in ihrem Kopf noch lächerlicher klangen.

„Wenn wir uns beeilen, sehen wir den Sonnenuntergang noch", sagte er zur Begrüßung und zog die Wohnungstür hinter sich zu.

„Klingt gut."

Er stieß sich ab und ging an ihr vorbei auf die zweite Tür zu, die sich auf dem obersten Treppenabsatz befand. Sie betraten einen Dachboden.

Spinnweben schimmerten im letzten Licht des Tages, das durch das schmutzige Dachfenster hereinfiel. Staubpartikel flogen durch die Luft, bedeckten den Boden und blieben an der Sohle von Farins pinken Socken kleben, als er hindurchlief. Er schob das Fenster auf und streckte sich hinaus, um das Glas auf den Schindeln abzulegen, dann zog er einen abgenutzten, blauen Holzstuhl heran und positionierte ihn unter der Öffnung. Am Fensterrahmen zog er sich auf das Dach hinaus und verschwand aus Debbys Blickfeld.

„Jetzt du", sagte er und steckte den Kopf von der Seite herein. Ihr Herz klopfte schneller. Sie spürte jeden einzelnen Schlag, als sie an den Stuhl herantrat und ihren Fuß auf die

Sitzfläche stellte. Sie nahm Farins Hand und griff mit der anderen an den Fensterrahmen.

„Halt dich bei mir fest. Ich helf' dir", sagte er und suchte ihren Blick. Sie löste den Griff vom Rahmen und schloss ihre Finger um seinen Unterarm. Sie schaute ihn an und stellte dann einen Fuß auf die Metallumrandung. Er richtete sich auf und packte sie, stützte sie und zog sie in seine Richtung, als sie das Dach erklomm.

„Das ist verdammt hoch", meinte sie, als sie den Kopf drehte und einen Blick über den Rand des Daches hinauswagte. Ihr Herz machte einen Satz.

„Ja, also fall nicht runter", erwiderte Farin, der ihre Hand noch immer mit festem Griff hielt. Mit sicheren Schritten führte er sie über die bemoosten Schindeln höher aufs Dach bis zu einer Metallstufe, die wahrscheinlich für den Schornsteinfeger hier montiert war. Dort setzten sie sich und Debby fühlte sich gleich sicherer. Farin lehnte sich zurück und legte sich mit angezogenen Beinen aufs Dach, den Blick richtete er in den Himmel.

Die Sonne war im Begriff am Horizont zu verschwinden, nur ein winziger Halbkreis, mehr ein Strich, war noch zu sehen. Während der Himmel im Westen von roten und orangenen Farbverläufen bedeckt war, wurde er in Richtung Osten immer dunkler, bis er schließlich in ihrem Rücken tiefblau war.

Debby beobachtete, wie die Sonne langsam verschwand und die Farbe der Dunkelheit wich, bis das einzige Licht über ihnen von Mond und Sternen ausging.

Farin streckte die Hand aus.

„Siehst du diese Sternkonstellation dort drüben? Das Viereck, von dem dieser lange, geschwungene Schweif abgeht."

Sie rückte näher und lehnte sich ebenfalls auf das Dach zurück. Mit den Augen folgte sie der Form, die er mit dem Finger in den Himmel malte.

„Das ist der Drache. Das Viereck ist der Kopf und die anderen Sterne musst du dir als die Mittellinie seines Körpers vorstellen. Und siehst du dort die Sterne, die wie ein schiefes W angeordnet sind? Das ist Cassiopeia."

„Woher weißt du das?", fragte sie fasziniert, während sie nach den unsichtbaren Linien suchte, die Bilder aus den einzelnen Sternen werden ließen.

„Das hat mich als Kind schon interessiert. Ich hab' mir von meinem Taschengeld ein Buch über Sternbilder gekauft und jedes einzelne, das man von unserer Halbkugel der Erde aus sehen kann, ausfindig gemacht."

Debby lächelte. Sie wandte ihren Blick vom Himmel ab und schaute ihn an. „Ich hab' mich früher für Schnecken interessiert. Ich habe dauernd welche mit nach Hause gebracht, die ich irgendwo draußen gefunden hab', ganz egal, ob die ein Haus hatten oder nicht. Ich hab' echt alles über Schnecken gelesen, was ich finden konnte."

Auch Farin wandte sich von den Sternen ab und schaute ihr in die Augen. „Siehst du, da haben wir doch was Interessantes", sagte er. Sein Blick war so intensiv, als gelte seine gesamte Aufmerksamkeit nur ihr. Irgendwie schön und irgendwie beängstigend.

Sie schaute schnell wieder in den Nachthimmel. „Zeig mir noch ein Sternbild."

„Okay." Auch er schaute wieder in den Himmel, ließ seinen Blick einen Moment schweifen und streckte dann erneut den Arm aus. „Siehst du dieses Kreuz dort? Mit den leicht geschwungenen Armen?" Er malte die Linien mit dem Finger nach, bis sie nickte. „Das ist der Schwan. Unten ist der lange Hals mit dem Kopf, das kurze Ende ist sein Hinterteil und die geschwungenen Arme sind die Flügel. Erkennst du's?"

„Ja. Das ist echt cool", sagte sie begeistert. Sie hätte nie gedacht, dass es am Himmel so viel zu entdecken gab.

Farin zeigte ihr noch mehr Sternbilder, fuhr jedes mit dem Finger nach, bis sie es auch erkannte.

Sie selbst hatte bisher nur nach oben geschaut, wenn sie wissen wollte, ob es bald regnete und hatte sich mehr als einmal verschätzt.

Sie verbrachten tatsächlich die ganze Nacht auf dem Dach. Zumindest konnte Debby sich nicht daran erinnern, es verlassen zu haben, als sie am nächsten Morgen die Augen aufschlug. Müde blickte sie sich um und versuchte sich zu orientieren. Sie war nicht mehr auf dem Dach, aber Zuhause war sie auch nicht. Trotzdem lag sie in einem gemütlichen Bett unter einer warmen Decke und konnte nicht in den Himmel blicken.

An den Wänden des Zimmers hingen Bandposter. Rechts von ihr waren zwei große Fenster, eines war geöffnet und die Sonne schien durch die Lücken der heruntergelassenen Jalousie herein. In der Ecke lehnte ein Keyboard neben einer Gitarre an der Wand und auf dem Boden neben dem Bett lag Farin unter einer roten Wolldecke. Sie bedeckte ihn nur zum Teil, sodass Debby das Tattoo auf seinem linken Schulterblatt entdeckte. Mit schwarzer Tinte war ein Baum skizziert. Er trug kaum Blätter, nur vereinzelt hingen welche an den mageren Ästen und ein paar lagen auf dem Boden neben dem Stamm. Die feinen Verästelungen formten zwei Namen, die kunstvoll dort drapiert waren, wo gesunde Bäume ihr Laub trugen.

Felix
Karel

Farin regte sich. Zuerst zuckte er nur mit der Hand, dann drehte er sich auf den Rücken und das Tattoo verschwand aus Debbys Blickfeld. Schnell schaute sie auf eines der Poster.

„Guten Morgen", murmelte er verschlafen und gähnte herzhaft.

„Guten Morgen", lächelte sie. In seinem Gesicht waren Abdrücke seines Kissens zu sehen. „Wie um alles in der Welt bin ich in dieses Bett gekommen?"

„Magie", grinste er, setzte sich auf, fuhr sich mit den Händen durchs Gesicht, strich sein Haar zurück und streckte sich dann. Erneut gähnte er. „Falls du ins Bad gehen willst – es ist direkt die Tür gegenüber."

Leicht grinsend schüttelte sie den Kopf. Es gab nur eine Möglichkeit, wie sie in dieses Bett gekommen sein konnte – Farin musste sie getragen haben. Von dem Dach durch die Luke bis in sein Zimmer und das, ohne runterzufallen oder sie fallen zu lassen.

„Danke, das werde ich gleich mal tun", erwiderte sie, weil der Druck auf ihrer Blase langsam unangenehm wurde. Sie kletterte aus dem Bett, durchquerte das Zimmer und trat in den Flur, die Tür zog sie hinter sich zu.

Es war dunkel. Rechts von ihr entdeckte sie die Haustür, links endete der Flur in einem Wohnzimmer. Die einzige Lichtquelle war das Flackern des Fernsehers, auf dem ein alter Actionfilm lief. Der Ton war so leise, dass sie nicht viel mehr als ein paar Schüsse hören konnte. Vor dem Fernseher stand ein Sofa mit der Rückenlehne zur Tür ausgerichtet, auf dem Couchtisch ein halb leeres Weinglas neben einer offenen Rotweinflasche. Irgendwer schien auf dem Polster zu liegen, aber mehr konnte sie nicht erkennen. Sie trat ins Bad

Als sie wieder ins Zimmer zurückkam, saß Farin in einem schwarzen Bandshirt auf der Fensterbank am offenen Fenster und zog an einer Zigarette, deren Rauch er dem Haus auf der gegenüberliegenden Straßenseite entgegenpustete. Sie setzte sich auf die Bettkante und holte ihr Handy aus der Hosentasche.

„Oh, Scheiße." Sie hatte die ganze Nacht auf dem Dach verbracht, ohne jemandem Bescheid zu sagen. Nicht mal ihren Eltern. Fünf verpasste Anrufe ihrer Mutter, zwei Nachrichten, drei von Thomas und eine von Clari. All das war passiert, während sie mit Farin einen Moment genossen hatte, der wertvoller als die Summe all ihrer Erlebnisse wirkte.

„Danke für alles, aber ich muss echt los. Sorry. Es war wunderschön, danke. Danke für diese wunderschöne Nacht und dass du mir so viel über Sterne erzählt hast." Sie lächelte nochmal, steckte ihr Handy ein und eilte dann durch die Zimmertür zur Wohnungstür, die Treppe hinunter und durch die Haustür auf die Straße. Im Laufen schrieb sie ihrer

Mutter, dass sie auf dem Heimweg war. Dort erwartete sie ein Donnerwetter, das war klar.

Sie rannte den ganzen Weg bis zur Bahnhaltestelle und verfiel die letzten Meter in einen schnellen Laufschritt. Verschwitzt und mit stechenden Seiten kam sie zeitgleich mit dem Zug an und ließ sich drinnen in einen leeren Vierer fallen, wo sie nach Atem rang. Sie holte ihr Handy wieder heraus und öffnete den Chat mit Thomas.

Ich liebe dich!
Bist du gut nach hause gekommen?
Debby?

Die letzte Nachricht war gegen ein Uhr bei ihr eingegangen und mit einem Mal fühlte sie sich schlecht. Der Morgen bei Farin war vergessen und das Gefühl der Freiheit, das sie mit dem Blick in die Sterne gespürt hatte, verflogen.

Thomas hatte sich wirklich Mühe gegeben sich zu ändern. Er hatte ihre Beschwerden angenommen und sie reagierte nicht auf seine Nachrichten. Das war doch beschissen. Er hatte jedes Recht, sauer auf sie zu sein. Oder eifersüchtig, wenn er erfuhr, dass sie bei Farin gewesen war und ihn dabei vergessen hatte.

Der Zug hielt viel zu schnell an der nächsten Haltestelle. Debbys Seiten stachen noch immer ein wenig und die Schuldgefühle hielten ihr Herz im festen Griff. Während sie eilig nach Hause lief, dachte sie über eine Ausrede nach, die sie ihrer Mutter auftischen konnte. Ihre Überlegungen erübrigten sich, als sie ankam. Nicht nur ihre Mutter wartete dort auf sie, auch Thomas stand mit verschränkten Armen in der offenen Tür.

10

„Wo bist du gewesen, junges Fräulein?", rief ihre Mutter durch den Vorgarten. Thomas neben ihr sagte kein Wort, aber sein Blick sprach Bände.

„Ich war bei ...", begann Debby leise und wurde langsamer, als sie der Treppe näherkam.

Ihre Mutter trat auf die erste Stufe.

„Du brauchst mir nicht zu erzählen, du seist bei Clari oder Bella gewesen, denn die beiden habe ich angerufen, als du nicht nach Hause gekommen bist!", sagte sie deutlich.

Debby blieb am Fuß der Treppe stehen und legte den Kopf in den Nacken, um Thomas und ihre Mutter anschauen zu können. Ihre Atmung hatte sich halbwegs beruhigt, die Seitenstiche waren weg.

„Tut mir leid. Ich war ... bei einem Freund und bin eingeschlafen. Das war nicht geplant oder so, ich hätte mich sonst gemeldet, das weißt du, Mama! Du kennst mich." Sie zog ein Stückchen ihrer Unterlippe zwischen ihre Zähne und kaute darauf herum. „Das dachte ich zumindest, Deborah, aber dieses Verhalten ist mir vollkommen neu!"

„Farin?", war das Einzige, was Thomas sagte. Mit einem traurigen, aber wissenden Blick.

Sie hätte am liebsten alles abgestritten, denn sie wollte ihn so nicht sehen. Sie wollte ihm nicht wehtun. Aber sie hatte ihn schon zu oft angelogen und er verdiente die Wahrheit. Sie senkte den Blick auf die steinernen Stufen vor sich und nickte.

„Wer ist Farin?", erklang sofort die wütende Stimme ihrer Mutter.

Debby behielt den Blick gesenkt und wartete darauf, dass Thomas sich über ihn auslassen würde, aber es blieb still.

„Wer ist Farin?", wiederholte ihre Mutter.

„So'n Typ aus meiner Schule", murmelte sie und schaute Thomas an.

Wieso sagte er nichts? Es war der perfekte Moment, um ihrer Mutter zu erzählen, was für ein schlechter Umgang Farin doch sei. Aber Thomas ließ nur die Schultern hängen und erwiderte ihren Blick für einen Moment. Die Traurigkeit in seinen Augen versetzte ihr einen Stich ins Herz.

Sie hatte ihn angelogen. Sie hatte ihn angelogen und bei einem Kerl übernachtet, auf den er eifersüchtig war. Ohne ihm Bescheid zu sagen, ohne ihm wenigstens zurückzuschreiben. Während er versucht hatte, sich zu ändern, hatte sie ihn und seine Gefühle missachtet.

Jetzt schlich er die Treppe hinunter, schob sich an ihr vorbei und drehte sich nicht nochmal um. Hatte er Angst gehabt, sie zu verlieren, musste er jetzt das Gefühl haben, dass es geschehen war.

„So ein Typ?", wiederholte ihre Mutter mit lauter Stimme, als habe sie von Thomas' Abgang nichts mitbekommen.

„Lass uns erstmal reingehen, ja? Bevor die ganze Nachbarschaft mitbekommt, was für eine schlechte Tochter ich bin", murmelte Debby und schaute ihm hinterher, wie er mit den Händen in den Hosentaschen die Straße hinunterschlurfte.

Müde stieg sie die Stufen hinauf und schob sich an ihrer Mutter vorbei in den Hausflur, wo sie sich auf die Treppe zum Obergeschoss setzte und ihre Schuhe aufschnürte. Ihre Mutter schob die Tür zu und legte ihren brennenden Blick wieder auf ihre Tochter. „Du kannst froh sein, dass dein Vater auf Dienstreise ist, sonst würde es hier nochmal anders aussehen. Du gehst jetzt auf dein Zimmer und bleibst dort für die nächste Zeit. Du hast Hausarrest! Du wirst das Haus nur verlassen, um zur Schule zu gehen und danach direkt wieder zurückkommen, verstanden?"

„Ja", sagte Debby. Sie stellte ihre Schuhe ins Regal, warf ihrer Mutter noch einen kurzen Blick zu und zog sich am Geländer hoch. Mit hängenden Schultern stieg sie die Treppe hinauf und ließ sich in ihrem Zimmer aufs Bett fallen.

Ihre Decke war weiß, genau wie Farins. Aber irgendwo dahinter war der Himmel mit seinen Sternen, die man bei Tag nicht sehen konnte.

Wenig später vibrierte ihr Handy in ihrer Hosentasche. Eigentlich wollte sie nicht nachsehen. Die Nachricht war bestimmt von Thomas und egal, welche Anschuldigungen er ihr an den Kopf warf, sie hatte es verdient. Sie selbst würde nicht anders reagieren.

Dann siegte die Neugier.

Die Nachricht war gar nicht von Thomas – sie war von Farin. Obwohl das schlechte Gewissen an ihr nagte, pochte ihr Herz ein wenig schneller.

Bist du gut nach hause gekommen?

Ein Lächeln stahl sich auf ihr Gesicht.

Ja, danke. Und danke für den wunderschönen abend, tippte sie. Ob die Stunden unter den Sternen den Ärger wert waren, konnte sie nicht sagen, aber sie würde sie nicht eintauschen.

Ja, sie hätte nicht bei Farin einschlafen und Thomas nicht anlügen sollen. Aber zum ersten Mal in ihrem Leben hatte sie das Gefühl, dass sie etwas verpasste, wenn sie mit ihren Freundinnen in Clubs rumhing, Serien schaute und über das Leben irgendwelcher Schauspieler redete. Sie hatte das Gefühl, dass es da draußen mehr für sie gab.

Dieser Abend war das nackte, reine Leben gewesen, in dem sie alle gleich waren. Es ging nicht um Farin. Jeder Mensch hätte mit ihr unter diesem Himmel liegen können und es hätte nichts geändert. Im Grunde waren sie alle gleich und bildeten sich bloß zu viel auf ihr eigenes Selbst ein. Den Himmel interessierte es nicht, ob ein millionenschwerer Filmschauspieler aus Hollywood unter ihm lag oder ein Punk wie Farin. Ein Niemand wie Debby. Der Himmel sah für sie alle gleich aus, denn eigentlich waren sie alle so sehr ein Niemand wie ein Jemand.

Müssen wir wiederholen, schrieb Farin und sie lächelte schon wieder.

Ja, dachte sie, antwortete aber nicht. Sie würde wirklich gerne mehr Zeit mit ihm verbringen, aber zuerst musste sie sich um ihre Beziehung kümmern. Solange sie Hausarrest hatte, war das Thema eh erstmal vom Tisch.

Am Montagmorgen wäre Debby am liebsten Zuhause geblieben. Der Gedanke daran, auf Thomas zu treffen, ließ sie solange herumtrödeln, bis der Bus an der Haltestelle ohne sie abgefahren war. Ihre Mutter fuhr sie, damit sie noch pünktlich zur ersten Stunde kam. Kurz vor dem Klingeln stieg sie aus dem Auto und entdeckte Farin, der gegenüber der Schule stand und rauchte. Die meisten anderen Schüler waren bereits im Gebäude und außer einem Mann mit Hund war sonst niemand unterwegs.

Als Farin sie erblickte, hob er die Hand zum Gruß, aber sie wandte den Blick zu Boden. Es war besser, wenn sie sich von ihm fernhielt, bis ihre Beziehung wieder auf sicherem Untergrund stand, denn sie wollte Thomas nicht verlieren.

Vielleicht lief gerade nicht alles glatt, aber das war kein Grund, wegzuschmeißen, was sie hatten. Ein halbes Jahr war vielleicht kein ganzes Leben, aber es war genug Zeit, um an ihrer Beziehung festzuhalten und jetzt gerade lag es an ihr, ihr Fehlverhalten wieder gut zu machen. Sie liebte Thomas. Ein Leben ohne ihn konnte sie sich nicht vorstellen.

Ohne Farin zu beachten, eilte sie durch die Vordertür ins Schulgebäude und erreichte mit dem Klingeln ihren Unterrichtsraum. Ihr Blick blieb kurz an Thomas hängen, als sie durch die Tischreihen zu ihrem Platz eilte. Er schaute sie nicht böse oder verurteilend an – sondern enttäuscht. Es fühlte sich an wie ein Schlag in die Magengrube und wurde nicht besser, als sie Platz genommen hatte.

Bella schaute nicht von ihren Nägeln auf, die sie sich gerade in einem dunklen Rot lackierte, und Clari zog nur kurz die Augenbrauen hoch, ehe sie sich zur Tafel wandte. Bis zur großen Pause herrschte Schweigen zwischen den Freundinnen, doch als das Klingeln sie vom Unterricht erlöste, standen die beiden auf und schauten Debby an.

Thomas kam von seinem Platz herüber und positionierte sich vor ihrem Tisch.

„Wir müssen reden", sagte Bella, eine Mischung aus Ernst und Sorge lag in ihrem Blick.

„Komm bitte mit uns", stimmte Clari zu, derselbe Ausdruck dominierte ihr Gesicht.

Thomas stand nur da, blickte betreten auf die Tischplatte und schwieg.

Debby schaute jeden der drei einmal an und zog die Augenbrauen hoch. „Okay", sagte sie und stand auf. Hinter ihrem Freund und ihren besten Freundinnen lief sie den Flur herunter, verließ das Gebäude und steuerte die Turnhalle an. Wie ein kleines Kind, das sich daneben benommen hatte und jetzt den Erwachsenen in sein Zimmer folgen musste. Auf ihrem Weg quer über den Schulhof sah sie Farin, der gerade von den Toiletten kam. Sie wandte den Blick ab, bevor sie seinem begegnete, aber sie spürte, dass er sie bemerkt hatte und ansah. Es schmerzte, ihn zu ignorieren, aber sie hatte keine andere Wahl.

Der Schulhof wurde leerer, umso näher sie der Turnhalle kamen, bis nur noch vereinzelt Leute zusammenstanden. Die vier stellten sich zwischen Hallenwand und Zaun auf den lehmigen Erdboden, der sicher schön zum Sitzen wäre, würde jemand Gras aussäen. So hingen hier maximal die Kiffer herum, die sich vor der Pausenaufsicht versteckten, aber heute waren nicht mal sie hier.

Debby kam mit dem Rücken zur Hallenwand zum Stehen und Thomas, Clari und Bella stellten sich in einem Halbkreis vor ihr auf.

„Wir machen uns Sorgen um dich", eröffnete Bella das Gespräch. Sie verschränkte ihre Finger mit den frisch lackierten Nägeln ineinander. „Ich, wir haben das Gefühl, dass du dich immer weiter von uns entfernst. Von Clari und mir und von Thomas. Was ist los?"

Debby spürte die Sorge, die in Bellas Stimme lag. Die aus ihren Augen sprach.

„Es ist nichts", murmelte sie und trat von einem Bein auf das andere, senkte ihren Blick auf ihre Fingerspitzen.

„Wir erkennen dich kaum wieder, Süße", sagte Clari. Ihre Stimme war weich, auch sie klang besorgt. „Wir machen kaum noch was zusammen und wenn doch, bist du immer irgendwie abwesend. Irgendwie doch nicht bei uns. Wir machen uns wirklich Sorgen um dich, wir wollen dir helfen, okay? Dafür sind Freunde da."

Nach allem, was sie in den letzten Tagen aus den Mündern ihrer Freundinnen gehört hatte, klangen diese Worte gleichzeitig so falsch und so schön. Sie berührten Debbys Herz und versprachen ihr Verständnis, von dem sie bisher nichts gespürt hatte. Sie blickte nicht auf.

„Tut mir leid. Ich weiß nicht genau, was los ist. Eigentlich hat sich doch gar nichts verändert, außer … außer, dass ich Kontakt zu Farin habe." Sie schaute Thomas an. „Ich wollte dir nie wehtun. Wirklich nicht. Es tut mir leid, ich will dich nicht verlieren! Ich wollte eigentlich nur kurz bei ihm vorbeischauen, für eine Stunde oder so, aber ich bin eingeschlafen. Tut mir leid, ich hätte Bescheid sagen sollen."

Sie schauten einander in die Augen, während sie sprach.

„Wir sind für dich da", sagte Bella.

Die Traurigkeit wich nicht aus Thomas' Blick, als er nickte. „Jeder macht Fehler. Besonders ich", erwiderte er, schaute sie noch einen Augenblick an und kickte dann ein Steinchen weg, das neben seinem Schuh gelegen hatte.

„Ich verspreche dir, dass sowas nicht wieder vorkommen wird. Ich werde erstmal etwas auf Abstand zu Farin gehen."

In diesem Moment fühlten die Worte sich richtig an, denn sie wollte, dass Thomas ihr verzieh. Er war ein Teil ihres Lebens, während sie Farin erst seit ein paar Tagen kannte.

Der war auf der Bildfläche erschienen und hatte alles durcheinander gebracht. Blöd nur, dass sie Gefallen an diesem Chaos gefunden hatte.

11

Farins Nachricht blieb unbeantwortet. Am Dienstag kam er ihr auf dem Schulflur entgegen und lächelte sie an, aber Debby schaute weg und bog mit dem Blick fest auf dem Boden in ihr Klassenzimmer ab. In der Pause stellte sie sich mit dem Rücken zum Raucherplatz der Punks, schaute Clari und Bella an und manchmal Thomas, der links von ihr mit seinen Jungs an der Tischtennisplatte herumalberte.

Ihr Leben fühlte sich fast wieder an wie früher. Ihre Freundinnen unterhielten sich mit ihr über Serien, Filme und Schauspieler, über Schminke, Kleidung und Nagellacke. Über diesen Typen aus der Elften, mit dem Bella auf der Vorabi-Party getanzt hatte. Debby wusste seinen Namen nicht, kannte aber jedes Detail über sein weiches Haar und seine harten Bauchmuskeln.

Fast wie früher, denn da war das schlechte Gewissen, das an ihr nagte. Farin hatte nichts Unrechtes getan und ihn so zu behandeln war nicht richtig. Es war nicht in Ordnung.

„Es gibt so viele gutaussehende Jungs auf unserer Schule. Und dann gibt es ein paar, die sehen aus als wären sie erst in einen Rasierer und dann in einen Farbtopf gefallen", sagte Clari und Bella lachte.

„Kann sich halt nicht jeder eine Bürste leisten", meinte sie. „Wo wir gerade dabei sind, ich brauche unbedingt eine neue Bürste. Meine macht immer meine Locken kaputt, ich brauche eine, die ihre Struktur nicht so zerstört."

„Und meine reißt mir immer richtig viele Haare raus", seufzte Clari und griff sich eine Strähne ihres langen Haars. „Bald sind keine mehr übrig."

„Dann kriegst du welche von mir, ich hab' genug", lachte Bella und warf sich in einer schwungvollen Bewegung ihre Locken über die Schulter.

Debby schaute zu Thomas herüber, dem Lars gerade einen Schlag auf den Hinterkopf verpasste. Lachend schubste Thomas ihn weg und strich sich dann durch sein kurz geschnittenes Haar, als gäbe es da irgendwas zu zerstören.

„Denkt ihr, er findet mich hübsch?", fragte Bella und stellte sich ein wenig aufrechter hin. Sie verfolgte jemanden mit den Augen und als Debby einen Blick riskierte, entdeckte sie den Typen aus der Elften.

„Klar, wieso sollte er nicht? Du bist wunderschön, Süße!"

Bella lächelte Clari an und warf dann einen kurzen, abfälligen Blick über Debbys Schulter, dorthin, wo die Punks standen.

Debby sagte nichts. Es würde nichts bringen, die drei zu verteidigen, zumal ihnen sowieso egal war, was die anderen über sie sagten. Ganz im Gegensatz zu ihren Freundinnen. Vielleicht war das der Grund, warum jedes Gespräch so oberflächlich war.

Nach der Schule ging sie direkt nach Hause und machte Hausaufgaben. Sie aß mit ihrer Mutter, schaute zwei Filme und ging schlafen.

Der nächste Tag lief ganz genauso ab.

Am Donnerstag kam Debbys Vater von seiner Dienstreise zurück und ließ es sich nicht nehmen, seiner Tochter eine zweite Standpauke zu halten. Im Grunde sagte er nichts anderes als ihre Mutter schon, dann schickte er sie auf ihr Zimmer.

Im Internet gab es keine guten Filme mehr, sie hatte alle gesehen. Sie zog ihr Lieblingsbuch aus dem Regal, legte sich aufs Bett und las es nochmal. Später setzte sie sich wieder an ihren Computer und suchte nach der Band, die sie nach der Vorabi-Party mit Farin gehört hatte. Sie lauschte ein paar Liedern und stieß auf weitere Bands aus dem Genre. Nach einer Weile klangen die verzerrten Gitarren nicht mehr schief, sondern kraftvoll. Irgendwas in ihrem Gehör verschob sich und aus Disharmonie wurde Harmonie. Mehr und mehr fanden die Texte Eingang in ihr Denken.

Texte über Politik und die Gesellschaft. Über Missstände und Lösungswege. Über Probleme, zu denen es keine Antwort gab, und eine Welt, die das Potential hatte, so anders zu sein.

In den rauen Stimmen der Sänger steckte so viel Leidenschaft und Wut, wenn sie von den Ungerechtigkeiten auf der Welt sangen. So viel Energie, die sie dafür einsetzten, etwas zu ändern.

Debby beschäftigte sich mit einigen von ihnen näher und fand heraus, dass sie Organisationen gründeten und für wohltätige Zwecke spendeten. Dass sie Demonstrationen organisierten und Projekte unterstützten, die versuchten, ihr kleines Stückchen Welt ein bisschen besser zu machen. Sie engagierten sich, während andere nur meckerten und mit dem Finger auf ihren Nachbarn zeigten. Begnügten sich nicht mit der Ausrede, sowieso nichts ändern zu können, sondern änderten einfach etwas. Das imponierte ihr. Jetzt verstand sie, was Farin an Punkmusik faszinierte.

Sie öffnete seinen Chat auf ihrem Handy. Bestimmt könnte er ihr noch viel mehr erzählen. Wahrscheinlich könnte sie sich mit ihm wirklich gut über Musik unterhalten, denn bei Clari, Bella oder Thomas brauchte sie mit Punk gar nicht erst ankommen.

Sie könnte ihm schreiben. Aber sie ließ es.

Es wurde Freitag, aber er fühlte sich an wie Mittwoch, oder Dienstag oder Donnerstag. Ganz egal. Vor der dritten Stunde packte Debby mit langsamen Bewegungen ihre Bücher aus dem Rucksack, während Clari und Bella neben ihr ein Gespräch führten. Sie hörte nicht hin. Wenigstens schien Thomas ihr verziehen zu haben, das war es wert. Oder nicht?

Die Geräuschkulisse um sie herum veränderte sich. Ein paar der lärmenden Gespräche verstummten und sie hob den Blick. Farin kam auf ihren Tisch zu. Er hatte keine Augen für die Mitschüler, die ihn unverhohlen anstarrten, er schaute Debby an. Vor ihrem Tisch blieb er stehen.

„Hey", lächelte er. Der Geruch nach kaltem Rauch stieg ihr in die Nase und sie legte das Mäppchen am Tischrand ab, während sie zu ihm aufschaute.

„Hi", sagte sie und schielte zu Thomas herüber. Mit verschränkten Armen stand er hinter seinem Stuhl und starrte sie an.

„Ist alles in Ordnung bei dir?", fragte Farin. Seine Hände steckten in den Hosentaschen und sein Rucksack hing nur über einer Schulter.

„Klar, alles super." Sie schluckte und senkte den Blick. „Ich hab' nur viel zu tun in letzter Zeit."

Es war falsch. Es war nicht in Ordnung, ihn so abzuweisen. Farin war der liebste Mensch, den sie kannte. Lieber als sie selbst.

„Ich hab' mich nur gewundert, dass du mich plötzlich ignorierst. Hab' ich was falsch gemacht?"

Plötzlich tauchte Thomas neben ihnen auf und drängte sich zwischen Farin und den Tisch.

„Verpiss dich! Debby will mit Typen wie dir nichts zu tun haben!", spuckte er ihm aggressiv ins Gesicht. Seine Hände waren zu Fäusten geballt.

Farin hob eine Augenbraue und nahm sich einen Augenblick Zeit, um ihn von oben bis unten zu mustern.

„Du bist der Typ aus'm Park, oder? Der, der zu blöd zum Rauchen ist." Sein linker Mundwinkel zuckte belustigt.

Thomas' Kollegen kamen und bauten sich rechts von ihm auf.

„Verpiss dich, du dreckiger Punk!", wiederholte Thomas.

Inzwischen war es komplett still, alle Blicke hefteten auf dem kleinen Grüppchen.

„Besser ein Punk als ein Idiot", sagte Farin und zuckte lässig mit den Schultern.

Thomas wirkte, als würde er jeden Moment auf ihn losgehen. Auch seine Jungs machten sich bereit.

„Du solltest jetzt besser gehen", rief jemand von vorne.

„Los, Thomas, bring dem Spast mal Manieren bei!", brüllte ein anderer amüsiert.

„Ist wirklich alles gut?", wandte Farin sich nochmal an Debby. Er schaute an Thomas vorbei, der vor Wut fast explodierte. Sie nickte eilig.

„Geh einfach", flüsterte sie. Noch weniger als ihr Verhalten hatte er es verdient wegen ihr von Thomas geschlagen zu werden.

„Du kannst dich immer melden, wenn doch was sein sollte."

„Jetzt verzieh dich endlich, du Wichser! Debby ist meine Freundin, wenn was ist, dann kommt sie zu mir. Such dir irgend'ne Hure, aber lass deine Finger von Debby!", brüllte Thomas und Farin wurde erneut aufgefordert zu gehen, bevor die Situation eskalierte.

„Reg dich ab", sagte er zu Thomas, dann wandte er sich um. Er tauschte einen letzten Blick mit Debby und schlenderte betont lässig zur Tür.

Am Freitagnachmittag rief Thomas Debby an und lud sie zum Übernachten ein.

„Ich hab' Hausarrest, ich kann nicht", erwiderte sie.

„Frag doch mal, bitte. Ich möchte dich sehen, nicht nur in der Schule."

„Ich kann fragen, aber erhoff dir nicht zu viel", sagte sie.

„Meinetwegen machen wir eine Ausnahme", stimmte ihre Mutter zu. „Thomas ist ein guter Junge. Wenn du mir versprichst, morgen Vormittag wieder hier zu sein, darfst du zu ihm."

Der Abend schien unter einem guten Stern zu stehen. Debby packte ihre Übernachtungssachen in ihren Schulrucksack, lief zur Bahnhaltestelle und fuhr zu Thomas.

„Schön, dass es doch noch geklappt hat", lächelte er, als er sie an der Tür begrüßte und in eine Umarmung zog.

„Ich freu' mich auch", sagte sie. Sie hätte ihn küssen können, aber sie tat es nicht. Stattdessen streifte sie ihre Schuhe ab und lief an Thomas vorbei in sein Zimmer mit den Postern von Fußballspielern an der Wand, wo er sogar das Bett gemacht hatte. Der Computerbildschirm war bereits auf den großen Fernseher projiziert und ein Online-Streamingdienst geöffnet. Eine Tüte Chips lag auf der Decke.

„Ich dachte, wir schauen einen Film", lächelte er und sie nickte schnell.

Irgendwas war anders. Irgendwie fühlte es sich komisch an, hier zu sein, dabei war sie schon oft hier gewesen.

Sie stellte ihren Rucksack vor dem Bett auf dem Boden, legte ihre Jacke über Thomas' Schreibtischstuhl und machte es sich auf der Matratze bequem, während er ein völlig überspitztes Jugenddrama anmachte und sich neben sie legte. Zuerst hatte jeder Platz für sich, dann rutschte er näher.

Er schob einen Arm zwischen ihren Rücken und die Wand und zog sie ein wenig an sich ran. Lächelte. Gab ihr einen Kuss. Schaute wieder auf den Fernseher.

Sie lehnte sich gegen ihn und versuchte, sich auf die Handlung des Films zu konzentrieren, aber es gelang ihr nicht. Irgendwas lag in der Luft.

Er rutschte noch ein wenig näher heran und legte seine Hand auf ihrem Oberschenkel ab. Streichelte sie sanft.

Sie zog ihre Haare unter seinem Arm weg und lächelte verkrampft. Richtete ihren Kopf wieder auf.

Seine Hand wanderte höher, dann nahm er sie wieder weg. Er griff nach der Fernbedienung und pausierte den Film, ehe er sich ihr ganz zuwandte. Sie begegnete seinem Blick, der anders war als sonst. Irgendwie fordernd.

„Debby …", setzte er ein wenig unsicher an. Er schaute wieder weg und strich mit seiner Hand über ihren Oberschenkel. „Es gibt etwas, das ich mir schon lange wünsche." Er nahm die Hand weg und kratzte sich an der Nase. Hob den Blick wieder und sah sie an. Strich ihr über die Wange. Beugte sich vor und verteilte Küsse auf ihrem Hals.

Nein.

„Thomas", sagte sie und zog sich zurück, aber er folgte ihr. Mit seinem Gewicht drückte er sie auf die Matratze, sodass sie unten lag und er über ihr war.

„Thomas!" Sie drückte mit ihren Händen gegen seine Brust und versuchte, ihn von sich zu schieben.

„Was?", fragte er und wich nicht zurück.

Mit den Füßen stieß sie ihn von sich und rutschte ans Kopfende des Bettes.

„Ich bin noch nicht bereit!", sagte sie, aber in seinen Augen blitzte kein Verständnis auf.

„Komm schon, ich warte jetzt schon so lange. Wann willst du es denn endlich tun?", fragte er genervt.

„Es fühlt sich noch nicht richtig an!" Sie verschränkte die Arme vor ihrer Brust.

Als müsste sie sich für ihre Gefühle rechtfertigen.

„Nach allem, was vorgefallen ist, könntest du mir ruhig beweisen, dass du mich liebst", erwiderte er und Debbys Mund klappte auf. Sie zog die Augenbrauen hoch und klappte ihn wieder zu, ohne ein Wort gesagt zu haben. Schluckte. Schüttelte den Kopf.

„Wenn du mich lieben würdest, würdest du mich nicht drängen", erwiderte sie und spürte heiße Tränen in sich aufsteigen.

„Stell dich mal nicht so an, deine Freundinnen haben es auch schon gemacht."

Er kam wieder näher und sie sprang eilig vom Bett. Schnappte sich ihren Rucksack und hielt die Tränen zurück, während sich ihre Nase zusetzte. Sie war nicht traurig oder enttäuscht. Sie war wütend, verdammt, sie wollte nicht weinen.

Eine Sekunde lang schaute sie Thomas noch an, dann wirbelte sie herum, riss ihre Jacke von der Stuhllehne und stürmte aus der Zimmertür, die Treppe hinunter, schlüpfte in ihre Schuhe und rannte aus dem Einfamilienhaus.

Es war stockdunkel draußen. Die Lichtpunkte der Straßenlaternen verschwammen, während die Tränen ihr über die Wangen liefen. Sie wollte nach Hause, in ihr Bett und ihr Zimmer nie wieder verlassen. Sie wollte nicht, dass ihre Eltern Fragen stellten, sie wollte nicht darüber sprechen und sie wollte Thomas verdammt nochmal nie wieder sehen.

Ging es ihm wirklich nur darum? Hatte er sie deshalb zu sich eingeladen? Weil er sie flachlegen wollte?

12

Debby zog sich im Laufen die Jacke an und schwang sich den Rucksack auf den Rücken, dann stoppte sie kurz, um sich ihre Schuhe auch über die Hacken zu ziehen. Sie rannte weiter in Richtung Bahnhof, versuchte so viel Abstand wie möglich zwischen sich und Thomas zu bringen, der ihr ohnehin nicht zu folgen schien.

Die Straßen waren verlassen, nur eine getigerte Katze kreuzte ihren Weg. An ein paar düsteren Bäumen vorbei führte ihr Weg sie in eine grell beleuchtete Unterführung, von der aus die Stufen zum Bahnhof hinaufgingen. Als sie gerade den Fuß der Treppe erreicht hatte, hörte sie leise Stimmen. Lachen. Das vereinzelte Klirren einer Flasche.

Sie hielt inne.

Sie konnte nicht zurück, sie musste an den Bahnsteig. Um diese Uhrzeit gab es keinen anderen Weg nach Hause und zu Thomas würde sie sicher nicht wieder gehen. Sie atmete einmal tief durch, dann straffte sie die Schultern. Sie würde jetzt diese Treppe hinaufsteigen und sich ans andere Ende des Gleises stellen. Scheiß auf die Kerle. Die würden ihr nichts tun.

Mit jedem Schritt, den sie aus der Unterführung tat, wurden die Stimmen deutlicher. Sie kamen ihr irgendwie bekannt vor. Als sie fast oben angekommen war, schaute sie nach links und erblickte einen grünen Irokesen, der nur einem gehören konnte.

„Hadrian?", fragte sie und blieb auf dem Bahnsteig stehen. Ihre verstopfte Nase ließ ihre Stimme ungewohnt klingen und sie schlug sich sofort die Hand vor den Mund.

„Debby!" Farin drehte sich zu ihr um, in seiner Hand brannte eine Zigarette, in der anderen hielt er ein Bier. „Ist alles gut bei dir?" Die Sorge stand ihm deutlich ins Gesicht geschrieben.

Ja, wollte sie sagen, aber sie brachte es nicht über die Lippen. Die Tränen stiegen ihr wieder in die Augen und statt einem Wort verließ ein Schluchzer ihre Kehle.

Farin riss die Augen auf und ließ die Zigarette fallen. Mit zwei großen Schritten war er bei ihr und schloss sie in seine Arme.

„Was ist los?", fragte er bestürzt und sie spürte die Bierflasche an ihrer Schulter und seine Wärme an ihrem Herzen. Es schien ihn nicht im Geringsten zu interessieren, dass sie ihn die letzten Tage ignoriert hatte. Sie brauchte jemanden und er war da.

Die Tränen flossen wieder und sie vergrub ihr Gesicht an seiner Schulter. Ihre Arme schlang sie unter seiner Lederjacke um seinen Körper und ließ sich in seine beschützende Umarmung fallen.

Er löcherte sie nicht mit weiteren Fragen, sondern hielt sie einfach fest. Über ihr eigenes Schluchzen hinweg hörte sie das Rattern und Rauschen des einfahrenden Zugs. Die quietschenden Bremsen. Sie ließ ihr Gesicht auf Farins Schulter, behielt ihre Hände an seinem Rücken. Auch er machte keine Anstalten, sich von ihr zu lösen und der Zug fuhr wieder ab, ohne eine seiner Türen geöffnet zu haben.

Langsam versiegten ihre Tränen. Ihr Herz fühlte sich leichter an, rein gewaschen vom Schmerz, und sie hob den Kopf und trat einen Schritt zurück. Mit dem Ärmel ihrer Jacke wischte sie über ihre nassen Wangen und erblickte ein Taschentuch direkt vor sich, als sie ihre Augen wieder öffnete. Es war Lasko, der es ihr mit neutraler Miene hinhielt.

„Danke", murmelte sie, nahm es entgegen und drehte sich in Richtung Gleis, während sie ihre Nase putzte. Sie schob das gebrauchte Taschentuch zusammen mit ihren Händen in die Jackentaschen.

Auch Hadrian stellte sich zu den dreien in den Kreis.

„Willst du drüber reden?", fragte Farin und Hadrian hielt ihr eine Bierflasche hin.

Sie schaute sie an, zögerte erst und nickte dann.

Hadrian öffnete sie mit der Kante seiner Zähne und reichte sie ihr, Farin stieß seine Flasche gegen ihre und die beiden nahmen einen Schluck. Herb lief das Bier ihre Kehle hinab und hinterließ einen bitteren Nachgeschmack hinten auf ihrer Zunge.

„Irgendwie schon", sagte sie zu Farin. Bei den dreien war sie sicher, dass sie die Geschichte nicht in der Schule breittreten und mit wem sollte sie sonst reden? Ihren Eltern bestimmt nicht und ob sie hören wollte, was Clari und Bella dazu zu sagen hatten, wusste sie nicht.

„Dann lass uns unten hinsetzen. Ist gemütlicher als hier oben", sagte Farin und Debby stimmte zu. Nebeneinander stiegen sie die Treppe hinab, durchquerten die Unterführung und ließen sich links in einem dunklen Eckchen bei ein paar alten Fahrradständern vor den düsteren Bäumen nieder.

Einen Augenblick herrschte Schweigen. Farin holte seine Zigarettenpackung aus der Jackentasche, steckte sich eine zwischen die Lippen und erhellte mit seinem Feuerzeug die Nacht.

„Ich war eben bei Thomas, meinem Freund", setzte Debby an. Sie konnte die Gesichter der drei nicht wirklich erkennen, sah nur das Glimmen der Zigarettenspitze, aber das machte es irgendwie leichter. „Im Moment läuft es nicht so gut zwischen uns …" Sie hielt inne, holte tief Luft. Knibbelte am Etikett ihrer Flasche herum.

„Hat er Schluss gemacht?", fragte Farin vorsichtig.

Auch Hadrian zündete sich eine Zigarette an, der Wind wehte den Rauch in Debbys Richtung. Sie schmeckte ihn auf der Zunge und schüttelte den Kopf.

„Nein. Er … wollte mit mir schlafen. Aber ich wollte nicht. Ich bin noch nicht bereit dafür und ich weiß, dass das voll in Ordnung ist. Ich muss nichts machen, was ich nicht möchte. Aber er hat das nicht akzeptiert. Er hat gesagt, dass ich ihm beweisen soll, dass ich ihn liebe, nach allem, was passiert ist." Die Tränen stiegen ihr wieder in die Augen und sie trank einen Schluck aus ihrer Flasche, um sie zu vertreiben.

„Was ist denn passiert?", fragte Farin nach.

„Ich habe ihn angelogen. Ich hab', nachdem wir uns gerade wieder vertragen hatten, die ganze Nacht bei dir verbracht, ohne ihm Bescheid zu sagen und das hat ihn verletzt. Das verstehe ich auch, keine Frage. Deshalb hab' ich mich nicht mehr bei dir gemeldet, weil ich ihn nicht verlieren wollte. Aber er kann doch nicht ernsthaft von mir verlangen, mit ihm zu schlafen, oder?" Sie zog die Nase hoch und wischte sich wütend eine Träne aus dem Augenwinkel.

„Sollen wir ihn verprügeln?", fragte Hadrian.

Debby starrte ihn an.

„Ich wäre dabei. So behandelt man seine Freundin nicht", sagte Farin.

„Nein, ich will nicht, dass ihr ihn verprügelt", wehrte sie entschieden ab.

„Wenn du meinst", sagte Hadrian, hob seine Flasche und trank einen Schluck. Dabei stellte er sich allerdings so ungeschickt an, dass das Bier überschäumte und ihm über die Finger lief, als er wieder absetzte. „Ach, Mist!", grummelte er.

„Das gute Bier", sagte Lasko.

„Du kannst doch kein Bier verschütten", sagte auch Farin und zog an seiner Zigarette, ehe er sich wieder Debby zuwandte. „Nein, er kann das nicht von dir verlangen. Er kann gar nichts verlangen."

„Er kann die Fresse halten", sagte Hadrian.

„Ja", murmelte Debby und nickte. Sie schaute vor sich auf den Boden und versuchte in der Dunkelheit etwas zu erkennen.

„Zurück zu dir, Hadrian", grinste Farin. „Du hast also unser gutes Bier verschüttet. Denk mal dran, was das gekostet hat."

„Das ist sowieso Wucher heutzutage", sagte Hadrian und wischte den Flaschenhals an seiner Kutte ab.

„Wenn das Geld wenigstens bei den Richtigen ankommen würde und sich nicht die scheiß Politiker die neunzehn Prozent Mehrwertsteuer in die Taschen stecken würden", sagte Lasko.

„Neunzehn Prozent vor allem. Als wenn Bier kein Grundnahrungsmittel ist", meinte Farin und trank einen tiefen Schluck.

„Tja, Farin, so'n Politiker freut sich über jeden Cent, der seine Tasche füllt. Sind richtig arme Schweine, glaubste das?"

„Ne", warf Farin ein, aber Hadrian sprach schon weiter. „Wer braucht schon Bildung oder intakte Straßen? Ich meine, das ist bestimmt anstrengend, sich diese ganzen Wahlversprechen auszudenken, von denen sie eh kein einziges halten."

Debby grinste. Sie warf Farin einen kurzen, dankbaren Blick zu, froh darüber, nicht weiter über Thomas und diesen verkorksten Abend reden zu müssen.

„Meine Freundinnen reden eigentlich immer nur über die Leute an unserer Schule und welche Typen sie heiß finden oder über die Skandale irgendwelcher Schauspieler oder so", sagte sie. „Oder über Schminke."

„Farin redet auch gern über Schminke", sagte Hadrian und zog an seiner Zigarette.

„Allerdings", erwiderte der, nahm ebenfalls einen Zug und pustete den Rauch aus. „Weißt du, was nämlich echt scheiße ist? Dass die Tierversuche machen, damit irgendwelche Leute sich Farbe ins Gesicht schmieren können. Sollen sie, meinetwegen, aber andere Lebewesen dafür leiden zu lassen, ist echt unnötig. Vor allem, da es inzwischen eine ziemlich breite Palette an bereits getesteten Stoffen gibt, an denen sie sich einfach bedienen könnten. Aussagekräftig ist die Scheiße eh nicht, denn Tiere haben ganz andere Systeme in ihren Körpern als wir. Aspirin zum Beispiel. Hat jeder von uns schon mal genommen, hilft gegen Schmerzen, kein Ding. Für uns. Aber bei Mäusen und Ratten und so führt Aspirin zu schweren Missbildungen. Die vertragen dafür Contergan, was bei Menschen zu schweren Missbildungen führt." Er nahm noch einen Zug und drückte die Zigarette auf dem Boden aus. „Und über Schauspieler reden, das ist auch so 'ne Sache, die ich nicht verstehe", redete er weiter, als kein anderer was sagte. „Was interessiert die Leute denn so sehr an Stars? Das sind Menschen wie du und ich, die halt echt gut schauspielern können. Oder singen. Aber wieso sollte ihr Leben deshalb irgendwie interessant sein? Gibt auch Leute, die echt gut Bier zapfen können und für die interessiert sich auch keine Sau."

„Menschen machen eben lieber das Leben anderer Menschen zu ihrem Lebensinhalt, statt sich mit ihren eigenen Problemen auseinanderzusetzen. Das ist von denen da oben so gewünscht. Was denkst du, warum das Fernsehen einen so zumüllt mit tausend verschiedenen Casting- und was-weiß-ich-Shows", erwiderte Hadrian und nahm ebenfalls den letzten Zug seiner Kippe.

Lasko öffnete sich eine neue Bierflasche.

„Das ist doch unglaublich langweilig. Die tun nichts anderes als wir. Schlafen. Essen. Aufs Klo gehen. Arbeiten. Kriegen eben 'ne Menge Kohle dafür, ja. Aber diese Faszination versteh' ich nicht." Farin setzte seine Flasche an und kippte die letzten Schlucke hinunter, dann stellte er sie zu Laskos leerer neben den Kreis.

„Purer Neid", sagte Lasko und öffnete eine weitere Flasche für Farin. „Die denken, berühmt sein wäre geil und möchten sich all den Scheiß kaufen können, der sie eh nicht glücklich macht. Das sind ihre Träume."

„Schwachsinnige Träume", sagte Farin. Er nahm die Flasche entgegen, trank einen Schluck und legte den Kopf in den Nacken, um den Blick in den Himmel zu richten.

13

Lasko verabschiedete sich eine Stunde später, weil er müde war, und Hadrian machte sich auf den Heimweg, als das Bier leer war. Übrig blieben nur Debby und Farin. In trauter Zweisamkeit saßen sie zwischen leeren Bierflaschen und Zigarettenstummeln neben der hell erleuchteten Unterführung.

„Was willst du machen?", fragte Farin.

Debby war nicht müde. Sie wollte auch nicht mitten in der Nacht nach Hause kommen und sich von ihren Eltern irgendwelche Fragen anhören.

„Reden", schlug sie vor. Sie hatte ihm schon mehr als einmal ihr Herz ausgeschüttet, aber über ihn wusste sie im Grunde nichts. Dabei wollte sie gerne so viel mehr wissen.

„Was dagegen, wenn wir dabei ein bisschen rumlaufen? Ich kann langsam nicht mehr sitzen", sagte er, legte den Kopf in den Nacken und kippte ihn nach rechts, bis es knackte. Dann nach links, noch ein Knacken.

„Klar. Können wir machen." Sie stand auf und beobachtete, wie Farin die leeren Flaschen einsammelte und ordentlich neben dem Mülleimer aufreihte, statt sie hineinzuwerfen.

Er schien ihren fragenden Blick zu bemerken.

„Dann müssen die Pfandsammler nicht in die Mülltonne greifen. Ist doch unmenschlich", erklärte er und streckte seinen Rücken durch.

„Stimmt", sagte sie.

Vielleicht war sie genauso oberflächlich wie ihre Freundinnen, denn sie hatte sich bisher keine Gedanken über die Besteuerung von Lebensmitteln, Tierversuche oder über Pfandsammler gemacht. Ihr war nicht mal klar gewesen, dass es da etwas drüber nachzudenken gab.

Sie setzte sich in Bewegung, als Farin loslief. Vorbei an der Unterführung schlugen sie einen unbeleuchteten Weg ein, der entlang der Schienen verlief und von Bäumen gesäumt wurde.

Alleine wäre sie nicht mitten in der Nacht hier langgelaufen, aber mit Farin an der Seite hatte sie keine Angst. Wenn es notwendig war, würde er sie beschützen. Ihre Schritte waren laut in der Stille der Nacht.

„Wie geht's dir so?", fragte sie nach wenigen Minuten. Die Bäume wurden lichter, der Weg führte zu einer Straße, an deren Rand Autos parkten und Häuser standen. Rollläden waren heruntergelassen, die Fenster dunkel und in der Ferne erwartete sie eine schummrige Laterne.

„Man schlägt sich so durch", erwiderte er.

Sie nickte. „Danke", sagte sie dann.

„Wofür?" Er schaute geradeaus.

„Für heute und für alles eigentlich. Du bist für mich da und du hörst dir meine Probleme an. Ich weiß nicht mal, wieso du das tust, wir kennen uns ja kaum. Und dann bin ich auch noch so blöd zu dir und ignoriere dich, weil mein Freund ein Idiot ist. Das war echt scheiße von mir, aber du warst trotzdem für mich da."

Weder Clari noch Bella hätten sie so getröstet, wie er es getan hatte. Sie wären an seiner Stelle zu beleidigt gewesen, um ihr überhaupt zuzuhören.

„Ist doch selbstverständlich", meinte er, aber das war es nicht. Das hatte sie die letzten Tage am eigenen Leib gespürt.

„Auf keinen Fall und deshalb vielen Dank!"

„Keine Ursache. Ich nehme mich nicht so wichtig, als dass ich nicht mit dir reden würde, weil du mich ignoriert hast. Hattest ja deine Gründe." Er zog die Zigarettenpackung aus seiner Jacke und zündete sich eine an.

Debby beobachtete ihn dabei. Farin war jemand Besonderes. Er wirkte so viel erwachsener und weiser, so viel vernünftiger auf seine eigene Art, dabei konnte er nicht viel älter als Thomas oder sie selbst sein.

„Danke!", wiederholte sie mit Nachdruck und lächelte, als er sie anschaute. Er pustete den Rauch aus und lächelte dann ebenfalls.

„Reicht jetzt", grinste er und wandte als erstes den Blick wieder nach vorne.

Sie näherten sich der Laterne, die die Tags offenbarte, die an die Hauswand gesprüht worden waren. Nebeneinander durchquerten sie den Lichtkegel und traten wieder ins Dunkle, ihre Schatten tauchten vor ihnen auf und zogen sich immer länger. Sie liefen um eine Kurve, hinter der die nächste Laterne wartete und ihre Schatten nach hinten verbannte.

„Was möchtest du eigentlich nach dem Abi machen?", fragte Debby.

Farin zog an seiner Zigarette und schaute sie für einen Moment mit einem undurchdringlichen Blick an, ehe er wieder nach vorne sah und den Rauch entweichen ließ.

„Weiß noch nicht. Irgendwas."

„Willst du studieren?"

„Hm. Wüsste nicht, was." Er nahm noch einen tiefen Zug, ließ den Stummel fallen und trat ihn bei seinem nächsten Schritt aus.

Debby musterte ihn von der Seite. Den fast schon bemüht neutralen Ausdruck in seinem Gesicht, als wäre all das noch weit weg.

„Astronomie vielleicht", schlug sie vor.

„Was hast du denn vor?", fragte er, schob die Hände in die Taschen seiner Lederjacke und schaute auf den Boden vor seinen Füßen.

„Ich möchte Soziale Arbeit studieren. Auch wenn es bestimmt hart wird, jeden Tag mit Menschen und ihren Problemen zu arbeiten, möchte ich helfen können und nicht blöd hinter einem Schreibtisch sitzen. Ich möchte was bewegen. Wenn du weißt, was ich meine." Ihre Stimme wurde zum Ende hin leiser und sie schaute weg, als Farin ihr den Blick zuwandte. Eine leichte Röte stieg ihr ins Gesicht.

„Hart wird das auf jeden Fall. Viele wollen sich nicht helfen lassen." Seine Stimme war unerwartet ernst.

„Wenn ich nur einem einzigen Menschen helfen kann, habe ich schon mehr erreicht, als wenn ich den ganzen Tag Abrechnungen schreibe." Sie erwiderte seinen Blick nun doch.

„Du hast ein gutes Herz, Debby. Lass nicht zu, dass die Welt da draußen dich kaputt macht." Ein trauriges Lächeln kontrastierte mit dem ernsten Blick in seinen Augen und schaffte es nicht, diesen zu erweichen.

„Was meinst du damit?"

„Nichts weiter. Denk einfach dran, okay?" Das Lächeln verschwand langsam.

„Klar …"

Von Farins Fröhlichkeit war nichts mehr übrig. Er schien in seinen Gedanken ganz woanders zu sein, in fernen, sehr schmerzhaften Zeiten.

Ja, er war erwachsener und weiser als die anderen Jugendlichen in Debbys Alter. Dafür gab es Gründe. Keine schönen Gründe.

Sie fragte nicht weiter, so wie er sie nicht gedrängt hatte mehr zu erzählen. Sie schwieg, während die Graffiti an den Häusern immer mehr wurden und Sperrmüll sich auf dem Bürgersteig zu stapeln begann. Müll lag im Rinnstein und die Scheiben eines leerstehenden Kioskgebäudes waren eingeschlagen. In manchen Wohnungen brannte noch Licht, Fernseher flackerten hinter geschlossenen Fenstern und manchmal hörte sie Leute, die sich anschrien.

In dieser Ecke der Stadt war sie noch nie gewesen, aber Farin schien sich auszukennen. Zielstrebig bog er an einer Kreuzung nach links ab und lief quer über die Straße auf die andere Seite.

„Ich hab' die Band wiedergefunden, die wir nach der Party gehört haben", sagte sie. „Sie sind echt cool."

„Findest du echt?", fragte er mit einem leichten Lächeln.

„Ja. Ich hab' auch noch ein paar andere Bands entdeckt", erzählte sie und nannte ihm ein paar Namen, die ihr auf die Schnelle einfielen.

„Kenn' ich", grinste er. „Wer hat dir am besten gefallen?"

„Schwer zu sagen", meinte sie und teilte ihre Gedanken mit ihm. Wie sie erwartet hatte, konnte er ihr noch viel mehr erzählen als das Internet. Eine Weile lang redeten sie über Punkmusik und sie versuchte, sich die Namen der Bands zu merken, die er in den Raum warf. Sie liefen weiter und weiter, die Besiedlung wurde wieder lichter und sie bogen in einen unbeleuchteten Park ab. Liefen zwischen flachen Wiesen auf einen Fluss zu und erreichten eine alte Holzbrücke, hinter der sich wenige Meter entfernt ein Wald wie eine undurchdringliche Wand erhob.

Auf der Brücke blieb Farin stehen. Er stützte sich auf das Geländer und blickte den Flusslauf entlang, der nicht weit von ihnen entfernt von der Dunkelheit verschluckt wurde.

„Als Kind war ich oft hier", erzählte er.

Das Wasser plätscherte sacht unter ihren Füßen dahin und die Blätter der Bäume raschelten im seichten Wind.

„Ein schöner Ort", sagte Debby, schielte aber immer wieder ein wenig nervös in Richtung Wald. Es war Schwachsinn, das wusste sie, aber trotzdem rechnete sie damit, dass jeden Moment ein Vergewaltiger oder Kettensägen-Mörder herausspringen und sie töten würde.

„Früher war's schöner hier, inzwischen bin ich nur noch selten hier … weiß gar nicht so genau, wieso ich dich hergebracht habe. Wir sollten wieder gehen." Seine Gesichtszüge verhärteten sich, während er sprach, sein Blick verschloss sich. Er stieß sich vom Geländer ab, als habe er sich daran verbrannt. „Es gibt Orte, an die sollte man nicht zurückkehren", sagte er, als er ihren fragenden Blick bemerkte, und lief dann so eilig in Richtung Stadt los, dass sie Mühe hatte, Schritt zu halten. Im Laufen kramte er eine Zigarette hervor, steckte sie an und inhalierte so tief, als hinge sein Leben davon ab.

„Komm, wir kaufen was zu trinken", sagte er, als sie eine hell erleuchtete Tankstelle erreichten. Bevor Debby etwas sagen konnte, bog er ab und lief an den Zapfsäulen vorbei auf die Tür zu. Ein Glöckchen klingelte, als er sie aufstieß, und der Kassierer, der hinter dem Tresen auf einem Hocker saß und auf seinem Handy herumtippte, blickte kurz auf.

Was war an dieser Brücke passiert, dass sie Farin so aus dem Konzept brachte?

Sie folgte ihm zu den Kühlschränken.

„Was möchtest du?", fragte er, während er den Blick schweifen ließ. Hinter ihm stand ein Regal, das mit einzelnen Schokoriegeln vollgestopft war, rechts von ihnen eins mit Zeitschriften. In der Ecke standen Kanister mit Öl, Scheibenwischflüssigkeit und andere Auto-Utensilien.

„Keine Ahnung", sagte sie und spähte über seine Schulter hinweg ins Innere der beleuchteten Kühlschränke.

Er öffnete die mittlere Glastür und nahm ein Sixpack Bier aus, das er zur Kasse trug und dort auf den Verkaufstresen stellte.

Der Kassierer legte sein Handy zur Seite und musterte Farin kurz, während der sein Portemonnaie aus seiner hinteren Hosentasche zog. Er griff den Scanner und hielt ihn an den Pappkarton, ein Piepsen ertönte.

„4,99", sagte er und Farin drückte ihm einen fünf Euro Schein in die Hand.

„Passt so", murmelte er, schob das Portemonnaie wieder in seine Tasche und schnappte sich das Sixpack. Schnellen Schrittes verließ er den Laden und befreite die Flaschen vor der Tür aus ihrer Pappverpackung. Er öffnete ein Bier am Deckel eines anderen und reichte es Debby, mit einem zweiten verfuhr er genauso. Zwei Flaschen steckte er in die Innentasche seiner Lederjacke und nahm die übrigen beiden in die Hand. Die Pappe warf er in den blauen Mülleimer mit dem Schwingdeckel neben der Tür, dann stieß er seine Flasche gegen Debbys und trank einige große Schlucke, während sie nur nippte.

„Was hat es mit der Brücke auf sich?", fragte sie vorsichtig, während sie sich in Bewegung setzten und langsam zum Bürgersteig zurückschlenderten.

Farin setzte die Flasche an und trank, als wolle er nicht antworten. Er kippte über die Hälfte des Inhalts hinunter, ehe er wieder absetzte.

„Sie hat mich nur an früher erinnert, weißt du", murmelte er und richtete seinen Blick in die Ferne. Vor ihnen ging die

Straße leicht bergab und lange geradeaus. Ein sauberes Neubaugebiet mit Steinvorgärten und symmetrischer Bebauung erstreckte sich vor ihnen.

„Hattest du keine schöne Kindheit?" Debbys Herz pochte schneller.

„Doch, sie war wunderbar. Nur alles, was danach kam, nicht." Er leerte die Flasche im nächsten Zug und stellte sie am Straßenrand ab. Holte seine Zigarettenpackung hervor und zog mit den Zähnen eine heraus, steckte sie an und öffnete mit dem Feuerzeug das nächste Bier.

„So schlimm ist die Schule auch wieder nicht", begann sie und Farin blieb abrupt stehen.

Er schaute ihr in die Augen, als sie sich zu ihm umdrehte und zog die Zigarette zwischen seinen Lippen weg, sein Blick war kalt und ernst.

„Es ist wirklich lieb von dir, dass du versuchst, mir zu helfen, aber es gibt Dinge, über die ich einfach nicht sprechen möchte, okay?", sagte er mit fester Stimme.

„Klar!" Sie nickte schnell und unterbrach den Augenkontakt, indem sie ihren Blick erst zu Boden und dann wieder in Richtung des Neubaugebiets wandte. Ihm fiel es immer so leicht, das Richtige zu sagen und sie trat ihm nur auf die Füße.

„Trink einfach mit mir", sagte er nun freundlicher und prostete ihr zu. Sie hob ihre Flasche und nahm einen Schluck, dann warf sie einen kurzen Blick auf ihr Handy.

Halb vier.

Seit zwei Stunden liefen sie schon durch die Gegend und es war immer noch zu früh, um nach Hause zu gehen. Sie seufzte.

„Was ist los?", fragte Farin. Er zog an der Zigarette, die er in derselben Hand wie die offene Flasche hielt, und setzte sich wieder in Bewegung.

„Meine Eltern denken, dass ich bei Thomas bin und erst morgen früh wieder nach Hause komme. Wenn ich jetzt da auftauche, kriege ich bestimmt Ärger, weil ich mitten in der

Nacht draußen unterwegs war und das gefährlich ist oder so."

„Dann bleiben wir einfach noch draußen, bis du nach Hause kannst. Wir können uns den Sonnenaufgang anschauen."

„Klingt gut", lächelte sie. Im Gegensatz zu den vergangenen Nächten war diese ausgesprochen mild. Mild genug, dass Farin seine Jacke heute selbst tragen konnte.

Sie durchquerten das Neubaugebiet und hielten sich am Stadtrand. Farin führte Debby zu einem kleinen Berg außerhalb, hier konnten sie auf der einen Seite die Stadt überblicken, auf der anderen den angrenzenden Wald.

Ob es derselbe Wald war, der sich hinter der Brücke erstreckt hatte?

Sie ließen sich in der Wiese am Hang nieder, wo Farin seine Kopfhörer herausholte und in sein Handy steckte. Den einen Stöpsel schob er in sein eigenes Ohr, den anderen reichte er ihr. Bis zum Sonnenaufgang waren es noch gut zwei Stunden, in denen er ihr Lieder von verschiedenen Punkbands vorspielte und ihr ab und an ein paar Sachen erzählte.

Sie trank ihr Bier in kleinen Schlucken leer, während er sich den übrigen fünf widmete. Den Alkohol merkte sie ihm nicht an, obwohl er schon am Bahnhof einiges getrunken hatte. Viele von Thomas' Freunden wurden unter Alkoholeinfluss aggressiv oder verhielten sich wie ekelhafte Machos, also war es eigentlich gut, dass sich an seinem Verhalten nichts änderte. Allerdings sprach es auch dafür, dass er oft viel trank und das wiederum war nicht gut.

Der Verdacht, dass mit Farin etwas nicht stimmte, verfestigte sich und war jetzt mehr als eine leise Ahnung.

14

Die aufgehende Sonne verdrängte Stück für Stück die Dunkelheit und ein seichtes Lila erhellte den Horizont. Die ersten Wolken färbten sich orange, dann gelb. Das Bild vor Debbys Augen sah aus wie gemalt. Mit perfekten Farbübergängen und perfekten Farben. Sie hatte nie einen schöneren Sonnenaufgang gesehen.

Farin schloss die Augen, als die ersten Sonnenstrahlen des neuen Tages sein Gesicht berührten. Er wirkte nicht mehr so angespannt wie vor zwei Stunden, was vermutlich der Verdienst des Alkohols war. Als die Sonne schließlich in der Ferne über die Baumwipfel kletterte und er sich erhob, schwankte er.

„Wollen wir uns auf'n Weg mach'n? Du könntes' Brötchen hol'n und deinen Eltern 'ne kleine Freude mach'n", nuschelte er. Seine Zunge stieß beim Reden an.

„Gute Idee", sagte sie. Sie warf einen letzten Blick auf den Himmel, der inzwischen in einem reinen Gelb vor ihr lag, und folgte ihm den Hügel hinab. „Es war echt schön", sagte sie und Farin rang sich ein Lächeln ab, sah inzwischen aber nur noch unglaublich müde aus.

Er stolperte, als er sich zu ihr umwandte. Unter seinen dunkelblauen Augen lagen tiefe Schatten, sein Blick huschte unfokussiert durch die Gegend. Zum ersten Mal wirkte er nicht nur älter als die anderen Jungs in Debbys Alter, sondern sah auch so aus.

Es war hell, als sie den Bahnhof erreichten. Die tiefstehende Morgensonne blendete Debby, als sie die Treppen zum Gleis erklomm, wo ihr Zug mit offenen Türen bereit stand. Mit wenigen schnellen Schritten stellte sie sich in die Lichtschranke und hielt sie für Farin offen, der ein wenig langsamer folgte.

Mit den Händen in den Jackentaschen ging er an ihr vorbei und ließ sich auf den ersten Sitzplatz am Fenster fallen. Den

Kopf an die Wand gelehnt schloss er die Augen und öffnete sie nicht wieder, als Debby sich ihm gegenüber niederließ.

Die Türen schlossen sich, der Zug setzte sich in Bewegung. Außer ihnen konnte Debby keine Menschenseele entdecken, aber wer fuhr auch sonntagmorgens um kurz nach sieben mit dem Zug? Die Räder ratterten gleichmäßig und quietschten, wenn sie eine Kurve passierten oder über eine Weiche fuhren.

„Farin", sagte sie.

Er reagierte nicht.

„Farin, ich muss gleich aussteigen." Sie beugte sich vor und strich vorsichtig über seinen Arm, rüttelte dann leicht an seiner Schulter.

Er öffnete die Augen und schaute sie an. Die Lider hingen träge herab, seine Augäpfel waren gerötet.

„Hm?", fragte er und rutschte ein wenig auf seinem Sitz zurück.

„Ich muss gleich aussteigen."

„Ich bring' dich noch", murmelte er und hob den Kopf.

„Sieh lieber zu, dass du ins Bett kommst", lächelte sie.

Er schüttelte den Kopf.

„Ich bring' dich noch", wiederholte er und richtete den Blick aus dem Fenster, wo die Bäume vorbeiflogen und sich zu einer grünen Wand vermischten.

„Sicher? Du brauchst wirklich nicht extra mitkommen."

„Ich will aber", murmelte er und blinzelte ein paar Mal.

„Okay", lächelte sie. Auch sie schaute wieder nach draußen, wo ein neuer Tag begann, während der alte für sie noch nicht geendet hatte. Trotzdem schien der Abend bei Thomas eine Ewigkeit entfernt zu sein.

Sie stiegen an Debbys Haltestelle aus und liefen nebeneinander durch die leergefegten Straßen. Die Autos parkten am Bordstein oder in den Einfahrten der Häuser, viele Rollläden waren noch unten und ein paar wenige Fenster in den oberen Stockwerken geöffnet. Bevor sie Debbys Haus ansteuerten, gingen sie beim Bäcker vorbei.

„Möchtest du auch was?", fragte sie, nachdem sie sechs Brötchen geordert hatte und der junge Mann hinter dem Tresen sie in eine Tüte packte.

Farin schüttelte den Kopf und schien seine ganze übrige Energie darauf zu konzentrieren, nicht einzuschlafen. Debby bezahlte ihre Bestellung und verstaute die Tüte in ihrem Rucksack, dann lief sie gemeinsam mit Farin zu ihrem Zuhause. Ein paar Meter bevor sie das Haus erreichten, blieb sie stehen.

„Danke für die schöne Nacht", lächelte sie.

„Ebenso", erwiderte er. Sein Lächeln verrutschte, er sah einfach nur fertig aus. Er breitete die Arme aus und zog sie an seine Brust.

„Komm gut nach Hause und schlaf unterwegs nicht ein", grinste sie und erwiderte seine Umarmung ebenso herzlich. Der starke Geruch nach kaltem Rauch und Bier stieg ihr in die Nase und sie hielt die Luft an, bis sie sich wieder von Farin löste.

„Mal sehen", murmelte er. Er machte einen kleinen Schritt nach hinten und rieb sich mit der Hand durchs Gesicht, dann hob er sie zum Abschied, bevor er sich umdrehte, die Hände in den Jackentaschen vergrub und mit hängenden Schultern davonschlurfte.

Debby schaute ihm noch einen Moment hinterher, dann legte sie die letzten Meter zur Haustür zurück, schloss auf und trat ein. Drinnen herrschte eine Ruhe, die nur dann zustande kam, wenn niemand wachte. Sie zog ihre Schuhe aus und stellte sie ins Regal, dann schlich sie in die Küche und legte die Brötchen auf die Arbeitsplatte.

Bin wieder da und habe Brötchen mitgebracht. - Debby, schrieb sie auf einen Zettel und platzierte ihn vor der Tüte, dann schlich sie die Treppe hoch, putzte sich den Nachgeschmack des Biers von der Zunge und verschwand in ihrem Zimmer. Dort zog sie Jeans und BH aus und legte sich in ihrem Pulli unter die Bettdecke. Heute dachte sie nicht daran, das Fenster zu öffnen und als ihr Kopf das Kissen berührte, schlief sie sofort ein.

Die Sonne stand hoch am Himmel, als sie wieder aufwachte. Es war hell in ihrem Zimmer und von unten drangen die Geräusche des Alltags durch die Tür. Sie hörte ihre Mutter in der Küche arbeiten und leise Stimmen aus dem Fernseher, als sie auf den Flur trat. Nach einer schnellen Katzenwäsche machte sie sich Frühstück und manövrierte sich durch ein paar Floskeln, die sie mit ihrer Mutter tauschte. Verdacht schien sie keinen zu schöpfen.

„Ich glaube, du hast deine Lektion gelernt und wirst von nun an nicht mehr einfach bei irgendwelchen fremden Jungs übernachten", meinte sie. „Dieses Wochenende bleibst du noch Zuhause, aber ab Montag ist dein Hausarrest aufgehoben."

Wenn sie wüsste.

Zurück in ihrem Zimmer startete Debby den PC und spielte, ohne weiter darüber nachzudenken, die Musik der Punkband vom Partyabend ab.

Am Nachmittag waren noch keine neuen Nachrichten auf ihrem Handy eingegangen. Weder von Thomas noch von Farin. Sie schüttelte den Kopf, als sie ersteren Namen las.

Wie konnte er von ihr verlangen, mit ihr zu schlafen?

Farin hatte es in der Nacht wunderbar geschafft, sie von ihren Gefühlen abzulenken und auf andere Gedanken zu bringen, aber jetzt kochten Wut und Enttäuschung in ihrem Inneren hoch.

Glaubte er wirklich, dass man Liebe mit Sex beweisen konnte? Bedeutete Liebe für ihn Sex? Wahrscheinlich hatte er nicht mal verstanden, worum es in einer Beziehung ging. Um Vertrauen und Verständnis, was Thomas ihr beides nicht entgegenbrachte.

Für einen Augenblick dachte sie darüber nach, eine ihrer Freundinnen anzurufen und sie um Rat zu fragen, aber sie verwarf den Gedanken. Wäre das eine gute Idee, hätte sie sie in der Nacht bereits kontaktiert. Wahrscheinlich würden sie wie immer auf Thomas' Seite stehen und sie mit unangenehmen Fragen löchern, die sie nicht beantworten wollte.

Bist du gut nach hause gekommen?, schrieb sie Farin, aber die Nachricht wurde nicht zugestellt. Wahrscheinlich war sein Handy leer und er noch dabei, seinen Rausch auszuschlafen.

Sie verbrachte ihren Tag mit der Serie, die sie normalerweise mit Thomas schaute, aber auf den brauchte sie nun wirklich keine Rücksicht nehmen. Beim Mittagessen saß sie mit ihren Eltern am Tisch und erwähnte nichts von ihren Problemen. Stimmte zu, als ihre Mutter vorschlug, dass Clari und Bella am Wochenende mal wieder bei ihr übernachten könnten, obwohl sie keine Lust auf die beiden hatte. Nach dem Essen legte sie sich ins Bett und widmete sich wieder der Serie. Immer öfter schaute sie auf ihr Handy, entsperrte es und öffnete ihre Nachrichtenapp, aber ihre Mitteilung an Farin war noch nicht zugestellt.

Seltsam.

Draußen dämmerte es bereits. Hatte er wirklich den ganzen Tag verschlafen?

Auch am Sonntag bekam sie keine Antwort, der Haken hinter ihrer Nachricht blieb einsam. Mit Filmen und Hausaufgaben bekam sie den Tag rum. Von Thomas hörte sie ebenfalls nichts, worüber sie froh war.

Am Abend lud Bella ein Bild auf ihr Profil im sozialen Netzwerk hoch. Es war am vorherigen Abend entstanden und zeigte sie und Clari aufgestylt und mit tiefen Ausschnitten in einem Club.

Sie hatten nicht mal gefragt, ob Debby dabei sein wollte. Keine einzige Nachricht hatten sie ihr geschickt. Während sie allein in ihrem Zimmer gesessen hatte, hatten die beiden gefeiert, ohne einen Gedanken an sie zu verschwenden.

15

Am Montagmorgen war Debbys Hausarrest vorbei, aber befreit fühlte sie sich nicht. Ihre Nachricht war noch nicht zu Farin durchgedrungen und in der Klasse erwartete sie ein Zusammentreffen mit Thomas. Mit ihm und den inhaltsleeren Gesprächen mit ihren Freundinnen, die sie heute nicht ertragen konnte.

Es half nichts.

Sie stieg in den Bus und fuhr zur Schule, an der sie Farin nicht wie üblich mit einer Zigarette in der Hand gegenüber dem Gebäude stehen sah. Das war kein Grund, sich Sorgen zu machen. Wahrscheinlich hatte er einfach Besseres zu tun, als auf sein Handy zu schauen oder wenige Minuten vor dem Klingeln vor der Schule rumzuhängen, egal, wie unähnlich ihm das sah.

In einer Gruppe lärmender Sechstklässler stieg sie die Treppen hinauf und vermied in ihrem Klassenraum den Blick in die linke Ecke, wo sich Thomas' Platz befand. Ob er nun da war oder Krokodile ihn gefressen hatten, interessierte sie nicht. Sie lächelte ihre Freundinnen halbherzig an und ließ sich auf ihrem Platz neben Bella nieder.

„Hey", grüßte diese und schaute von ihrem Handy auf, das sie in ihrer Hand und halb unter der Tischplatte verbarg.

„Hey", erwiderte Debby emotionslos. Sie öffnete ihren Rucksack und zog ihren Collegeblock heraus.

„Wie war dein Wochenende?", hörte sie Clari fragen.

„Ich hatte Hausarrest, also nicht besonders spannend", sagte sie und legte den Block gefolgt von ihrem Mäppchen auf den Tisch. Ihren Rucksack lehnte sie gegen das Tischbein und schaute dann zu Clari.

„Bella und ich waren Samstagabend im Club. Echt schade, dass du nicht dabei sein konntest, da waren ein paar echt süße Typen", grinste sie und nickte in Bellas Richtung, deren Augen am Handybildschirm klebten.

„Was macht sie da eigentlich?"

„Ich suche den süßen Typen von Samstag. Erst hat er mir einen Drink ausgegeben und dann haben wir den halben Abend zusammen getanzt. Ich hab' ihm meine Nummer gegeben, aber er hat sich noch nicht gemeldet. Er heißt Lukas", erzählte Bella, ohne den Kopf zu heben.

„Und jetzt durchsuchst du das Internet nach Lukas?", fragte Debby und hob die Augenbrauen.

„Kann ja nicht so schwer sein", erwiderte Bella.

Debby nickte und verzog skeptisch den Mund, dann schaute sie wieder zu Clari, die mit den Schultern zuckte.

„Er meldet sich bestimmt noch", meinte sie.

„Ganz bestimmt", sagte Debby. Ganz bestimmt genau so wenig wie Bellas ganzen anderen heißen Kerle. Sie suchte sich immer die falschen Typen aus. Vielleicht sollte sie es mal bei Kerlen wie Farin versuchen, die waren anders.

Wirklich?

Farin hatte ihr auch seit Samstag nicht zurückgeschrieben.

„Es ist übrigens noch was passiert", sagte Clari.

„Hast du auch einem heißen Typen deine Nummer gegeben?", fragte Debby und grinste ein wenig.

„Ha-ha." Clari schnitt eine Grimasse. „Nein, aber wir haben deinen Punkertypen gesehen."

„Echt?", fragte Debby.

„Ja." Clari nickte. „Als wir um zehn rum zum Club sind, saß er am Bahnhof bei den Treppen zur U-Bahn und war total weggetreten. Da war noch so'n Mädel bei ihm, die sah auch so aus wie er."

„Weggetreten?"

Das Mädchen konnte nur Les gewesen sein.

„Betrunken oder so wahrscheinlich, keine Ahnung. Oder auf Drogen. Bei solchen Typen weiß man ja nie." Sie setzte ein unschuldiges Gesicht auf, als Debby ihr einen genervten Blick zuwarf.

Farin betrank sich mit Les, aber schrieb ihr nicht zurück. Nein, der Gedanke war blöd. Farin betrank sich mit Les, nachdem er sich Freitagnacht schon betrunken hatte und heute fehlte er in der Schule, dachte sie, als in der Pause nur

Hadrian und Lasko draußen vor dem Schulhof standen und rauchten. Womöglich war er einfach krank, aber alles in Debby verneinte diese Möglichkeit. Nach ihren Gesprächen Freitagnacht, nach seiner Reaktion auf die Brücke, war ihr klar, dass irgendwas nicht stimmte. Sein Fehlen heute hatte bestimmt damit zu tun.

Ob Hadrian und Lasko Bescheid wussten? Oder Les? Warum traf er sie und beantwortete Debby nicht mal ihre Nachricht? Was hatte Les, das sie nicht hatte?

Sie löste ihren Blick von den Punks und schaute zu ihren Freundinnen.

„Meine Mutter meinte, ihr könntet am Wochenende mal wieder vorbeikommen. Wir könnten einen Film schauen oder so", sagte sie.

„Klingt gut", sagte Clari.

„Ich bin dabei", grinste Bella. „Endlich wieder ein richtiger Mädelsabend!"

Eigentlich waren die beiden gar nicht so doof. Sie waren nur anders als Farin und seine Freunde, aber war das schlimm?

„Cool", lächelte sie. Thomas befand sich irgendwo in ihrem Rücken, das wusste sie und glaubte, seinen Blick in ihrem Nacken zu spüren. Bei all dem Ärger mit ihm war es schön, wenigstens ihre Freundinnen an ihrer Seite zu wissen, während Farin im Grunde nur irgendein Kerl war, dem sie ab und an über den Weg lief und der jetzt anscheinend das Interesse verloren hatte.

Am Dienstagmorgen saß Farin auf der niedrigen Mauer gegenüber der Schule und rauchte. Debby zog ihr Handy hervor, während sie sich aus dem Strom der Schüler, die mit ihr aus dem Bus gestiegen waren, löste und die Straßenseite wechselte. Er hatte ihre Nachricht gelesen, geantwortet hatte er nicht.

Gut sah er nicht aus. Die Haare lagen flach und ein wenig fettig an seinem Kopf, die Haut in seinem Gesicht war blass. Als er den Kopf hob und in ihre Richtung schaute, sah sie die Augenringe, die noch tiefer und noch dunkler geworden waren. Das Blau seiner Iris war matt.

„Guten Morgen", begrüßte er sie und führte die Zigarette zum Mund, seine Hand zitterte leicht.

„Guten Morgen." Sie versuchte ihre Stimme so neutral wie möglich klingen zu lassen. „Bist du Samstag noch gut nach Hause gekommen?"

„So einigermaßen", erwiderte er. Er tippte auf die Zigarette und Asche rieselte zu Boden.

„Hast du meine Nachricht bekommen?" Da sollte kein Vorwurf in ihrer Stimme liegen, aber sie hörte ihn selbst.

„Ja … Ich hatte noch zu tun am Wochenende, tut mir leid."

„Kein Problem. Ich wollte mich nur versichern, dass alles in Ordnung ist." Sie schaute ihn an, aber er schaute geradeaus auf die Schüler, die auf den Schulhof abbogen.

Er führte die Zigarette zu seinem Mund und inhalierte. Dann klingelte die Schulglocke.

„Wir sollten reingehen", meinte er, schmiss die Zigarette nach einem letzten Zug auf den Boden und rutschte von der Mauer. Mit dem Fuß trat er die Kippe aus und wartete, dass sie sich in Bewegung setzte.

„Sicher", murmelte sie und lief los. Seit wann interessierte Farin sich für die Klingel oder dafür, pünktlich zu kommen?

Nebeneinander liefen sie die Straße herunter, wechselten auf die andere Seite und traten durch die Fronttüren ins Gebäude.

„Wir sehen uns", sagte er und bog nach links ab, ohne sie nochmal anzusehen.

Sie blieb stehen und schaute ihm einen Moment hinterher, dann schüttelte sie den Kopf und lief nach rechts zu den Treppen. Vielleicht konnte sie Hadrian und Lasko fragen, was mit ihm los war. Er war jedes Mal für sie dagewesen und jetzt, wo es ihm nicht gut ging, wollte sie sich revanchieren. Er verdiente es, dass man sich um ihn kümmerte.

Im Klassenraum angekommen setzte sie sich, ohne sich an den Gesprächen ihrer Freundinnen zu beteiligen. Ihre Gedanken blieben, wo sie waren, und kamen erst ins Hier und

Jetzt zurück, als ihre Lehrerin auf die bevorstehende Abschlussfahrt zu sprechen kam.

„Wir haben uns für eine Bungalowanlage an der Ostsee entschieden", verkündete sie und nannte den Namen irgendeiner kleinen Küstenstadt. „Unser Kurs ist zu klein, um die Kapazitäten dort alleine auslasten zu können, deshalb wird der Physik-LK von Herrn Belgardt mit uns fahren."

Aus dem Augenwinkel sah Debby, wie Bella und Clari ihr zeitgleich die Köpfe zudrehten. Fragend schaute sie sie an.

„Weißt du, wer in diesem Kurs ist?", flüsterte Clari.

Sie schüttelte den Kopf.

„Deine Punks", sagte Bella.

Farin. Eine Woche mit Farin und damit die Chance, ihn näher kennenzulernen. Wenn er das überhaupt wollte.

„Cool", erwiderte sie betont gleichgültig und schaute wieder nach vorne, während sie Thomas' brennenden Blick in ihrem Nacken spürte. Scheinbar wusste auch er, wer in dem Physik-LK war, aber das war nicht ihr Problem. Er konnte schauen, wie er wollte, für sie war er gestorben. Glaubte wahrscheinlich noch im Recht zu sein, denn entschuldigt hatte er sich nicht.

Am nächsten Tag lief sie Hadrian über den Weg, als sie zwischen zwei Unterrichtsstunden den Raum wechselte. Er war allein, von Lasko oder Farin keine Spur.

„Hadrian!", sprach sie ihn an und eilte ihm hinterher. Er blieb stehen und drehte sich zu ihr um.

„Was gibt's?", fragte er mit einem freundlichen Lächeln auf den Lippen. Auch von ihm ging der Geruch nach kaltem Rauch aus, allerdings viel dezenter als von Farin.

„Ich wollte dich mal was wegen Farin fragen. Nachdem ihr Freitag weg wart, haben wir uns noch eine Weile unterhalten, sind rumgelaufen und so. Irgendwie habe ich das Gefühl, dass irgendwas nicht in Ordnung ist. Er war plötzlich so anders, so verschlossen, als wir über die Zukunft geredet haben oder über seine Vergangenheit. Ist irgendwas passiert?"

Hadrian seufzte tief und fuhr sich mit der Hand über die Stirn. Der Gang leerte sich bereits wieder, nur vereinzelt liefen Schüler an ihnen vorbei.

„Farin ist niemand, der Hilfe annimmt. Seine Art mit seinen Problemen umzugehen, ist vielleicht nicht die beste, aber so ist er eben. Wenn er dir was bedeutet, sei einfach eine Freundin für ihn. Sei offen und ehrlich. Das schätzt er an Menschen", sagte er.

Sie nickte. „Aber da ist was, oder?", fragte sie nach wenigen Augenblicken des Schweigens.

Hadrian schaute sie an. „Sein Verhalten hat nichts mit dir zu tun", meinte er und sein Blick verdeutlichte, dass er nicht mehr sagen würde.

„Danke, Hadrian." Sie lächelte ihn kurz an und wandte sich nach rechts, um noch rechtzeitig ihren Raum zu erreichen.

Der Freitag fühlte sich wie ein Ausflug in die Kindheit an. Bella und Clari brachten ihre Übernachtungssachen schon mit in die Schule, wo Debbys Mutter sie nachmittags abholte. Sie kauften Mikrowellenpopcorn und Cola im Discounter und hielten an einer Pizzeria für drei frische Pizzen, mit denen sie sich in Debbys Zimmer verzogen.

Während Bella und Debby es sich auf dem Bett gemütlich machten, durchsuchte Clari die Onlinevideothek nach einem passenden Film.

Früher war es immer so gewesen. Bevor die Sache mit den Partys und den Jungs losgegangen war. Bevor Debby auf dem Spielplatz *Wahl, Wahrheit oder Pflicht* gespielt und Thomas zum ersten Mal geküsst hatte. Bevor Farin und die Punks in ihr Leben getreten waren.

„Was für einen Film wollen wir überhaupt gucken? Was Lustiges oder was Ernstes?", fragte Clari.

„Ich bin für eine Komödie", sagte Bella, während Debby ein Stück von ihrer dampfenden Pizza abbiss. Der heiße Käse drückte sich gegen ihren Gaumen.

„Könnt ihr euch vorstellen, dass wir nach diesem Jahr nie wieder zur Schule gehen werden?", fragte sie, nachdem sie geschluckt hatte.

„Nicht wirklich", sagte Clari und drehte sich mit dem Schreibtischstuhl in ihre Richtung. Sie griff sich ein Stück aus ihrem Pizzakarton.

„Ich dachte immer, die Schule wird niemals wirklich enden", meinte Bella und Debby nickte zustimmend.

„Ich freu' mich drauf, aber wie soll's danach werden?", fragte sie.

„Besser", grinste Clari und biss in die Pizza.

„Ich freu mich auf die Abschlussfahrt. Das wird wie Urlaub, immerhin fahren wir ans Meer", sagte Bella.

„Erstens ist es bereits Herbst und das Wasser bestimmt eiskalt und zweitens bin ich mir sicher, dass Frau Ressel sich schon ein supertolles Programm für uns ausgedacht hat", erwiderte Debby, rollte mit den Augen und riss mit ihren Eckzähnen ein Stückchen von ihrer Pizza ab.

„Abwarten. Ich kann mir nicht vorstellen, dass die ganzen Schüler so viel Bock auf Kultur und so einen Scheiß haben. Deine Punks bestimmt nicht", lachte Clari.

„Wie kommst du jetzt darauf?", fragte Debby und schaute sie an.

„Weil sie Punks sind?"

„Ist klar." Sie seufzte kopfschüttelnd und schaute auf ihr Pizzastück.

„Ich hoffe jedenfalls, dass ein paar süße Jungs dabei sind", meinte Bella.

„Aus unserer Stufe?", fragte Debby.

Kurzes Schweigen ließ sie aufsehen.

„Thomas fährt mit?", meinte Clari und Debby verdrehte erneut die Augen.

„Ist eigentlich alles gut bei euch? Habt ihr Streit?", fragte Bella.

„Ist egal", winkte sie ab.

„Ist es nicht", erwiderte Clari.
„Ja. Wir haben sowas wie Streit."
„Sowas wie Streit?", hakte Clari nach.
„Ja."
„Ist es wegen diesem Punk?"
„Er hat auch einen Namen, okay?", brauste Debby auf. „Ich will nicht drüber reden."
„Wir müssen uns auf jeden Fall ein Zimmer teilen", sagte Bella und drehte eine Colaflasche auf. Damit war das Thema Thomas für den Abend vom Tisch.

16

„Das ist echt asozial", sagte Clari mit Blick auf den Park, wo Farin, Hadrian und Lasko in der Wiese saßen und Bier tranken. Es war zehn vor acht am Morgen und fast fünfzig Schüler versammelten sich am Straßenrand, wo der Bus sie zur Klassenfahrt abholen und in das kleine Städtchen am Meer bringen würde.

„Es ist tatsächlich etwas früh zum Saufen", murmelte Debby und folgte Bellas Blick, der nicht weniger abfällig als Claris war.

Farin und Hadrian nickten ihr zu, Lasko hob seine Bierflasche und prostete in die Luft.

Halbherzig erwiderte Debby das Nicken und senkte den Blick wieder. Plötzlich packte sie jemand von hinten um die Taille und wirbelte sie zu sich herum. Sie schaute in Thomas' Gesicht, dann hatte er ihr schon einen feuchten Kuss auf die Lippen gedrückt.

„Hey, Babe", lallte er und sie drückte ihn eilig von sich weg. Sie befreite sich aus seinem Griff und stolperte einen Schritt zurück.

„Was soll das?", fuhr sie ihn an und wischte sich mit dem Jackenärmel über den Mund. „Bist du besoffen?"

„Nur'n bisschen", grinste er. Sie hatten seit der Nacht kein Wort gewechselt.

„Hallo, Thomas", begrüßte Clari ihn freundlich. Sie trat vor und umarmte ihn zur Begrüßung. „Habt ihr's schon ordentlich krachen lassen?"

Auch Bella umarmte ihn.

„Auf der Abschlussfahrt muss man's krachen lassen, nich' wahr, Babe?", lachte Thomas und schlug Debby kraftvoll mit der flachen Hand auf den Hintern. Das Klatschen war so laut, dass einige der anderen Schüler sich zu ihnen umdrehten.

„Pack mich nicht an!", zischte sie und brachte ein wenig Abstand zwischen sie. Sie spürte seinen Schlag noch, ihre Haut und ihre Muskeln kribbelten unangenehm. „Um acht

Uhr besoffen sein ist schon ein bisschen übertrieben, oder?" Sie schaute hilfesuchend zu ihren Freundinnen.

„Hab' dich doch nicht so, Debby. Lass die Jungs ihren Spaß haben", sagte Bella und Debby zog die Augenbrauen hoch. Sie guckte zu den Punks, wo Farin gerade die Flasche an den Mund hob und zu ihr herüberschaute.

„Wollt ihr mich verarschen?" Sie deutete in Richtung Park. „Über die drei lästert ihr, weil sie Bier trinken, aber wenn Thomas und seine Kumpels komplett besoffen hier auftauchen, soll ich mich nicht so anstellen?" Sie verschränkte die Arme von der Brust und warf einen Seitenblick auf Thomas, der beim Stehen leicht schwankte.

„Das ist was anderes", sagte Clari bestimmt.

„Ist es das?"

„Ja, guck die dir doch mal an. Die saufen bestimmt jeden Morgen, so sehen die auch schon aus. Richtig abgestürzt. Typisch Punks eben."

Der riesige Bus fuhr in die schmale Straße ein, während Debbys Kinnlade herunterklappte.

„Meinst du das gerade ernst?", fragte sie.

Der Bus hielt hinter ihr und öffnete mit einem zischenden Geräusch die Türen.

„Auf geht's", lachte Bella und zog den Henkel aus ihrem Koffer.

Clari erwiderte Debbys Blick und zuckte dann mit den Schultern. Nicht unentschlossen, sondern arrogant. Auch sie hob ihren Koffer vom Boden auf und setzte zum ersten Schritt an, da beugte Thomas sich vor und kotzte ihr in einem Schwall vor die Füße.

„Ihh, oh mein Gott!", kreischte Clari und machte einen Satz nach hinten, auch Debby trat zurück.

Thomas stützte seine Hände auf den Oberschenkeln auf, ein Sabberfaden hing aus seinem Mund und zog sich Richtung Boden.

In diesem Moment liefen Hadrian und Lasko an ihnen vorbei, Farin blieb zwischen Thomas und Clari stehen. Er tätschelte ihm den Rücken. „Wird schon wieder, Mann" grinste er und schaute auf Claris Schuhe, ehe er ihr ins Gesicht blickte. „Würdest du dich mit Alkoholikern wie uns abgeben, hättest du jetzt keine Kotze auf dem Schuh", sagte er, lächelte freundlich und schob sich hinter Debby vorbei zum Bus.

Clari senkte den Blick auf ihren Schuh, auf dem tatsächlich ein paar Sprenkel zu sehen waren. Sie würgte und drehte sich zur Wiese, um das Erbrochene abzuwischen wie Hundescheiße.

Debby schaute von ihr zu Bella, die unschlüssig ein paar Schritte entfernt stand, griff sich ihren eigenen Koffer und brachte ihn zur Gepäckablage. Alleine stieg sie in den Bus und ließ sich auf einem freien Platz am Fenster nieder. Sie steckte ihre Kopfhörer ein und starrte stur nach draußen, während sie die restliche Welt aussperrte.

Tolle Freundinnen hatte sie. Würde bestimmt eine wunderschöne Zeit in diesem verdammten Kaff werden. Wenigstens kannte sie Frau Ressel gut genug, um zu wissen, dass sie nicht viel Zeit in ihrem Zimmer und damit alleine mit Bella und Clari verbringen musste.

Irgendwer setzte sich neben sie, aber sie schaute nicht, wer es war. Der Bus fuhr los, vorbei an der Schule, an schäbigen Wohnhäusern, am Einkaufszentrum. Er fuhr auf die Autobahn und die Häuser außerhalb verstreuten sich immer weiter, wurden zu Fabriken und schließlich zu Feldern. Manchmal waren Koppeln abgetrennt, auf denen Pferde, Kühe oder Schafe weideten, manchmal passierten sie einen Bauernhof. Mit einschläfernder Gleichmäßigkeit ratterte der Bus die Autobahn hinunter und Debbys Augenlider wurden schwerer. Sie schloss sie für wenige Minuten und als sie sie wieder öffnete, lehnte ihr Kopf an der Scheibe und ihr klebte Sabber im Mundwinkel. Ihr Nacken schmerzte, als sie sich aufrecht hinsetzte. Ein Blick nach draußen zeigte ihr, dass sie die Autobahn verlassen hatten und über eine Landstraße sausten. Die Bodenwellen ließen den Bus schaukeln.

„Wir werden bald eintreffen", übertönte Frau Ressels Stimme die einzelnen Gespräche. „Wenn wir da sind, holt ihr bitte euer Gepäck aus dem Bus und wartet dann, bis wir euch noch ein paar Hinweise gegeben haben."

Debby drückte ihr Gesicht an die Scheibe und versuchte zu erkennen, was vor ihnen lag. Sie erblickte eine begrünte Siedlung bestehend aus kleinen Bungalows, zwischen denen das Meer aufblitzte.

Niemand hörte zu. Alle redeten wild durcheinander, während Herr Belgardt versuchte, sich Gehör zu verschaffen.

„Ihr dürft nicht rauchen", ermahnte Frau Ressel Farin, der sich gerade eine Zigarette angezündet hatte.

Hadrian war dabei, eine zu drehen und Lasko nahm Farins Feuerzeug entgegen, um seine eigene anzuzünden.

„Wir befinden uns nicht auf dem Schulgelände", erwiderte Farin und sah Frau Ressel ins Gesicht, während er die Kippe an seine Lippen führte und tief inhalierte. Er pustete den Rauch in ihre Richtung wieder aus.

Einige Schüler stimmten zu.

Frau Ressel presste die Lippen aufeinander und wandte den Blick ab, Hadrian grinste.

„Jetzt hört doch mal zu!", rief sie mit lauter Stimme und unterbrach damit ihrerseits Herrn Belgardt.

Debby schielte zu den Punks herüber. Irgendwie konnte sie sich nicht vorstellen, wie sie mit ihren wilden Frisuren und den nietenbesetzten Klamotten an einem Schultisch saßen und Aufgaben lösten. Der Gedanke entlockte ihr ein leichtes Grinsen.

Als die Lehrer die Bungalows freigaben, packte Clari Debby am Arm und zog sie mit sich hinter Bella her, die voranlief und in den ersten freien Bungalow stürmte. Sie warf ihren Koffer auf eines der freien Betten und Clari, die Debby im Eingang losgelassen hatte, warf ihren auf das nächste.

Debby ging zu dem letzten freien Bett hinüber, auf das sie ebenfalls ihren Koffer hob.

„Ich finde, wir sollten am Strand eine Ankunftsparty schmeißen", grinste Bella und zog aus ihrem Koffer eine Flasche Wodka und einen Sekt hervor. Debby setzte sich.

„Wir haben auch schon mit Thomas und den Jungs geredet, die sind auf jeden Fall dabei. Und Programm gibt's heute auch noch nicht", stimmte Clari zu.

„Euch ist aber schon aufgefallen, dass Thomas und ich seit zwei Wochen nicht miteinander reden und vielleicht erinnert ihr euch daran, dass wir Streit haben?", sagte Debby und schaute von einer zur anderen.

„Sowas wie Streit. Hast du gesagt, als wir bei dir waren. Und sorry, aber wir haben kein Problem mit Thomas", erwiderte Clari.

„Ihr seid meine besten Freundinnen, ihr solltet auf meiner Seite stehen!" Debby zog die Augenbrauen zusammen.

„Wieso, du hast auch Freunde, von denen wir nichts halten, oder?", meinte Clari.

Debby starrte sie an.

Bella drehte die Alkoholflaschen in den Händen.

„Wir gehen dann schon mal die Jungs suchen", sagte Clari, als Debby nichts erwiderte. Sie stand auf und nahm Bella eine der Flaschen ab. Bella warf Debby einen kurzen Blick zu, dann folgte sie Clari nach draußen.

War Debby in einem schlechten Film gelandet? Dieser Tag fühlte sich an wie ein verdammt schlechter Scherz. Sie machte sich daran, ihren Koffer auszupacken. Statt Alkoholflaschen befanden sich Süßigkeiten darin, die früher das Begehrenswerteste auf einer Klassenfahrt gewesen waren. Scheinbar hatte sich das geändert. Sie schrieb ihren Eltern eine Nachricht, als sie fertig war und verließ den Bungalow.

Die Sonne stand hoch am blauen Himmel und spendete Wärme, aber ein kühler Wind sprach vom nahenden Winter. Debby folgte dem gepflasterten Weg zwischen den Bungalows her zu einem kleinen Platz, der von Bänken gesäumt war. Eine niedrige Mauer trennte ihn vom Strand und sie zog Schuhe und Socken aus, ehe sie durch den Durchgang in den Sand stieg. Die feinen Körner waren kühl an ihren Füßen und bei jedem Schritt quetschten sich die winzigen Steinchen zwischen ihren Zehen hindurch. Das Wasser war klar, blau und züngelte in seichten Wellen auf das Festland. Im Sommer konnte man hier bestimmt wunderbar schwimmen gehen.

Am Wasser angekommen krempelte sie ihre Hose hoch und ließ das eiskalte Nass ihre Knöchel umspielen. Der Wind zerzauste ihre Haare, als sie an der Küste entlanglief und sie hielt sie sich mit einem Haargummi von ihrem Handgelenk aus dem Gesicht. Sie lief solange weiter, bis ihre Füße zu erfrieren drohten und setzte sich dann in den Sand, den Blick aufs Meer gerichtet.

Es war wunderschön hier, aber die Abschlussfahrt würde es bestimmt nicht werden. Am liebsten würde sie in den Bus steigen und direkt wieder nach Hause fahren.

Am Horizont tauchte manchmal ein winziges Boot auf, aber ansonsten war da nichts außer Wasser und Himmel. In ihren Ohren nichts als das Sausen des Windes, weshalb sie auch nicht hörte, wie sich ihr jemand näherte, bis er sich plötzlich neben sie setzte.

„Hey", sagte Farin und blickte sie aus seinen tiefblauen Augen an, die mit dem Himmel und dem Meer im Einklang standen. Er sah müde aus.

„Hey", erwiderte sie und schaute wieder geradeaus.

„Ich wollte mich entschuldigen, diesmal hab' ich mich scheiße verhalten. Mir ging's nich' so gut." Er streckte die Beine aus und lehnte sich zurück. Sand rieselte von seinen ausgetretenen Springerstiefeln.

„Geht's dir wieder besser?", fragte sie und zog ihr Knie an, dann stützte sie ihr Kinn darauf.

„Nicht wirklich, aber du hast es nicht verdient, dass ich deshalb so abweisend zu dir bin. Du bist ein guter Mensch."

„Danke", sagte sie. Wenn Farin mit ihr über irgendwas reden wollte, würde er es von sich aus machen.

Er legte den Kopf in den Nacken und genoss den Wind in seinem Gesicht, dann stand er etwas schwerfällig auf.

„Wir sehen uns später. Spätestens bei der Party nachher."

„Hm." Farin ging und Debby war wieder alleine mit ihren Gedanken.

17

Debby blieb am Strand, bis es Zeit fürs Abendessen wurde. Alleine und zehn Minuten zu früh betrat sie das einstöckige Gebäude am Ende der Bungalowanlage, in dem zwei Küchenhilfen gerade das Buffet aufbauten. Sonst war noch niemand da. Sie ging zu einem Tisch in der Ecke hinüber und setzte sich mit dem Rücken zur Wand. Ließ ihren Blick durch den leeren Raum schweifen und würde immer noch am liebsten wieder nach Hause fahren.

Nach und nach trudelten die Schüler ein und verteilten sich an die Tische. Clari und Bella kamen mit Thomas und seinen Kollegen herein und lachten schrill, Debby schienen sie gar nicht zu bemerken. Sie liefen an ihrem Tisch vorbei und setzten sich weiter links hin.

Thomas hingegen warf ihr einen kurzen Blick zu, den sie nicht recht deuten konnte. War er verletzt? Wenn ja, wieso?

Auch sonst setzte sich niemand zu ihr. Eigentlich machte es ihr nichts aus, allein zu sein, aber jetzt, wo alle anderen mit ihren Freunden zusammensaßen und lachten, machte es sie traurig.

Die Lehrer hatten das Buffet schon eröffnet, als die Punks eintraten. Zielstrebig kamen sie zu Debbys Tisch herüber.

„Ist hier noch frei?", fragte Hadrian, während Farin sich bereits auf einen Stuhl links von Debby fallen ließ.

„Klar", lächelte sie.

Hadrian zog sich einen Stuhl rechts von ihr ab und Lasko nahm neben ihm Platz.

„Lass mal warten, bis die anderen weg sind. Kein Bock auf das Gedränge", meinte Farin mit Blick auf die Schlange, die sich am Buffet gebildet hatte.

Hadrian und Lasko nickten schwach.

„Warum sitzt du hier so allein? Wo sind deine Freundinnen?", fragte Hadrian und Farin folgte Debbys Blick zu dem Tisch, an dem die beiden mit Thomas saßen.

„Sie verstehen nicht, dass man eigentlich zur besten Freundin hält, wenn die Stress mit ihrem Freund hat", erwiderte sie und wendete den Blick wieder ab. Der Duft von frischer Pizza lag in der Luft.

„Wegen der Sache von neulich abends, hm?", hakte Hadrian nach und schaute ebenfalls zu dem Tisch. „Ich bin immer noch dafür, dass wir dem Kerl mal die Fresse richten."

Die anderen beiden nickten, während sie Debbys Freunde weiterhin ungeniert anstarrten.

„Nein, das ist nicht nötig!", erwiderte sie und blickte zum Buffet, wo inzwischen nur noch drei Leute mit leeren Tellern standen. „Aber wir können jetzt Essen holen."

Gemeinsam steuerten sie das Buffet an, wo eine Auswahl an Pizzastücken und Nudeln mit zwei verschiedenen Soßen angeboten wurde. Am Ende der Reihe gab es eine Platte mit Obst, von der Debby sich ein Stück Melone griff und neben ihren Teller mit Nudeln auf ihr Tablett stellte.

Hadrian und Lasko hatten sich ihre Teller mit Pizza vollgeladen, während Farin noch weniger Nudeln als Debby selbst genommen hatte. Ohne Soße. Lustlos stocherte er in ihnen herum und schob sich ab und an eine Nudel in den Mund, aber wirklich essen tat er nicht.

Debby fragte nicht. Sie versuchte ihre eigene Portion runterzubekommen, während ihr Blick immer wieder zu Clari und Bella wanderte. Die nicht einmal zu ihr schauten.

Hadrian erzählte von irgendeiner Band und Farin beteiligte sich halbherzig an dem Gespräch, während Lasko die meiste Zeit schwieg. Debby hörte mit einem Ohr zu.

Worüber Bella und Clari wohl gerade mit Thomas sprachen? Sie lachten viel, aber wahrscheinlich war es gar nicht lustig.

Als die ersten Schüler aufstanden, schob auch Farin seinen Teller von sich weg. Gegessen hatte er kaum etwas.

„Lust, gleich mit zu uns zu kommen?", fragte er Debby.

„Gern", lächelte sie. Auch auf ihrem Teller waren noch ein paar Nudeln und ein Klecks Soße, während Hadrian und Lasko nicht mehr als ein paar Krümel übrig ließen. In ihrem eigenen Bungalow wartete nur die Einsamkeit auf sie.

Hadrian sammelte ihre Teller ein und brachte sie zum Geschirrwagen herüber, dann verließen die vier unter den Blicken der Lehrer den Essraum.

„Danke", sagte Debby zu Hadrian, während Farin eine Zigarette hervorkramte. Er steckte sie an und nahm sie einfach mit in den Bungalow, als sie wenige Minuten später dort ankamen.

Drinnen hatten die Jungs eine Anti-Nazi-Flagge aufgehängt und ihr übriges Zeug wild im Raum verteilt. In der Ecke des Raumes waren Alkoholflaschen neben Softdrinks aufgereiht, auf dem Tisch stand eine mit Wasser gefüllte Plastikflasche, in der Zigarettenstummel schwammen und der Geruch von Rauch hing in der Luft.

Debby war sich ziemlich sicher, dass in den Bungalows Rauchverbot herrschte, aber sie sagte nichts und setzte sich auf eines der Betten.

Farin ging zum Alkohol rüber und verteilte Bierflaschen, aber sie hob ablehnend die Hand.

„Willst du stattdessen 'ne Cola?", fragte er und zog das Bier zurück.

„Cola klingt gut", sagte sie.

Er stellte die Bierflasche auf dem Tisch ab und reichte ihr eine 1,5 Liter Flasche mit Cola, dann ließ er sich in den Sessel fallen und warf seine Zigarette nach einem letzten Zug in die offene Wasserflasche.

Hadrian stand von seinem Bett auf und stellte einen Bluetooth-Lautsprecher auf den Tisch. Er tippte kurz auf seinem Handy rum, während er zu seinem Platz zurücklief, dann erfüllte Punkmusik den Raum.

„Auf die Abschlussfahrt", grinste Farin und hob seine Flasche. Hadrian und Lasko taten es ihm gleich und auch Debby hob etwas widerwillig die Cola an. Sie tranken, dann schaute Farin sie an.

„Du findest es gar nicht so geil hier zu sein, oder?", fragte er.

Sie zuckte mit den Schultern, dann nickte sie.

„Ich hab's mir anders vorgestellt. Ich dachte, es wird wie früher, einfach eine schöne Zeit mit meinen Freundinnen, aber alles, was die noch interessiert, sind Jungs und Saufen. Ihnen ist völlig egal, dass ich seit zwei Wochen nicht mit Thomas gesprochen und offensichtlich ein Problem mit ihm habe." Sie strich über das Etikett der Colaflasche, während sie sprach.

„Ich bin immer noch dafür, dass wir den Pisser verprügeln", sagte Hadrian. Als Debbys ablehnender Blick ihn traf, hob er abwehrend die Hände und zog den Kopf ein.

„Sie sollten auf deiner Seite stehen. Dafür sind Freunde da", meinte Farin.

„Warum wollt ihr überhaupt zu der Party gehen? Ihr habt mit den Leuten von unserer Schule doch gar nichts zu tun."

„Wir können unser Bier für uns alleine trinken oder wir gesellen uns zu denen. Tut sich eigentlich nichts", sagte er und zuckte mit den Schultern. „Wir sind jetzt halt hier."

„Außerdem möchte ich die besoffenen Idioten sehen, die ihre Grenzen nicht kennen und sich vollkotzen", sagte Lasko und Hadrian und Farin nickten grinsend.

„Na ja", sagte Debby und wünschte sich, auch so locker zu sein. Sich nicht so viele Gedanken über jeden Mist zu machen. „Ich hab' halt ein Problem mit ein paar Leuten hier."

„Bleib einfach bei uns", sagte Hadrian und Farin nickte, was ihr ein Lächeln aufs Gesicht zauberte.

„Das ist lieb", freute sie sich. Vielleicht würde es mit den dreien gar nicht so schlimm auf der Party werden. Als Alternative gab es nur ihren einsamen Bungalow, den sie sich mit ihren finsteren Gedanken teilen konnte.

„Darf ich?", fragte Farin und streckte mit einer unterwürfigen Geste grinsend die Hand nach der Colaflasche aus, die Debby inzwischen zu einem Viertel geleert hatte.

„Ja", sagte sie und drückte sie ihm in die Hand.

Er neigte den Kopf und wich den leeren Bierflaschen neben dem Sessel aus, als er in die Ecke mit dem Alkohol hinüberging, wo er sich eine der Glasflaschen griff.

„Lasst mal zum Strand gehen", sagte er und drehte die Deckel beider Flaschen ab, ehe er den Rum in die Cola schüttete.

Hadrian stoppte die Musik und schaltete die Bluetooth-Box aus, während Lasko zu Farin trat und sich ein paar Bierflaschen nahm. Er gab sie an Hadrian weiter, während Farin die Flaschen wieder zudrehte und sich mit der Cola in der Hand aufrichtete.

„Das wird lustig", sagte er zu Debby, die ebenfalls aufstand. Er kam zu ihr, während Hadrian und Lasko die Tür ansteuerten und legte ihr einen Arm um die Schultern. Mit einem kräftigen Griff zog er sie mit sich und sie lachte. An der Tür ließ er wieder von ihr ab und die vier liefen gemeinsam Richtung Strand.

Die Bungalows lagen verlassen da, aber aus der Ferne schallten Musik und ausgelassenes Lachen zu ihnen. Die gesamte Schülerschaft schien am Meer versammelt zu sein. In kleinen Grüppchen saßen sie zusammen und tranken, einige tanzten und Thomas und seine Kollegen waren mit einer Frisbee beschäftigt, die sie halbherzig hin und her warfen und ständig genervt aus dem Sand aufsammeln mussten. Von den Lehrern fehlte jede Spur.

Farin steckte sich eine Zigarette an und ließ sich ein wenig abseits in den Sand sinken, Hadrian setzte sich mit seinem Tabak in der Hand neben ihn. Lasko holte ebenfalls seine Zigaretten heraus und auch Debby ließ sich nieder.

Sie ließ ihren Blick schweifen und Sand durch ihre Finger rieseln. Clari und Bella saßen ein paar Meter entfernt mit zwei Mädchen aus ihrem Kurs zusammen. Sie reichten einen Sekt herum, den sie der Reihe nach direkt aus der Flasche tranken.

Clari sah auf, als Debby gerade wieder wegschauen wollte. Ihre Blicke trafen sich für einen Moment, dann huschten Claris Augen einmal nach rechts und einmal nach links, ehe sie sie wieder ansah und die Augenbrauen hochzog.

Debby seufzte und drehte sich weg.

„Kann ich doch was davon haben?", fragte sie und deutete auf die Rum Cola.

Farin warf sie ihr zu.

Sie drehte den Deckel ab und nahm einen vorsichtigen Schluck. Schmeckte gar nicht mal schlecht das Zeug. Süß, nach Cola und hatte einen vanilligen Nachgeschmack. Sie nahm noch einen Schluck und reichte die Flasche an Hadrian weiter, während Claris und Bellas viel zu lautes Lachen in ihren Ohren klingelte. Sie warf einen Blick über die Schulter.

Ein Typ hatte sich zu den Mädels in den Kreis gesetzt. Er passte mit seiner gebräunten Haut und den kurzen, braunen Haaren perfekt in Bellas Schema, zumindest wenn er noch strohdumm war.

„Wir spielen ein Spiel", sagte Farin und Debby wandte ihren Blick wieder ab. Die Flasche war bei ihm angelangt. „Ich hab' noch nie. Jeder sagt etwas, das er noch nie gemacht hat und jeder, der das schon gemacht hat, muss trinken."

„Bin dabei", sagte Hadrian und Lasko nickte.

„Na gut", meinte Debby und vergrub ihre Hand in den Sandkörnern. Weiter unten war der Sand feucht und kühl, fester als die obere Schicht.

„Ich hab' noch nie 'nen schlauen Nazi getroffen", begann Farin grinsend.

„Schwacher Anfang", sagte Hadrian und schwenkte seine Bierflasche.

„Ich hab' noch nie jemanden entjungfert", sagte Lasko, der als nächstes an der Reihe war.

Debby starrte ihn an. Solche Worte von dem Kerl, der fast nie etwas sagte?

Farin setzte den Rum an und nahm einen Schluck, Hadrian trank aus seinem Bier.

„Das ging eher in die Richtung, die ich meinte", lachte er und schaute Debby an.

„Ähm ...", sagte sie und schaute hilfesuchend zu Farin.

„Sag einfach irgendwas", sagte dieser aufmunternd. „Am besten was, das ich schon gemacht hab."

Sie biss auf ihre Unterlippe, während sie nachdachte. Das Grölen einiger Jungs drang zu ihnen rüber und übertönte die übrige Lärmkulisse aus Stimmen und schlechter Musik.

„Ich hab' noch nie von Alkohol gekotzt", sagte sie, woraufhin alle drei Punks tranken.

Farin schenkte ihr ein Lächeln, sie erwiderte es.

„Ich hatte noch nie Sex in der Dusche", sagte Hadrian und trank selbst einen Schluck.

„So funktioniert das Spiel nicht", lachte Farin, nachdem er wieder abgesetzt hatte.

Hadrian lachte ebenfalls.

„Sagt wer?"

„Ich sag' das", grinste Farin und spritzte ein wenig Rum Cola in Hadrians Richtung.

„Mach lieber weiter, statt den Alkohol zu verschütten", grinste der.

„Ich hatte noch keinen Dreier. Soweit ich mich erinnern kann", sagte Farin.

Die Flaschen blieben unten.

„Du sagst immer nur irgendeinen Scheiß, den eh noch keiner gemacht hat", beschwerte sich Hadrian.

„Was soll ich machen? Ich hab' halt alles schon gemacht, was du auch gemacht hast", erwiderte er.

„Ich hatte noch nie Sex, an den ich mich nicht erinnern kann", sagte Lasko mit Blick auf Farin, der die Flasche anhob und trank.

„Dann mach's wie ich. Sag irgendwas, das du schon gemacht hast und trink", sagte Hadrian zu Farin.

„So geht das Spiel aber nicht", erwiderte der und wandte sich Debby zu.

„Ich hatte überhaupt noch nie Sex", sagte sie.

„Siehste, sie weiß, wie das geht", meinte Hadrian, nickte ihr dankend zu und trank einen Schluck, genau wie Farin. War ihr die Aussage erst ein wenig unangenehm gewesen, lachte sie jetzt und bemerkte, dass auch Lasko nichts trank.

„Mach das jetzt ordentlich", ermahnte Farin Hadrian und schwenkte die Colaflasche wie einen mahnenden Zeigefinger.

„Na gut. Ich hatte noch nie Sex in meinem eigenen Bett", erwiderte der und ließ die Bierflasche diesmal unten.

Farin trank.

„Ich hab' noch nie Heroin ausprobiert", sagte er und wieder blieben alle Flaschen unten.

„Ich hab' noch nie irgendwas ausprobiert, außer Alkohol und Gras", knüpfte Lasko an.

Nur Farin trank.

„Ich hab' noch nie Gras geraucht", sagte Debby und wieder tranken die drei Jungs.

„Ich hab' noch nie mit mehr als einem Mädel am selben Abend rumgemacht", grinste Hadrian und trank selbst einen Schluck, genau wie Farin. Die beiden schienen ziemlich erfahren mit Frauen und Sex eher locker zu sehen. Trotzdem fanden sie Thomas' Verhalten alles andere als richtig, was Debby in ihrer Ansicht bestärkte. Er hatte sich falsch verhalten und bis er sich entschuldigt hatte, brauchte er nicht erwarten, dass sie irgendwie mit ihm redete.

„Ich glaub', ich geh mal zum Bungalow zurück", sagte sie wenig später.

„Alles gut?", fragte Farin und hielt ihr die Flasche hin. „Willst du noch'n Schluck?"

Sie schüttelte den Kopf.

„Ich will aufs Klo", sagte sie und richtete sich auf.

„Bis später", sagte Hadrian, Lasko nickte ihr zu.

„Ich lass dir'n Schluck drin", grinste Farin und trank aus der Flasche, während Debby sich den Sand von der Jeans klopfte. Sie lächelte ihn nochmal an, dann überquerte sie den Strand und folgte dem gepflasterten Weg zu ihrem Bungalow.

18

In ihrer Unterkunft angekommen verschwand Debby im Badezimmer. Als sie wieder herauskam, hatte sie keine Lust zum Strand zurückzugehen. Sie wollte keine Trinkspiele mit den Punks spielen und sonst war niemand mehr da, zu dem sie sich gesellen konnte.

Also setzte sie sich auf ihr Bett und zog einen dicken Fantasyroman aus ihrem Koffer. Eigentlich hatte sie überlegt, ihn zu Hause zu lassen und war jetzt froh, sich dagegen entschieden zu haben. Sie zog die Schuhe aus, griff sich eine Tüte mit Bonbons und machte es sich unter der Decke bequem.

Die Welt der Drachen und mächtigen Zauberer schaffte es, ihre eigene Realität in den Hintergrund rücken zu lassen und ihre Probleme für den Moment aus ihrem Kopf zu verdrängen und gegen den epischen Kampf zwischen Gut und Böse zu ersetzen.

Es wurde dunkel draußen, während sie Seite für Seite umblätterte. Die Menge der Bonbons in der Tüte schrumpfte und erst, als sie plötzlich keines mehr zu greifen bekam, schaute sie auf und kam aus dem fernen Königreich in die echte Welt zurück. Das Licht im Raum reichte kaum noch zum Lesen und ihr Nacken war steif geworden.

Sie holte ihr Handy aus der Hosentasche und warf einen Blick auf die Uhr. Es war halb zehn. Die Zeit war wahnsinnig schnell verflogen.

Sie legte das Lesezeichen ins Buch, klappte es zu und platzierte es auf ihrem Kopfkissen. Vielleicht konnte sie doch nochmal schauen gehen, was sich am Strand getan hatte. Sie zog ihre Schuhe wieder an und verließ den Bungalow, folgte dem Weg zum Meer und hörte die Musik, als sie in den Sand trat. Sie war leiser als am Nachmittag, die Menschen weniger aufgedreht.

Sie saßen verstreut in Grüppchen zusammen und an der Rückseite eines Bungalows hatte jemand eine Campinglampe aufgehängt, deren fahler Schein schwach bis auf die Wellen fiel. Von weitem erblickte sie Hadrian und Lasko, die noch immer zusammen im Sand saßen, Farin war nicht zusehen.

„Debby? Können wir reden?" Plötzlich stand Thomas neben ihr. Seine Stimme war schief, die Worte kamen mit einer seltsamen Betonung aus seinem Mund.

„Sicher", murmelte sie und machte einen Schritt von ihm weg, ehe sie ihn ansah. Seine Augenlider waren halb geschlossen und verdeckten einen Teil seiner glasigen Augen. Sie suchte die Umgebung unauffällig nach Farin ab, aber er war nirgends zu sehen.

„Lass uns ein Stück am Strand lang gehen", nuschelte Thomas, scheinbar bemüht, die Worte vernünftig herauszubringen. War er immer noch betrunken oder schon wieder? Sie zuckte mit den Schultern und setzte sich in Bewegung.

Mit etwas Abstand liefen sie nebeneinander zum Meer herunter und bogen nach rechts ab. Der Schein der Lampe wurde langsam schwächer und die Sterne am schwarzen Nachthimmel schienen stärker zu leuchten. Eine Weile schwiegen sie. Seichte Wellen schwappten auf den Sand. Sie liefen ein ganzes Stück, dann blieb Thomas stehen.

Er packte Debby hart an der Schulter und wirbelte sie zu sich herum, zwang sie, ihn anzusehen.

„Was", begann sie, aber er schnitt ihr das Wort ab.

„Hast du mit diesem Punk geschlafen?", fragte er mit gefährlichem Unterton und einem wütenden Funkeln in seinem besoffenen Blick.

„Nein! Und selbst wenn, ginge es dich nichts an!", zischte sie und versuchte, sich von ihm loszureißen.

Thomas packte noch fester zu, seine Finger bohrten sich schmerzhaft in ihre Schulter.

„Und wie mich das was angeht! Du bist meine Freundin."

„Du tust mir weh!", wurde Debby laut, aber er ließ sie nicht los. Er kam einen Schritt näher an sie heran und packte mit der freien Hand an ihr Oberteil. Begann, es hochzuschieben.

„Beweis mir, dass du mich liebst. Schlaf mit mir. Hier und jetzt!"

Sie griff ihr Shirt und zog es wieder herunter.

„Nein, ich will nicht!"

Er zog ihr Top wieder nach oben, zog fester, bis es schließlich einriss. Mit einem lauten Ratschen teilte der dünne Stoff sich und entblößte beinahe ihren BH.

„Hör endlich auf!", brüllte sie, versuchte sich loszureißen und trat nach ihm, aber ihn interessierte das nicht. Er lockerte seinen Griff nicht und ließ auch nicht von ihr ab. Der Stoff ihres Oberteils lag noch immer in seiner Hand und sie raffte ihn unter ihren Brüsten.

Er sollte sie loslassen. So kannte sie ihn nicht, selbst nach der Nacht in seinem Zimmer hätte sie ihm niemals zugetraut, so weit zu gehen.

„Lass sie in Ruhe!", ertönte plötzlich eine zweite Stimme.

Debbys Kopf wirbelte herum und sie sah Farin einige Schritte entfernt stehen.

„Misch dich nicht ein!", drohte Thomas.

Farin kam näher. Er lief nicht ganz gerade, seine Schritte waren ein wenig unsicher.

Verdammt, das würde nicht gut enden.

„Das ist meine Freundin und ich kann mit ihr machen, was ich will", sagte Thomas und riss ihr das Top vom Leib.

„Thomas!", schrie sie und schaffte es endlich ihre Schulter aus seinem schmerzhaften Griff zu befreien, aber er interessierte sich sowieso nicht mehr für sie. Sein Blick war auf Farin fixiert, während er ihr Oberteil in den Sand schmiss.

„So behandelt man seine Freundin nich", knurrte Farin mit einem Lallen in der Stimme.

Thomas ging auf ihn zu, holte aus und schlug ihm ins Gesicht. Farin taumelte zurück und duckte sich, dann preschte er vorwärts und rammte Thomas seine Schulter in den Magen. Gemeinsam gingen sie zu Boden und Thomas war als erster wieder auf den Füßen. Er schien nicht halb so betrunken wie Farin zu sein. Bevor der sich aufrappeln konnte, trat Thomas ihm in die Seite. Einmal, zweimal.

„Verdammte Scheiße, hör auf!", schrie Debby und wollte sich gegen ihn werfen, als ihre Freundinnen in Begleitung zweier Kerle auf der Bildfläche erschienen. „Tut doch was!", brüllte sie sofort und die Kerle zögerten nur eine Sekunde. Sahen Debby an, die nur im BH da stand und Thomas, der auf den am Boden liegenden Farin eintrat. Dann traten sie vor, packten Thomas von beiden Seiten an den Armen und zogen ihn von Farin weg.

„Alles okay, Mann?", fragte einer der beiden Farin, der sich langsam aufrichtete.

„Alles super", murmelte er, während ihm das Blut übers Gesicht lief.

Bella kam auf Debby zu.

„Was ist hier los?", fragte sie mit einer unangenehm schrillen Stimme und Debby brachte sie mit einer Handbewegung zum Stehen bleiben.

„Bringt Thomas hier weg und sorgt dafür, dass er sich beruhigt!", sagte sie zu den Kerlen und warf Thomas einen verachtenden Blick zu. Er sah unglaublich wütend aus und wehrte sich mit Händen und Füßen gegen die Kerle, die Mühe hatten, ihn mitzuschleifen.

„Das ist noch nich' vorbei!", brüllte er über den Strand, während Debby sich neben Farin hockte. Er saß im Sand und wischte sich mit dem Handrücken das Blut von der Nase. Sofort lief neues nach.

„Es tut mir so leid", murmelte sie geschockt.

„Du kanns' nich's dafür, dass dein Freund 'n Hur'nsohn is'", erwiderte er undeutlich, stützte sich mit den Händen im Sand ab und brachte sich auf die Füße. Mit einem Blick auf Debby zog er sich ein wenig schwankend sein T-Shirt über den Kopf und warf es ihr zu.

„Kannse überziehen", meinte er und setzte sich in Bewegung.

„Wohin gehst du?", fragte sie und schlüpfte in sein sandiges Shirt. Sie folgte ihm, konnte im Dunkeln nur schwach die Umrisse seines Tattoos auf seiner blassen Haut ausmachen.

„Dahin, wo ich herkam", nuschelte er und ließ sich wenige Meter weiter neben einigen Flaschen in den Sand fallen. Leere Bierflaschen neben angebrochenem Rum und Wodka. Pur, nicht gemischt. Er setzte sich mit dem Blick zum Meer und schraubte den Rum auf. Nahm einen tiefen Schluck.

„Warum trinkst du hier so ganz allein?", fragte sie, blieb neben ihm stehen und schlang ihre Arme um ihren Oberkörper. Und so viel, fügte sie in Gedanken hinzu.

„Aus Gründ'n", erwiderte er und nahm noch zwei tiefe Schlucke. „Setz dich."Sie zögerte. Schaute in Richtung Siedlung und setzte sich dann neben ihn. Er hielt ihr die Rumflasche hin und sie nahm sie entgegen. Trank einen kleinen Schluck und verzog sofort das Gesicht.

„Danke", murmelte sie und reichte sie ihm zurück. Rum mit Cola schmeckte gut, Rum alleine nicht.

Farin schien das anders zu sehen. In den nächsten Minuten leerte er die Flasche und ließ sich rückwärts in den Sand fallen. Unter seiner Nase war das Blut verkrustet, es klebte an seinen Lippen und seinem Kinn, war bis auf seinen nackten Oberkörper getropft.

„Scheiße", murmelte er und lachte leise. „Ich weiß gar nich', wann ich das letz'e Mal so voll war." Er lallte, seine Worte waren schwer zu verstehen. Im Liegen zündete er sich eine Zigarette an und pustete den Rauch den Sternen entgegen.

Debby betrachtete ihn. Die blauen Flecken auf seinem Bauch, die das verdammte Arschloch ihm zugefügt hatte. Jetzt schien er von den Schmerzen nichts zu spüren, aber morgen würde es wehtun.

Noch bevor Farin seine Zigarette zu Ende geraucht hatte, war er eingeschlafen. Sein Kopf kippte zur Seite und die Zigarette fiel in den Sand.

„Oh, Mann", murmelte sie leise. Sie nahm die Zigarette und drückte sie aus, dann stand sie auf. Sie hoffte, Hadrian und Lasko noch am Strand anzutreffen.

Bei den Bungalows herrschte immer noch reges Treiben. Alle starrten Debby an, aber darüber machte sie sich keine Gedanken. Sie eilte zu Hadrian und Lasko, die noch an derselben Stelle saßen wie das letzte Mal, als sie sie gesehen hatte.

„Alles gut bei dir?", fragte Hadrian, als sie bei ihnen angekommen in die Knie ging.

„Ja, ja", wehrte sie ab. „Aber Farin ist sehr betrunken und schläft jetzt da hinten im Sand. Vorhin hat Thomas, dieses verdammte Arschloch, ihn geschlagen und auf ihn eingetreten, als er schon am Boden lag. Dabei wollte er mir nur helfen, also Farin, meine ich." Sie strich sich eine Haarsträhne aus dem Gesicht und schaute Hadrian hilfesuchend an. „Was machen wir jetzt?"

„Damit hab' ich schon gerechnet", seufzte der und schaute in die Richtung, in die sie gedeutet hatte. „Damit, dass er sich volllaufen lässt. Nicht damit, dass der Wichser ihn verprügelt. Heute ist kein guter Tag für Farin."

„Was machen wir jetzt?", wiederholte sie und schlang die Arme um ihren Oberkörper, um ihr Zittern zu beruhigen. Es fühlte sich an, als würde der Boden langsam unter ihren Füßen weggezogen werden. Sie bekam es mit, aber sie konnte nichts dagegen tun.

„Wir bringen dich jetzt in deinen Bungalow und du ruhst dich aus. Und überlegst dir nochmal ganz genau, ob ich deinem Freund kein Benehmen einprügeln soll." Seine Stimme wirkte beruhigend. Er schien die Situation unter Kontrolle zu haben, was sie von sich nicht behaupten konnte.

„Was ist mit Farin?", fragte sie.

„Der schläft erstmal, da passiert so schnell nichts. Aber Lasko geht und schaut nach ihm, versprochen."

Debby hatte keine Kraft, sich zu wehren und nickte. Während Lasko aufstand, sich eine Zigarette zwischen die Lippen schob und in Richtung Farin loslief, umfasste Hadrian sanft ihre Schultern, zog sie wieder auf die Füße und manövrierte sie Richtung Bungalows. Er legte stützend seinen Arm um sie und dank seiner Wärme hörte sie auf zu zittern.

„Danke, Hadrian", murmelte sie, als er die Tür zu ihrem Bungalow aufstieß und das Licht anschaltete. Bella und Clari waren nicht da. Sie löste sich aus seiner Umarmung und schenkte ihm ein kurzes Lächeln, das er erwiderte.

„Brauchst du noch was?"

Sie schüttelte den Kopf.

„Danke", wiederholte sie.

„Du kannst dich auf uns verlassen", sagte er, blieb noch einen Augenblick stehen und wandte sich dann zum Gehen.

Debby schloss die Tür, schaltete das Licht wieder aus und stolperte zu ihrem Bett hinüber, wo sie ihre Schuhe abstreifte und sich unter die Decke verkroch. Das Buch legte sie auf den Boden und schubste die leere Bonbontüte hinterher, die Mühe, ihre Zähne zu putzen, machte sie sich nicht. Stumm liefen ihr die Tränen übers Gesicht. Sie machte sich klein, rollte sich so eng zusammen wie sie konnte.

Was wäre passiert, wenn Farin nicht aufgetaucht wäre? Was hätte Thomas getan? Hätte er sie gezwungen …

Sie brach den Gedanken ab, ein hysterisches Schluchzen entwich ihrer Kehle und sie zog sich die Decke über den Kopf. Das konnte nicht wirklich passiert sein. Sie liebte Thomas, er würde ihr so etwas nie antun. Er liebte sie doch auch und wollte, dass sie glücklich war.

Aber er hatte es getan. Er hatte ihr wehgetan und ihr das verdammte Oberteil vom Leib gerissen. Wahrscheinlich liebte er sie nicht so sehr wie seine Bedürfnisse und wollte weniger ihr Glück als seines. Er würde nicht bekommen, was er wollte. Nicht von ihr und hoffentlich von keinem anderen Mädchen auf diesem Planeten.

Sie drückte die Decke auf ihr nasses Gesicht und dämpfte ihr Schluchzen. Sie wollte schlafen, einfach schlafen. Nichts mehr denken.

Was war los mit dieser Welt? Wann waren die unschuldigen Jungs von ihrer Schule zu so brutalen Männern herangewachsen, die sich mit Gewalt nehmen wollten, was sie begehrten? Was war vorgefallen, dass sie so selbstzerstörerisch wurden, dass sie sich allein am Strand mit Alkohol ausknockten? War es das, was Erwachsen werden bedeutete?

Wenn ja, dann wollte sie nicht erwachsen werden. Wollte niemals die Welt als den kalten, schmerzhaften Ort sehen, der sie zu sein schien.

19

Als Debby am nächsten Morgen aufwachte, war ihre Nase zu und ihre Augenlider klebten zusammen. Mühsam öffnete sie diese und fühlte sich ein wenig, als wäre sie erkältet. Ein gammeliger Geschmack erfüllte ihren Mund. Benommen setzte sie sich auf und rieb die Kruste von ihren Lidern.

Bella und Clari lagen in ihren Betten und schliefen tief und fest.

Sie schlug die Decke beiseite und ging mit ein paar frischen Klamotten unter dem Arm ins Badezimmer, wo sie sich zuerst die Zähne putzte und dann in der Dusche den Sand aus Farins T-Shirt von ihrem Körper wusch. Allein ging sie zum Frühstücksraum und entdeckte Farin, der dort bereits auf einer Bank in der hintersten Ecke saß.

Eine Sonnenbrille verdeckte seine Augen, den Kopf stützte er in der Hand auf. Die Mitschüler, die bereits so früh zum Essen gekommen waren, saßen allesamt auf der anderen Seite des Raumes.

Debby warf einen kurzen Blick zu ihnen, dann ging sie zu Farin und berührte ihn vorsichtig am Arm.

„Guten Morgen", sagte sie leise.

Farin zuckte zusammen und hob seinen Kopf aus der Stütze.

„Fuck, Debby! Erschreck mich nich' so", murmelte er mit rauer Stimme und lehnte sich zurück.

„Am Küchentisch schläft man halt nicht", grinste sie und setzte sich.

Er verzog nur einen Mundwinkel.

„Alles in Ordnung?", fragte sie gerade, als Lasko und Hadrian auftauchten und sich rechts und links von Farin auf die Bank schmissen. Mit kräftigen Schlägen klopften sie ihm lachend auf die Schultern.

„Spasti", knurrte Farin und versuchte, die Schläge abzuwehren.

„Alles super bei ihm", lachte Hadrian. „Er hat's nur etwas übertrieben gestern."

Von dem Blut war nichts mehr zu sehen, aber wie die blauen Flecken aussahen und sich anfühlten, wollte Debby sich gar nicht vorstellen.

Bellas Stimme erklang.

„Debby?", fragte sie und Debby drehte sich zu ihr um. Sie hatte sich umgezogen, aber die Haare waren durcheinander und die Wimperntusche vom vorherigen Abend lag wie ein Schatten unter ihren Augen. „Möchtest du dich nicht zu uns setzen? Und deinem Freund Thomas?" Sie schien verunsichert zu sein, schaute von Debby zu Farin und wieder zurück.

Hinter ihr standen Clari in Jogginghose und verwaschenem Pulli und Thomas, der im Gesicht fast genau so blass war wie Farin.

Debby wandte sich wieder um, schaute zu Farin, der den Blick gehoben hatte. Wohin genau er schaute konnte sie dank der verspiegelten Gläser der Sonnenbrille nicht sehen, aber seinen angespannten Gesichtszügen nach zu urteilen vermutete sie, dass er Thomas anstarrte.

„Schatz?", vernahm sie dessen Stimme.

Sie zögerte, ihr Blick blieb an Farin hängen.

„Wir müssen mit dir reden", sagte nun Clari und klang ziemlich besorgt.

„Geh schon", murmelte Farin.

Debby lächelte die drei ein wenig unsicher an und schob ihren Stuhl zurück, ehe sie aufstand. Eine Chance hatten ihre Freundinnen verdient, nachdem sie ihr am Abend geholfen hatten. Nur Thomas, der sollte ihrer Meinung nach am besten draußen vor der Tür sitzen. Wieso hingen die beiden immer noch mit ihm herum?

Bella und Clari liefen voran zu einem freien Tisch, Thomas folgte, dann Debby.

„Worüber wollt ihr reden?", fragte sie, während sie sich auf den Stuhl setzte, der den größten Abstand zu Thomas hatte.

„Gestern Abend", sagte Clari, während er den Blick auf den Boden richtete. „Thomas hat uns alles erzählt. Dass er sich Sorgen gemacht hat, dass du ihn mit diesem Punk betrügst und er nur mit dir reden wollte, dann hat der ihn einfach angegriffen. Er ist gefährlich, wieso sitzt du noch bei ihm?"

Debby zog die Augenbrauen hoch.

„Sah es für euch wirklich so aus, als hätte Farin Thomas angegriffen?", fragte sie und vor ihrem inneren Auge tauchte das Bild auf, wie Thomas auf den am Boden liegenden Farin eingetreten hatte.

„Er hatte bloß keine Chance, als Thomas sich gewehrt hat."

Debby schüttelte den Kopf. Konnten die beiden wirklich so leichtgläubig und so dumm sein?

„Ihr solltet mal lernen, über eure Vorurteile hinwegzusehen, die scheinen eure Wahrnehmung nämlich ganz schön zu trüben. Ich habe keine Lust, mir diesen Scheiß von euch anzuhören, nachdem Farin der Grund dafür ist, dass Thomas es nicht geschafft hat, sich an mir zu vergehen. Was er übrigens schon zum zweiten Mal versucht hat, aber das interessiert euch ja nicht!" Sie stand auf und stürmte, ohne eine Antwort abzuwarten, aus dem Essensraum und dann den Weg Richtung Bungalows entlang, als jemand versuchte nach ihrem Arm zu greifen. Sie wich aus, wirbelte herum und erblickte Thomas hinter sich.

„Pack mich nicht an!", fuhr sie ihn an und machte zwei Schritte zurück.

Er blieb stehen und hob abwehrend die Hände.

„Ich will dir nichts tun", sagte er mit weicher Stimme.

„Das ist ja mal ganz was Neues", erwiderte sie. Die Fingerknöchel an seiner rechten Hand waren geschwollen. Von dem Schlag in Farins Gesicht.

„Was willst du?" Sie verschränkte die Arme vor der Brust und warf einen kurzen Blick über die Schulter. Außer ihr war niemand da, aber der Weg war frei.

„Ich möchte mich entschuldigen", sagte er, aber sie kaufte ihm den unterwürfigen Ton in seiner Stimme nicht ab. Er war kein netter, liebender Freund, der einen Fehler gemacht hatte. Er war ein Arschloch. „Für mein Verhalten gestern. So hätte ich nicht mit dir umgehen dürfen, es tut mir leid. Ich war einfach eifersüchtig auf diesen Punk."

„Was für ein toller Grund", zischte Debby. „Hast du dich mal bei Farin entschuldigt? Immerhin hast du auf ihn eingetreten und nicht auf mich." Sie funkelte ihn an.

„Um ihn geht's doch hier nicht, es geht um uns", verteidigte er sich, aber sie schüttelte den Kopf.

„Doch, es geht hier um ihn. Und ein uns, Thomas, gibt es nicht mehr."

„Machst du Schluss mit mir?", fragte er, als wäre das wirklich noch eine Frage.

„Ja", sagte sie trocken, drehte sich um und ging schnellen Schrittes zu ihrem Bungalow. Er rief noch etwas, aber sie drehte sich nicht mehr um. Sie hatte gerade die Tür hinter sich zugeworfen, da wurde sie von außen wieder geöffnet. Clari und Bella traten ein.

„Ist alles wieder gut zwischen euch?", fragte Bella.

Hatten die beiden gewusst, dass Thomas ihr folgte? Hatten nichts dagegen getan, nachdem sie ihnen erzählt hatte, was passiert war?

Debby blieb mitten im Raum stehen und stemmte die Arme in die Seiten.

„Von meiner Seite aus ist endlich alles bestens", sagte sie und kniff die Augen zusammen, woraufhin Bella die Brauen zusammenzog.

„Was willst du damit sagen?"

„Gar nichts." Debby verschränkte die Arme. „Nichts. Alles gut."

Bella tauschte einen irritierten Blick mit Clari.

„Wir haben uns Sorgen gemacht", sagte die.

„Ist das so?", fragte Debby. Es gab Gründe, wegen derer sie sich sorgen konnten, aber die waren nicht Teil ihrer Gedanken, das wusste sie. Wieso sahen sie nicht, dass Thomas ein verdammter Scheißkerl war?

„Ja", sagte Clari ähnlich angriffslustig.

„Seitdem du Kontakt zu diesen Punks hast, lief es immer schlechter zwischen Thomas und dir. Und zwischen uns. Wir hatten Angst, dass du auf die schiefe Bahn gerätst", meinte Bella in einem freundschaftlichen Tonfall.

Debby schaute sie an. „Schiefe Bahn?", fragte sie nach. „Wie kommst du darauf, dass ich wegen den Jungs auf die schiefe Bahn geraten könnte?"

„Das geht schneller als du denkst. Ich meine, guck sie dir einfach an. Ständig am Saufen, am Rauchen, Drogen nehmen die bestimmt auch und Farin hat sich sogar mit Thomas geprügelt", zählte Clari auf.

„Du hast offensichtlich immer noch keine Ahnung davon, was wirklich passiert ist, also pass lieber auf, was du von dir gibst", zischte Debby und in diesem Moment würde sie Clari am liebsten eine verpassen. Eine ordentliche Ohrfeige, die sie aufwachen ließ. Die dafür sorgte, dass sie endlich mal die Augen öffnete und die Welt erkannte, wie sie wirklich war.

Debby trat an ihren Schrank und zog ihre Wanderschuhe aus dem untersten Fach. Die Schuhe an ihren Füßen streifte sie ab und schob sich an Bella und Clari vorbei nach draußen.

Auf Socken lief sie den Weg zwischen den Bungalows hinunter und steuerte den Sammelplatz beim Strandeingang an, wo sie sich für den bevorstehenden Ausflug treffen sollten. Viel zu früh kam sie dort an, aber sie war nicht die erste.

Farin saß auf der Lehne einer der Bänke vor der Mauer, hinter der der Strand begann. Auf der Nase trug er noch immer die Sonnenbrille und sein sowieso schon wildes Haar stand noch wirrer in alle Richtungen als sonst. In der rechten Hand hielt er eine offene Wasserflasche, in der anderen eine qualmende Zigarette.

„Hey", sagte sie mit einem zaghaften Lächeln.

Farin nickte ihr zu und zog an seiner Kippe.

Sie setzte sich neben ihn auf die Sitzfläche und ließ einen der Schuhe auf den Boden fallen, um den anderen anzuziehen.

„Wer hatte eigentlich diese bescheuerte Idee, wandern zu gehen?", fragte Farin gequält. Er spuckte auf den Boden und trank einen Schluck aus seinem Wasser.

Debby zog auch den zweiten Schuh an, ehe sie die Füße nacheinander auf die Sitzfläche zog, um sie zu schnüren.

„An sich hab' ich nichts dagegen. Aber dass du keine Lust hast, kann ich mir gut vorstellen", erwiderte sie, während sie eine Schleife machte.

„Ich bin selbst schuld", seufzte er, zog noch einmal an seiner Zigarette und schnipste sie weg. „Hoffentlich hält wenigstens die Ressel die Fresse. Ihre Stimme ist so schrill, das ertrag' ich nicht." Er grinste und Debby lachte auf.

„Ihre Stimme ist echt schrill", stimmte sie zu und stellte ihren zweiten Fuß wieder auf dem Boden ab. „Thomas hat sich übrigens bei mir entschuldigt. Aber ich hab' ihm gesagt, dass er sich lieber bei dir entschuldigen soll. Wie geht's deinen blauen Flecken und deiner Nase?"

„Nicht der Rede wert, er ist nicht so stark wie er glaubt, da hat man mich schon schlimmer zugerichtet. Und 'ne Entschuldigung brauch' ich von dem Pisser auch nicht." Er wandte Debby das Gesicht zu und sie erblickte sich selbst in der Spiegelung seiner Sonnenbrille. „Ohne dir zu nahe treten zu wollen: Was findest du überhaupt an ihm? Hat der irgend'ne vernünftige Seite, die man erst auf'n siebten Blick sieht?"

Sie seufzte. „Ich glaube nicht", sagte sie. Nicht mehr.

„Warum bist du dann mit ihm zusammen? Sieht nicht so aus, als würde er dich glücklich machen."

„Bin ich nicht mehr." Sie wandte ihren Blick zum Meer, während sie die Worte aussprach.

„Was?"

Sie sah ihn wieder an. „Ich habe vorhin Schluss gemacht. Du hast Recht, er macht mich nicht glücklich. Vielleicht war ich noch nie richtig glücklich." Sie schaute sich in Farins Brille für einen Moment selbst in die Augen und dann geradeaus den Weg hinab, während im Hintergrund das Meer rauschte. Sie spürte seinen Blick auf sich liegen. Er war heiß wie ein Streichholz direkt an ihrer Haut.

„Was meinst du damit?"

„Seitdem ich euch kenne, weiß ich, was Freundschaft bedeutet", erklärte sie, ohne seinen Blick zu erwidern.

„Ich glaub eher, dass dein Leben viel chaotischer ist, seitdem du uns kennst." Er schaute nicht weg. Sie zuckte mit den Schultern.

„Ihr habt mir gezeigt, dass das mit Bella und Clari nie eine echte Freundschaft war. Sonst würden sie auf meiner Seite stehen und nicht auf Thomas'. Würden mir nichts von schiefer Bahn erzählen, nur weil ich mit euch Zeit verbringe." Sie schüttelte den Kopf und spürte die Enttäuschung in ihrem Inneren brodeln.

„Ich bin nicht der beste Umgang, damit haben sie schon Recht. Aber Hadrian und Lasko, die sind in Ordnung. Das sind vernünftige Typen, zumindest vernünftiger als dein Ex."

Einige Schüler kamen den Weg hinab, in ihrer Mitte niemand anderes als Thomas, der Farin mit seinen Blicken erdolchte.

20

„He, Punk", rief Thomas schon von Weitem. „Wundert mich dich hier zu sehen, nachdem ich dich gestern so fertig gemacht hab." Er lachte, zwei der Jungs aus seiner Meute klopften ihm auf die Schultern.

Farin richtete sich auf und zog das Zigarettenpäckchen aus seiner Jackentasche. Steckte sich eine an, während die anderen sich näherten.

„Bist du taub? Ich rede mit dir, du Wichser!", brüllte Thomas und trat auf den Sammelplatz.

„Kein Problem", gab Farin zurück und pustete den Rauch in seine Richtung.

„Nicht nur taub, sondern auch verblödet. Vielleicht war ich gestern zu gnädig mit dir", lachte der und seine Meute stimmte ein.

„Mach ihn fertig", feuerte Lars ihn an.

Als Thomas die Fäuste ballte und auf Farin zuging, stand Debby auf und stellte sich ihm in den Weg.

„Es reicht!", brüllte sie und stieß ihn kräftiger zurück, als sie es sich selbst zugetraut hätte. „Lass doch diese Kinderkacke mal sein! Egal, was du mit Farin anstellst, du wirst mich sowieso nicht zurückbekommen. Du benimmst dich wie der letzte Vollidiot und brauchst dir auf den Mist gestern gar nichts einbilden!"

„Wer nichts verträgt, sollte nicht saufen", gab Thomas zurück. Er war ein paar Schritte von Debby entfernt stehen geblieben und fixierte Farin mit wütendem Blick.

„Wer von uns nicht saufen kann, haben wir am Bus gesehen", erwiderte der und kletterte von der Bank. Er ging an Debby vorbei zu einer Bank weiter links und als sie den Blick wieder nach vorne wandte, sah sie nur, wie Thomas mit einem großen Schritt bei ihm war, ihn packte und ihm so fest in den Magen schlug, dass er sich zusammenkrümmte und vor sich auf den Boden kotzte.

Thomas' Freunde begannen zu grölen, ein paar klatschten lachend.

„Ich würde sagen, du stehst mir in nichts nach", knurrte Thomas, klopfte Farin grob auf den Rücken und stellte sich dann wie ein Held in die Mitte seiner Meute.

Debby riss die Augen auf und kniff sie kopfschüttelnd wieder zusammen, als ihr Blick an ihrem Exfreund hängen blieb.

„Fuck", murmelte Farin leise. Er stützte seine Hände auf die Oberschenkel und spuckte auf den Boden, ehe er sich aufrichtete. „Das war eine meiner letzten Zigaretten", sagte er und wischte sich mit seinem Bandshirt den Mund ab. Er suchte Thomas' Blick und schaute ihm einen Moment lang mit seinem durchdringend in die Augen. „Wir sprechen uns noch", sagte er und seine Stimme war ganz ruhig. Er hielt den Blickkontakt aufrecht, dann griff er sich seine Wasserflasche und ging nah an der Gruppe vorbei in Richtung Bungalows. Weitere Schüler kamen den Weg herunter und trudelten am Treffpunkt ein.

Debby blieb stehen. Sie schaute Farin hinterher und wusste nicht, was sie tun sollte. Sollte sie ihm folgen oder wollte er seine Ruhe?

„Ih, wer war das denn?", hörte sie ein Mädel neben sich angewidert fragen.

„Wer schon? Der versoffene Punk", klärte Thomas sie auf und warf Debby ein böses Grinsen zu.

„Ist ja ekelhaft", meinte das Mädel und betrachtete eingehend Farins Kotze.

„Dann stell dich woanders hin", sagte Debby, verdrehte die Augen und warf Thomas einen kurzen, bösen Blick zu, während sie sich an ihm und seinen Jungs vorbeischob und ebenfalls den Weg Richtung Bungalows einschlug. Als sie in die Nähe der Bude der Punks kam, wurde sie langsamer und blieb stehen. Ein Fenster stand offen und Farins Stimme drang nach draußen.

„Dieser Typ ist so'n verdammter Pisser, der ist echt zum Kotzen", regte er sich auf. Debby hatte diese Tonlage vorher nie bei ihm gehört, diese Wut in seiner Stimme nie gespürt.

„Pass lieber auf, dem trau' ich einiges zu. Der ist durchgeknallt", hörte sie Lasko sagen.

„Der ist ein Loser", gab Farin zurück.

Sie trat ein paar Schritte näher und versuchte, in den Bungalow zu spähen.

„Ein Loser, der denkt, dass du ihm seine Freundin wegnimmst. Ich denke auch, dass du vorsichtig sein solltest", meinte Hadrian.

Farin tauchte in ihrem Blickfeld auf. Oberkörperfrei durchquerte er den Raum und offenbarte die tiefblauen und violetten Flecken auf seiner blassen Haut. Von wegen halb so schlimm.

„Nicht stehen bleiben, weitergehen. Wir wollen gleich los!" Debby riss den Blick vom Fenster los und erblickte Frau Ressel und Herrn Belgardt, die auf sie zukamen. Ja, ihre Stimme war wirklich unangenehm. Sie blickte zum offenen Fenster und rief: „Jungs, kommt ihr bitte auch? Wir wollen los!"

„Ja", antwortete Hadrian und Debby schaute noch einmal in die kleine Wohnung, aber von Farin war nichts mehr zu sehen.

Mit hängenden Schultern drehte sie sich um und trottete vor ihren Lehrern zum Treffpunkt zurück, während hinter ihnen die letzten Nachzügler folgten. Wieder bei den Bänken angekommen stellte sie sich alleine an den Rand und hörte Frau Ressel nicht zu. Stattdessen schaute sie immer wieder den Weg hinunter.

Fünf Minuten dauerte es noch, bis auch Farin, Hadrian und Lasko da waren.

„Schön, dass ihr es noch geschafft habt, dann können wir ja aufbrechen", sagte Frau Ressel spitz und Farin tippte sich an die Sonnenbrille, die noch immer auf seiner Nase thronte.

Die Lehrer liefen vorweg, die verkaterten Schüler bemühten sich, dem strammen Schritt zu folgen. Die Gruppe entzerrte sich recht schnell. Debby lief weit hinten, hinter ihr kamen nur noch Hadrian und Lasko, die sich von Zeit zu Zeit leise unterhielten und Farin, der stumm vor sich hin marschierte. Das Knarzen seiner Springerstiefel war das einzige Geräusch, das von ihm zu hören war.

Debby hatte keine Lust, mit irgendwem zu reden. Es war sowieso besser so. Wenn sie mit niemandem sprach, würde keiner ihretwegen zu Schaden kommen.

Sie liefen über die Landstraße und bogen in ein Wäldchen ein, das sie auf einem breiten Trampelpfad nach einer Weile am Meer entlangführte. Sie passierten Strände und Küsten, die Bäume wurden lichter und verwandelten sich zu flachen Wiesen und Feldern, die sie überquerten. Manchmal trug der Wind einzelne Worte der Lehrer zu Debby nach hinten.

An einem Wirtshaus, das von einem kleinen Hügel aus einen Ausblick aufs Meer bot, legten sie eine Pause ein. Die Schüler verteilten sich an die urigen Holztische und Debby setzte sich weder zu ihren Freundinnen noch zu Farin, Hadrian und Lasko. Sie wählte einen kleinen Tisch mit zwei Stühlen in der Ecke des Raumes, von dem sie einen guten Überblick hatte.

Die Punks ließen sich an einem Tisch rechts von ihr nieder und ein Blick in Farins Gesicht reichte, um seine schlechte Laune zu erkennen.

Die Sonnenbrille hatte er abgesetzt und offenbarte die dunklen Ringe, die unter seinen Augen lagen. Er wandte den Blick nicht von Thomas ab, der am gegenüberliegenden Ende des Raumes mit seinen Jungs an einem Tisch saß und einen Witz nach dem anderen riss. Witze auf Farins Kosten.

Der Kellner nahm ihre Bestellungen auf und brachte wenig später die Getränke. Eine Sprite für Debby, Bierkrüge für die Punks.

Farin nahm ein paar tiefe Schlucke, ohne die Augen von Thomas abzuwenden. Er sagte nichts. Leerte sein Bier. Noch eins. Und noch eins, während Hadrian gerade beim zweiten war und Debby immer noch ihr erstes Glas vor sich stehen hatte.

„He, Punk!", rief Thomas durch den Gastraum, als die ersten Kellner mit dem Essen kamen. „Warum trägst du eigentlich so kaputte Pennerklamotten? Haben deine Eltern dich nie geliebt oder warum bist du so ein bemitleidenswerter Pisser, der sich an der Freundin eines ehrwürdigen Bürgers vergreift?" Auch er trank Bier und stieß seinen Krug triumphierend gegen die seiner Kollegen, ehe er wieder zu Farin schaute. Der nahm den letzten Schluck und stellte sein Glas ab.

Einige lachten, anderen beobachteten stumm, aber jeder schien in diesem Moment mitzubekommen, dass etwas in der Luft lag.

„Das reicht jetzt", sagte Farin leise und schob sich an Hadrian vorbei. Bevor irgendwer reagieren konnte, war er an Thomas' Tisch, packte ihn am Kragen und zog ihn einfach über die Tischplatte an sich heran. Teller, Essen und Gläser fielen zu Boden, zersprangen und verteilten sich in alle Richtungen. Inzwischen lachte niemand mehr. Alles war still, als Farin ausholte und Thomas dreimal so fest ins Gesicht schlug, dass das Blut spritzte. Dann ließ er ihn los und Thomas sank zu Boden, während Farin sich umdrehte und die Tür des Gasthauses ansteuerte.

Frau Ressel sprang so abrupt auf, dass ihr Stuhl nach hinten umfiel.

„Farin!", kreischte sie und eilte zu Thomas, der benommen am Boden saß.

Farin stieß die Tür auf und trat nach draußen.

Debby war genauso geschockt wie ihre Mitschüler. Erst als Hadrian aufstand und Farin nach draußen folgte, rührte auch sie sich.

Frau Ressel half dem schwer lädierten Thomas auf die Füße, der nicht zu verstehen schien, was gerade passiert war. Desorientiert schaute er sich um, ein Kellner kam mit Eis angerannt und ein anderer machte sich daran, mit einem Handfeger die Scherben einzusammeln.

Auch andere Schüler standen jetzt auf und bildeten eine Traube um Thomas und Frau Ressel, an der Debby vorbei und durch die Tür nach draußen trat. Farin stand Hadrian gegenüber und hielt eine qualmende Zigarette zwischen den Fingern.

„War das wirklich nötig?", fragte Hadrian.

„Irgendwann reicht's", erwiderte Farin und sein Tonfall ließ sie innehalten und die Tür ganz leise hinter sich schließen. „Ich lass' mich doch nicht von so 'nem Wichser verarschen!" Er spuckte auf den Boden und zog an seiner Zigarette.

„Das wird Konsequenzen haben, das ist dir klar, oder?"

Farins Fingerknöchel waren blutig. War das sein Blut oder Thomas'?

„Da scheiß ich drauf!", brüllte er. „Und jetzt verpiss ich mich hier, keine Lust auf den Mist." Er drehte sich um und setzte sich in Bewegung.

„Wo willst du hin?", rief Debby. Er lief nicht in die Richtung, aus der sie gekommen waren. Kurz drehte er sich zu ihr um, sagte aber nichts und ging einfach weiter. Hadrian hielt sie zurück, als sie ihm folgen wollte.

„Lass ihn", sagte er. „Der muss sich erstmal beruhigen."

„Aber", setzte sie an, da schwang die Tür auf und mit dem Gemurmel von drinnen schwappte Frau Ressel nach draußen.

„Wo ist Farin?", fragte sie und ihre Stimme hatte einen noch höheren Tonfall angenommen.

„Weg", sagte Hadrian.

„Wie?" Frau Ressel schaute sich um.

„Gegangen", sagte er und trat an ihr vorbei zur Tür der Gaststätte. Er öffnete sie. „Komm, Debby, iss erstmal was." Er deutete mit einer einladenden Geste ins Innere.

Debby schaute nochmal in die Richtung, in der sie Farin davongehen sehen konnte, dann ging sie an Frau Ressel vorbei nach drinnen, wo ihr Bella und Clari in den Weg traten.

„Glaubst du uns jetzt? Der Typ ist gefährlich", sagte Clari aufgeregt.

Debby blieb stehen. „Können wir bitte jetzt nicht streiten", erwiderte sie und schaute von ihr zu Bella. Sie konnte das jetzt nicht. Auch wenn sie Farin verstehen konnte, musste sie erstmal verarbeiten, was sie gerade gesehen hatte. Sie hätte nicht erwartet, dass er so ausrasten konnte, aber

Thomas war zu weit weg gegangen, er hatte sich genug geleistet. Irgendwann riss jedem der Geduldsfaden.

Knapp zehn Minuten später fuhr ein Rettungswagen vor. Herr Belgardt brachte Thomas nach draußen und Clari begleitete ihn ins Krankenhaus. Die anderen aßen schweigend, die Stimmung lockerte sich mit der Zeit ein bisschen, wurde aber nicht wieder so ausgelassen wie sie es zu Beginn gewesen war.

Farin tauchte nicht wieder auf. Sie blieben noch im Restaurant, weil Frau Ressel nicht ohne ihn gehen wollte.

Hadrian rief ihn an, Debby auch, aber er nahm nicht ab. Immer wieder lief sie vor die Tür, um nach ihm Ausschau zu halten.

„Der kommt wieder", sagte Hadrian, aber er schaffte es nicht, sie zu beruhigen. Farin kannte sich hier nicht aus. Wo war er hingegangen, was machte er gerade? Vielleicht war ihm sogar etwas zugestoßen.

Hadrian und Lasko rauchten vor der Tür, Hadrian trat an Frau Ressel heran, als sie wieder hereinkamen.

„Er kommt nicht zurück, wir können gehen", sagte er zu ihr. Das Lokal wurde langsam voller, die Menschen kamen zum Abendessen und die Schüler langweilten sich.

„Ich hab' eine Aufsichtspflicht für ihn", erwiderte Frau Ressel, deren Haar schon ganz wirr war. Sie wusste nicht, was sie machen sollte, das konnte Debby sehen.

„Das ist ihm aber egal", sagte Hadrian. „Was bringt es, wenn wir die ganze Nacht hier sitzen? Er ist nicht hier und er kommt auch nicht zurück. Vielleicht ist er längst in unserem Bungalow."

Sie schaute ihn unschlüssig an und knibbelte an ihrem Daumennagel. „Gut", sagte sie und stand auf. Hadrian machte ihr Platz. „Wir machen uns auf den Weg. Und wenn sich Farin bei irgendjemandem meldet, sagt er mir sofort Bescheid."

Sie zahlten und liefen hinter Frau Ressel her zur Bushaltestelle, wo Debby sich zu Lasko und Hadrian stellte. Sie blieb auch bei ihnen, als sie in den Bus stiegen und erntete dafür einen bösen Blick von Bella. Sie verdrehte die Augen und drehte ihr den Rücken zu.

Farin war nicht im Bungalow. Er kam auch in den nächsten Stunden nicht, die Debby bei Hadrian und Lasko verbrachte. Darauf mit Bella alleine zu sein und sich Vorwürfe anzuhören, konnte sie verzichten. Die Jungs hingegen behandelten sie wie eine Freundin. Sie gaben ihr etwas zu trinken und teilten ihre Süßigkeiten mit ihr, Hadrian gab ihr eine Decke, als sie zu frieren begann. Sie machten wieder Musik an und er erzählte ihr ein paar Geschichten von Erlebnissen mit Farin. Irgendwann ging Lasko raus, um eine zu rauchen.

„Du bist anders als deine Freunde", sagte Hadrian, der mit Debby zurückgeblieben war. Er schaute sie an und drehte sein Handy in der Hand.

„Ach ja?", fragte sie müde, zog ihre Beine etwas enger an und kuschelte sich in den Sessel. Draußen war es stockdunkel und von Farin noch keine Spur.

„Ja. Du hast keine Vorurteile und bist uns von Anfang an offen begegnet. Im Gegensatz zu deinem Ex."

„Ich hab' noch nie was davon gehalten, Menschen nach ihrem Äußeren zu beurteilen", meinte sie und zog die Decke enger um ihre Schultern, ehe sie wieder aus dem Fenster starrte. Sie erblickte die Spiegelung des Raumes, sonst sah sie nichts. Die Welt draußen versank in Dunkelheit.

„Das ist wahrscheinlich einer der Gründe dafür, dass Farin dich mag. Von den meisten Leuten hält er nicht viel", sagte Hadrian und warf sein Handy neben sich aufs Bett.

„Hat ihm nichts als Schwierigkeiten gebracht", erwiderte sie bitter. Er lachte leise.

„Was ist daran witzig?", fragte sie und schaute ihn an. Sie wusste, dass sie nicht wirklich schuld war, aber ohne sie hätte Farin diese Probleme trotzdem nicht gehabt.

„Farin kann sich wunderbar selbst in Schwierigkeiten bringen und Thomas ist definitiv nicht sein größtes Problem. Ich glaube, er wäre froh, wenn dem so wäre."

Sie horchte auf. „Was ist denn sein größtes Problem?"

Farin betrank sich aus Gründen, nicht, weil man das eben so machte. Weil alle anderen das auch taten.

„Das muss er dir schon selbst erzählen", sagte Hadrian und schaute ihr in die Augen. „Vertrau mir nur, wenn ich dir sage, dass es ihm soweit gut geht und er gerade einfach ein bisschen Zeit braucht, um herunterzukommen."

Sie erwiderte seinen Blick und nickte langsam. Ein leises Knarzen ertönte von der Tür her, dann wurde sie geschlossen und Lasko trat in den Raum. Debby wandte den Blick ab und schaute wieder gegen die Fensterscheibe, während Hadrian sein Handy entsperrte und eine andere Playlist anmachte.

21

Ein lauter Knall zerriss die Stille. Debby schlug die Augen auf, aber es blieb dunkel. Nur schwach fiel der Lichtsmog von draußen durch das Fenster, während von der Tür her schwere Schritte erklangen. Sie richtete sich auf, schaute sich um. Hadrian und Lasko schienen ebenfalls geschlafen zu haben, zumindest meinte Debby, sie in ihren Betten auszumachen.

„Hey, Mann", murmelte Lasko schlaftrunken, als Farin in den Bungalow trat.

Hadrian regte sich, dann flutete das Licht seiner Nachttischlampe die Schwärze.

Debby kniff die Augen zusammen und schaute wieder zu Farin, der mitten im Raum stehen blieb und seine Lederjacke von den Schultern zu Boden gleiten ließ. Ein süßlicher Duft drang an ihre Nase, durchmischt mit dem Geruch nach kaltem Rauch, der immer von Farin ausging.

Hadrian kletterte in Boxershorts und Bandshirt aus dem Bett und trat an ihn heran.

„Du hast es geschafft, in diesem Kaff an Gras zu kommen?", fragte er leise und Farin grinste breit.

„Klar", nuschelte er, nickte und klopfte Hadrian ein wenig desorientiert auf die Schulter, während er sich schon zu seinem Bett umwandte. Ohne die schweren Springerstiefel auszuziehen, ließ er sich auf die Matratze fallen. „Mach das Licht aus, ich will pennen", murrte er und bevor Hadrian die Lampe erreicht hatte, war er schon eingeschlafen.

Hatte Hadrian das gemeint, als er gesagt hatte, Farin brauchte Zeit zum Runterkommen? Hatte er gemeint, dass er sich zukiffte und nicht mal bemerkte, dass Debby da war? Dass sie den ganzen Abend auf ihn gewartet und sich gesorgt hatte? Sie befreite sich aus der Decke und drückte sich aus dem Sessel hoch.

„Ich geh' dann mal", murmelte sie und schlang die Arme um ihren Oberkörper, als die Kälte der Welt sie empfing. Sie starrte auf die Tür und setzte sich in Bewegung. Flüchtete fast aus dem Bungalow, auch wenn sie nicht wusste, wohin sie sollte. Zu Bella wollte sie nicht, dort fühlte sie sich genau so wenig Willkommen wie in diesem Moment bei den Punks. Bei Farin.

Sie bog nach links ab und lief zum Strand. Es war so dunkel, dass sie das Meer nicht sehen konnte. Sie hörte das Rauschen der Wellen, die über den Sand leckten und sich wieder zurückzogen. Den Wind, der über die Weiten tobte, sich zwischen den Häusern fing und an ihren Haaren riss.

Sie zog ihre Schuhe aus und schob ihre Füße in den kühlen Sand. Stand auf, lief durch die Nacht, hörte das Knirschen unter ihren Füßen und spürte, wie der Sand sich zwischen ihre Zehen bohrte. Eine ganze Weile lief sie einfach nur.

Die letzten Wochen hatten alles auf den Kopf gestellt. Ihr einfaches Leben war ziemlich dramatisch geworden, aber ändern wollen würde sie es nicht. Sie hatte so viel über sich und die Welt gelernt wie ihr ganzes Leben zuvor nicht. Farin hatte ihre Weltsicht verändert. Seit sie ihn kannte, lebte sie viel reflektierter, viel tiefgehender und jeder Tag hielt so viel mehr bereit, als sie bisher mitbekommen hatte.

Vielleicht waren nicht Bella und Clari das Problem, vielleicht nicht mal Thomas. Vielleicht waren sie nur nicht die richtigen Freunde für sie. Nahe der Brandung setzte sie sich in den Sand und schaute in die Ferne. Sie würde herausfinden, wer sie war und was sie wollte.

Lernen, sie selbst zu sein.

Wenn das bedeutete, dass sie sich von ihren bisherigen Freunden trennen musste, war das so. Es konnte nicht weitergehen wie bisher und vielleicht war es diese Erkenntnis, die das Erwachsenwerden ausmachte.

Sie stützte ihre Hände hinter sich in den Sand und hob ihren Blick zu den Sternen. Suchte die Sternbilder, die Farin ihr in der Nacht auf dem Dach gezeigt hatte. Vielleicht brauchte er auch jemanden, der für ihn da war.

Ihre Gedanken wanderten zu dem Tattoo auf seinem Schulterblatt und den beiden Namen, die es zierten. Zu der

Person auf der Couch und der geöffneten Weinflasche auf dem Couchtisch.

Wahrscheinlich hatte Farin sehr viel größere Probleme als Debby und versuchte, sie in Alkohol zu ertränken. Nachdem er ihr eine neue Sicht auf die Welt geschenkt hatte, war es für sie an der Zeit, sich zu revanchieren. Herauszufinden, was mit ihm los war, und ihm zu helfen. Manchmal musste man Menschen zu ihrem Glück zwingen und Farin vielleicht dazu, sich helfen zu lassen.

Zum Schlafen schlich sie sich in ihren Bungalow. Clari war noch nicht zurück, Bella schlief und Debby bemühte sich, sie nicht aufzuwecken. Unbemerkt schaffte sie es bis ins Bett und starrte noch eine Weile an die Wand, bis sie endlich einschlief und mit den ersten Sonnenstrahlen wieder aufwachte. Mit verklebten Augen und einem leichten Kopfschmerz an den Schläfen hätte sie sich am liebsten nochmal umgedreht, aber einem Gespräch mit ihren Freundinnen zu entgehen, war wichtiger.

Clari war immer noch nicht zurück. War sie mit Thomas über Nacht im Krankenhaus geblieben? Hatte er womöglich ernsthafte Verletzungen? Verdient hätte er es.

Debby duschte schnell und schlich sich dann aus dem Bungalow in die frische Morgenluft. Die Sonne erwärmte den Tag und der kühle Wind ließ sie ein wenig frösteln, als sie den Weg zum Bungalow von Hadrian, Farin und Lasko einschlug. Außer ihr schienen nur die Vögel wach zu sein und ihr Liedchen zu trällern.

Die Vögel und die Punks.

Ein Fenster stand offen und Hadrian hockte auf dem Fensterbrett. Mit dem Blick auf seinen Rücken und den grünen Iro blieb Debby stehen und wurde Zeuge der Worte, die leise nach draußen drangen.

„Du weißt, ich misch' mich normalerweise nicht ein, aber so geht's mit dir nicht weiter", sagte er ernst. Feine Rauchschwaden stiegen auf und verflüchtigten sich.

„Was?", kam es ein wenig aggressiv von Farin zurück.

„Seitdem wir hier sind, hast du so gut wie nichts gegessen, dafür aber gesoffen und gekifft und keine Ahnung, was sonst noch. Das hältst du nicht mehr lange durch."

„Scheiße, Hadrian, gestern war der Tag, okay? Gestern vor sechs Jahren ist es passiert."

„Ich weiß. Aber es bringt niemandem was, wenn du dich zugrunde richtest."

„Gib mir deinen Tabak", verlangte Farin unwirsch. Hadrian zog den Tabakbeutel aus seiner hinteren Hosentasche und warf ihn ins Innere des Raums. Nach wenigen Momente der Ruhe erklang Farins Stimme erneut.

„Fuck!"

„Du schaffst es nicht mal, dir 'ne Zigarette zu drehen. Wie willst du den Tag überstehen?", fragte Hadrian und aschte blind nach draußen. Statt einer Antwort kam der Tabak zurückgeflogen. Er fing ihn und steckte sich die Kippe zwischen die Lippen, ehe er mit flinken Fingern drehte und die Zigarette in den Raum warf.

„Danke", grummelte Farin.

Debbys Herz pochte zu schnell. Was war vor sechs Jahren passiert?

„Sieh mal zu, dass du klar kommst", meinte Hadrian und in seiner Stimme schwang Sorge mit. „Ich wette, auf dich wartet 'ne Menge Ärger." Er drückte die Kippe an der Hauswand aus und ließ sie zu Boden fallen.

Debby biss sich auf die Lippen. Am liebsten würde sie ans Fenster treten und fragen, aber wahrscheinlich würde sie keine Antwort kriegen. Das Bild von Farins Tattoo tauchte vor ihrem inneren Auge auf.

„Gar keine Lust auf die Scheiße. Ich will in mein Bett", seufzte Farin.

„Nimm weniger Drogen, dann fühlst du dich weniger beschissen."

„Ja, ja. Weißt du, wo man hier Zigaretten kaufen kann?"

Hadrian ließ den Kopf in den Nacken sinken und seufzte, ehe er seinen Blick wieder in den Raum wandte.

„Im Ernst, Farin, hör auf mit dem ganzen Scheiß. Du befindest dich verdammt nah am Abgrund." Er rutschte von der Fensterbank und Debby duckte sich, obwohl es nichts gab, wohinter sie sich hätte verstecken können. Er schloss das Fenster und sperrte die Gespräche der drei im Inneren des Bungalows ein. Wenn sogar er sich Sorgen um Farin machte, schien es ernst.

Während sie noch unentschlossen dastand und den Bungalow anstarrte, bewegte sich etwas in ihrem Augenwinkel. Sie wandte den Kopf und entdeckte Herrn Belgardt, Thomas und Clari am Ende des Weges. Ein weißer Gips auf Thomas' Nase reflektierte das Sonnenlicht. Clari hob den Blick und ihr Gesicht verfinsterte sich, als sie Debby erkannte.

„Da kannst du mal sehen, was dein Farin angerichtet hat", rief sie. „Er hat Thomas die Nase gebrochen!" Ihre Stimme war laut in der Stille des Morgens. Nur leise war das Meer im Hintergrund zu hören, der Wind war schwächer geworden. Bei Debby angelangt blieb das Dreier-Grüppchen stehen. Die Haut neben dem Gips in Thomas' Gesicht war blau unterlaufen und unter seinen Augen lagen ähnlich farbige Ringe.

„Sagen Sie's ihr, Herr Belgardt", zischte Clari.

„Das wird Konsequenzen haben. Wir dulden keine Gewalt auf unserer Schule", stimmte er zu.

„Dann sollten wir vielleicht direkt damit anfangen, dass Thomas Farin vorgestern Abend am Strand zusammengetreten hat, nachdem er mir definitiv zu nahe getreten ist", erwiderte Debby und schaute dabei Thomas ins Gesicht. Sie hob den Finger und deutete auf den Gips. „Das da ist eine Konsequenz." Sie zog ihre Sweatjacke von ihrer linken Schulter und zeigte Herrn Belgardt den blauen Fleck, der von Thomas' Griff zurückgeblieben war. „Das war er", sagte sie.

Herr Belgardt schaute auf den Bluterguss, dann zu Thomas. Betrachtete den Gips, schaute wieder zu Debby. Ihr würde genug einfallen, was er sagten könnte, aber er schwieg. An seiner Stelle keifte Clari los. „Das stimmt doch nicht! Sie will diesen Penner nur in Schutz nehmen, keine Ahnung, was in sie gefahren ist!"

„Farin wohnt direkt hier! Sie können sich seine Verletzungen ja anschauen", wurde auch Debby lauter. Mit der Hand zeigte sie auf den Bungalow zu ihrer linken und stützte die andere in die Hüfte. Das würde sie nicht auf Farin sitzen lassen und auf sich ebenfalls nicht.

„Ähm, ja. Gut, dann klären wir das mal", meinte Herr Belgardt und kratzte sich am Kopf, ehe er sich in Bewegung setzte und an die Holztür klopfte. Schritte drangen dumpf nach draußen, dann öffnete Hadrian. Beim Anblick der vier Leute vor seiner Tür runzelte er die Stirn.

„Wie kann ich weiterhelfen?", fragte er.

„Ich möchte mit Farin sprechen", sagte Herr Belgardt, während Clari Debby von der Seite einen giftigen Blick zuwarf. Thomas stand zwei Schritte hinter ihnen und wirkte noch immer wie ein getretenes Hündchen. Plötzlich zurückhaltend.

„Der ist duschen", sagte Hadrian und trat beiseite, als Herr Belgardt Anstalten machte einzutreten.

Er klopfte an die Badezimmertür.

„Farin, komm bitte mal raus", sagte er laut. Wenige Augenblicke später verstummte das Rauschen des Wassers, kurze Stille, dann wurde die Tür geöffnet. Von Farins Haar tropfte Wasser auf den Boden und die Schultern seines T-Shirts, sein Blick war müde, das Gesicht blass und unter seinen geröteten Augen lagen tiefe Schatten in einem dunkleren Farbton als die von Thomas.

„Was?", fragte er.

„Ich bin hier, weil du Thomas gestern die Nase gebrochen hast und Debby hier sagt, dass er euch vorgestern am Strand angegriffen hat. Stimmt das?"

Farin lehnte sich ein wenig zur Seite und schaute zwischen Clari und Debby auf Thomas. Mit einer hochgezogenen Augenbraue musterte er ihn, ehe er sich wieder dem Lehrer zuwandte.

„Mir geht's gut, Sie können wieder gehen", sagte er und wollte im Badezimmer verschwinden, doch Debby schob sich an Clari vorbei in den Eingangsbereich des Bungalows.

„Sei nicht dumm!", sagte sie energisch und hielt mit dem Arm die Tür auf. Sie griff nach seinem T-Shirt und zog es hoch, offenbarte Herrn Belgardt die bunt verfärbten Flecken auf Farins Oberkörper.

Ein Schreck huschte durch Herrn Belgardts Gesicht.

„Das wirft ein ganz anderes Licht auf die Sache", sagte er und kratzte sich am Kopf, während Farin Debby den Stoff aus der Hand riss und sein Shirt wieder herunterzog. Auch Clari waren die Gesichtszüge entglitten.

Sie hatte gesehen, was passiert war, was hatte sie erwartet? Vielleicht verstand sie langsam, dass Thomas nicht so unschuldig war, wie er tat.

„Möchtest du immer noch eine Anzeige machen, Thomas?", fragte Herr Belgardt und beugte sich ein wenig vor. Mit gesenktem Blick schüttelte Thomas den Kopf. Wie ein verdammter verprügelter Welpe stand er da, während Farin ihn wütend anstarrte.

Debby würde ihm zutrauen, jeden Moment erneut zuzuschlagen und das machte ihr Angst. So aggressiv hatte sie ihn nie zuvor gesehen.

„Dann wär' das ja geklärt", knurrte er, als Herr Belgardt nickte. Er schob Debby beiseite und knallte die Badezimmertür wieder zu.

Der Lehrer blieb überfordert stehen, schaute auf die Tür, dann auf die Anwesenden.

„Wir sehen uns beim Essen", sagte er und verließ an Clari vorbei den Bungalow. Draußen waren inzwischen ein paar Fenster und Türen geöffnet worden, ein paar neugierige Schüler starrten zu ihnen herüber.

Thomas machte kehrt und trottete Herrn Belgardt hinterher, während Claris giftiger Blick wieder den von Debby traf. Sie starrte zurück, nicht bereit, wegzuschauen oder nur zu blinzeln.

22

Clari blinzelte zuerst und gab dann auf. Sie schüttelte den Kopf und eilte Thomas und Herrn Belgardt hinterher, während Debby bei Hadrian zurückblieb.

Die Schüler draußen zogen sich fast enttäuscht wieder zurück.

Hadrian schloss die Haustür und Farin öffnete die vom Badezimmer.

„Was sollte das gerade?", wandte er sich an Debby, der Ton in seiner Stimme war genauso aggressiv wie sein intensiver Blick, der ihr eine Gänsehaut verursachte. Das konnte auch seine Müdigkeit nicht verhindern.

„Ich habe dir geholfen", erwiderte sie und verschränkte die Arme vor der Brust, obwohl sie am liebsten zurückweichen würde.

„Ich brauche deine Hilfe nicht", blaffte er und rempelte sie an, als er an ihr vorbei in den Wohnraum trat.

Sie machte einen Ausfallschritt und fand ihr Gleichgewicht wieder, im gleichen Atemzug drehte sie sich. Ihr Herz klopfte zu schnell, aber ihre Stimme war erstaunlich fest.

„Ich kann nichts für diesen ganzen Mist, okay? Du brauchst mich dafür nicht scheiße zu behandeln!"

Farin lief im Zimmer auf und ab, Lasko saß um die Ecke auf seinem Bett, während Hadrian noch hinter Debby stand. Er tastete seine Hosentaschen ab, fand aber nicht, was er suchte.

„Hör einfach auf dich einzumischen, verdammt nochmal! Hör auf, meine Handlungen zu hinterfragen, hör auf, mir zu sagen, was ich besser lassen sollte und hör verdammt nochmal auf, mir zu helfen!" Er versenkte seine Hand in seinen Haaren, raufte sie und boxte dann gegen den Fensterrahmen, der mit einem ungesunden Knacken antwortete.

Normalerweise würde Debby jetzt weglaufen oder in Tränen ausbrechen. Aber sie tat es nicht.

„Was ist dein scheiß Problem, Farin?", schrie sie zurück.

„Ich hab' kein Problem!", brüllte er, drehte sich zu ihr und schaute ihr in die Augen.

„Hör doch auf, dich selbst zu belügen! Jeder kann sehen, dass du ein Problem hast! Du hast keinen Grund, dich so aufzuführen!"

„Sei du erstmal schuld am Tod deines kleinen Bruders und sieh zu, wie deine Familie daran zerbricht und sag' mir nochmal, dass ich keinen Grund habe!" Er hielt inne. Keiner sagte etwas und Farin blickte drein, als könne er nicht glauben, was er gerade gesagt hatte.

Debby blieben die Worte im Hals stecken, während Farins letzter Satz immer wieder in ihrem Kopf pulsierte.

Er fuhr sich mit der Hand durchs Gesicht. Seine Mimik wechselte von Wut zu Fassungslosigkeit, zurück zu Wut und dann zu Trauer. Wieder tastete er seine Taschen ab, woraufhin Hadrian ins Wohnzimmer trat und ihm eine Zigarette reichte. Mit unkoordinierten Bewegungen griff er danach, steckte sie sich zwischen die Lippen und ließ sie von Hadrian anzünden. Mit zwei Schritten war er beim Sessel und ließ sich hineinfallen, starrte vor sich auf den Boden und zog fast apathisch an seiner Zigarette.

Debby schluckte, sie rang nach Worten. Auch wenn sie schon versucht hatte, sein Geheimnis zu erraten, war sie nicht vorbereitet gewesen. Mit so etwas hatte sie nicht gerechnet.

„Es ... tut mir leid", brachte sie hervor, die Stimme leise und sanft. „Was ist denn passiert?" Sie kam näher und hockte sich neben ihn auf den Boden. Seine Stimme klang gebrochen, als er zu sprechen begann. Er hörte nicht auf, den Punkt vor seinen Füßen zu fixieren.

„Es war schon fast Herbst, der letzte warme Sommertag. Vor sechs Jahren. Mein kleiner Bruder war sieben und liebte es, schwimmen zu gehen. Wir waren oft am Fluss an der Brücke. An diesem Tag hatten meine Eltern keine Zeit, aber Felix wollte unbedingt ein letztes Mal schwimmen gehen, also bin ich mit ihm losgezogen.

Es war alles wie immer, alles schön. Dann hab' ich einen Moment nicht aufgepasst und – keine Ahnung, wie das passieren konnte – er ist ertrunken. Einfach so. Ich hab' ihn nicht mehr gesehen und bin ins Wasser und hab' ihn gesucht und rausgeholt. Aber es war zu spät. Felix war schon tot."
Er klang überrascht, geradezu ungläubig. Als könnte er nicht fassen, dass das wirklich passiert war, als wäre dieses schreckliche Ereignis für ihn noch immer irreal. Seine Augen glänzten feucht und Debby biss sich auf die Lippe, um nicht in Tränen auszubrechen.

Diese Geschichte traf sie wie ein Pfahl ins Herz. Es gab nichts, was sie sagen könnte. Keine Worte würden Farins Schmerz lindern können oder irgendwas besser machen.

Deswegen beugte sie sich vor und nahm ihn in den Arm. Einen Moment schien er überrascht, dann erwiderte er die Umarmung. Vielleicht konnte sie ihm wenigstens ein bisschen Wärme vermitteln, wenn sie schon die gebrochenen Stücke seiner Seele nicht wieder zusammenflicken konnte. Ihm nicht sagen konnte, dass jedes Jahr viele Kinder in Flüssen und Seen ertranken und man nichts dagegen tun konnte. Es waren Unfälle.

Farin würde diese Worte nicht hören wollen. Sie würden nichts besser machen, nicht für ihn.

„Falls du doch mal jemanden zum Reden oder für keine Ahnung was brauchst, ich bin für dich da. Tut mir leid, dass ich mich eingemischt habe, ich hab's nur gut gemeint", flüsterte sie. Sie spürte sein schwaches Nicken, dann löste er sich aus der Umarmung.

„Tut mir leid, dass ich so ausgerastet bin. Mir geht's einfach scheiße im Moment", erwiderte er und lehnte sich im Stuhl zurück. Er rieb sich durchs Gesicht und zog am Rest der Zigarette.

Hadrian legte Debby eine Hand auf die Schulter.

„Wir sollten ihm jetzt ein bisschen Ruhe gönnen", sagte er leise und warf seinen Tabak auf den Tisch. Sie richtete sich auf und verließ nach einem letzten Blick auf Farin hinter ihm und Lasko den Bungalow.

Gestern war er gewesen. Der letzte warme Tag des Sommers.

Debby, Hadrian und Lasko gingen ohne Farin zum Frühstück.

„Der würde jetzt eh nichts runter kriegen. Wir bringen ihm was mit", meinte Hadrian.

Debby nickte stumm und trat ans Buffet, wo sie sich ein Brötchen und Belag auf den Teller lud. Sie wollte sich gar nicht vorstellen, wie Farin sich fühlte, denn ihr selbst erschien in diesem Moment alles seltsam grau. Sie hatte Felix nicht mal gekannt, während Farin Felix' ganzes Leben mit ihm geteilt hatte. Ihn jeden Tag gesehen hatte, ihn wahrscheinlich als Baby auf dem Arm gehalten hatte.

Er sollte besser mit sich umgehen. Ja, er hatte Gründe, aber trotzdem. Hadrians Kommentar zu den Drogen ging ihr nicht aus dem Kopf. Hatte er von Alkohol und Gras gesprochen oder gab es da noch mehr? Sie setzte sich an den Tisch, den Hadrian ausgesucht hatte.

„Hör auf, dir den Kopf zu zerbrechen", sagte plötzlich Lasko, der ihr gegenüber Platz genommen hatte. „Du kannst Farin nicht helfen. Er wird so weiter machen, bis er selbst denkt, dass es genug ist. Oder wenn es aufhört, wehzutun – was nie passieren wird."

Sie sah ihn an und nickte. Er sprach selten, aber wenn, war es die harte Wahrheit. Sie konnte Farin nicht helfen, niemand konnte das. Nur er selbst.

„Ich mache mir trotzdem Sorgen um ihn", sagte sie leise, woraufhin Hadrian verständnisvoll den Kopf neigte.

„Im Moment ist es schlimm mit ihm, aber das wird auch wieder besser."

„Bist du dir sicher?" Sie nahm einen Brötchenkrümel auf und schob ihn sich in den Mund.

„Bin ich. Wir sind schon eine Weile Freunde und er hat immer so seine Phasen, in denen er maßlos übertreibt."

Erneut nickte sie und ließ dann ihren Blick schweifen. Sie sah Clari mit Bella und Thomas zusammensitzen. Heute hallte kein Lachen von ihrem Tisch herüber, nur nachdenkliche Stille.

Frau Ressel kam von draußen herein und geradewegs auf Debbys Tisch zu.

„Wo ist Farin?", fragte sie und schaute sich um, als könne er sich irgendwo versteckt haben.

„Der fühlt sich nicht so gut", sagte Hadrian mit einem Stück Brötchen in der Hand.

„Richtet ihm bitte aus, dass er bei unserem Besuch im Museum heute die ganze Zeit in meiner oder Herrn Belgardts Nähe zu bleiben hat", sagte sie mit strenger Miene.

„Als könnten Sie was ausrichten, wenn er jemandem aufs Maul hauen will", murmelte Lasko.

„Was?" Frau Ressel schaute ihn an, aber er winkte ab.

„Wir richten es ihm aus", sagte Debby schnell und zwang sich zu einem Lächeln.

„Was ist mit Thomas?", fragte Hadrian mit Blick zu dessen Tisch.

„Für ihn gilt dasselbe", sagte Frau Ressel und Hadrian sah ein wenig überrascht, aber doch zufrieden aus.

Debby schaute auf ihren Teller und biss in ihr Brötchen. Es schien in ihrem Mund immer mehr zu werden und sie kaute eine Ewigkeit darauf herum, ehe sie es herunterwürgte.

Lasko und Hadrian ließen es sich schmecken. Die beiden schien nichts so leicht aus der Bahn zu werfen, allerdings hatten sie Farins Geheimnis wohl schon gekannt. Wie sie es wohl erfahren hatten?

Sie brachten Farin ein belegtes Brötchen und ein Stück Kuchen mit. Er lag auf seinem Bett und starrte an die Decke, als sie eintraten.

„Freust du dich schon aufs Schifffahrtmuseum?", fragte Hadrian und ließ sich in den Sessel sinken.

„Klar", erwiderte Farin sarkastisch.

„Du wirst dich noch mehr freuen, wenn ich dir erzähle, dass du die ganze Zeit unter Beobachtung der Lehrer bleiben musst", grinste Hadrian und griff sich seinen Tabak vom Tisch.

„Großartig." Der sarkastische Unterton verhärtete sich, aber im Grunde klang Farin einfach nur fertig.

„Thomas immerhin auch", sagte Hadrian und begann zu drehen, während Debby an Farin herantrat. Sie hielt ihm das zusammengeklappte Brötchen und den in eine Serviette eingepackten Kuchen hin.

„Wir haben dir was zu essen mitgebracht."

„Kein Hunger", murmelte Farin, nahm ihr das Essen ab und legte es auf seinen Nachttisch.

„Du solltest was essen", sagte sie vorsichtig, aber er schüttelte den Kopf.

„Ich weiß schon, was ich aushalte, keine Sorge."

Debby trat zurück und schaute ihn noch einen Augenblick an. Wenn er bis heute auf diese Art und Weise überlebt hatte, würde ihn diese Klassenfahrt sicher nicht umbringen.

„Ich geh' mal meine Sachen holen. Wir sehen uns dann gleich", sagte sie und schaute jeden der drei kurz an.

„Bis später", sagte Hadrian mit einem freundlichen Lächeln und steckte sich seine Zigarette an.

„Tschüß", sagte Farin und Lasko nickte ihr zu.

Als Debby in ihrem Quartier ankam, waren Clari und Bella beide da. Sie sagten nichts, sprachen kein Wort, während Debby ein paar Sachen zusammenraffte, kurz im Bad verschwand und wieder ging. Gemeinsam mit den Punks machte sie sich auf den Weg.

„Ich hab' keinen Bock", sagte Farin schon zum dritten Mal, noch bevor sie den Treffpunkt erreicht hatten.

„Niemand hat Bock", sagte Hadrian.

„Dann lass nicht gehen."

„Doch, wir gehen jetzt."

„Ich hab' aber keinen Bock." Farin zog an der Zigarette, die er sich aus Hadrians Tabak gedreht hatte.

„Halt die Fresse jetzt", sagte der.

„Vielleicht kann ich mir wenigstens irgendwo Kippen kaufen", grummelte Farin und trat ein Steinchen weg. Kaum waren sie bei den Bänken angelangt, trat Frau Ressel an sie heran.

„Farin, du bleibst heute an meiner Seite", verkündete sie und Farins Miene verfinsterte sich noch ein wenig mehr.

„Ist das wirklich Ihr Ernst?", fragte er und Frau Ressel hob das Kinn.

„Selbstverständlich. Irgendwie müssen wir euch ja im Zaum halten."

Er hob eine Augenbraue. „Wirst schon sehen, wasse davon hast", murmelte er so leise, dass sie ihn nicht hörte.

23

Ihr Besuch im Schifffahrtsmuseum begann vor dem Wrack eines alten Schiffes. In einem Halbkreis sammelten sich die Schüler und lauschten den Worten eines alten Mannes mit grauem Haar und langem Bart, der sein Leben als Seefahrer zugebracht hatte. Aufgewachsen in der Küstenstadt wusste er einige Geschichten aus den früheren Zeiten zu erzählen, die seine raue Stimme in ihre Köpfe trug. Er schaffte es ein ganz gewisses Gefühl auszulösen, das Debby nicht losließ, als sie zwischen den riesigen Schiffen und dem ganzen Kleinkram, der an Deck zu finden war, herumwanderten und der Geruch nach altem Holz, Salz und Seetang in der Luft hing. Ein Gefühl von Abenteuer und Sehnsucht.

Farin stand neben Frau Ressel. Kaum hatte der Seefahrer seine letzte Geschichte erzählt, fing er an, unaufhörlich auf sie einzureden. Schon nach wenigen Sätzen presste sie die Lippen zu einer schmalen Linie zusammen.

„Mögen Sie eigentlich Rum?", fragte er. „Immer, wenn ich Schiffe sehe, muss ich an Rum denken. Den haben die Piraten immer getrunken, wissen Sie? Ob einige dieser Schiffe alte Piratenschiffe sind? Meinen Sie, mit denen wurde mal ein Schatz verschifft? Sind Menschen an ihrem Deck in epischen Schlachten ums Leben gekommen? Es wäre bestimmt äußerst interessant –"

„Was muss ich tun, damit du den Mund hältst?", unterbrach Frau Ressel ihn. Entnervt wischte sie sich eine Haarsträhne aus dem Gesicht.

„Sie könnten zum Beispiel aufhören, mir nicht von der Seite zu weichen. Was soll ich hier schon groß anstellen?" Er schenkte ihr ein charmantes Lächeln und sie verdrehte die Augen.

„Meinetwegen", seufzte sie und Farin bedankte sich sarkastisch. Zuerst entfernte er sich nur ein paar Schritte, dann immer weiter. In einem Moment, in dem er sich unbeobachtet zu fühlen schien, verschwand er hinter einem der riesigen Schiffe.

Debby hielt nach ihm Ausschau und sah ihn wenige Sekunden später zusammen mit Hadrian und Lasko den Ausstellungsraum verlassen. Sie blieb allein zurück, den Mut, ihnen zu folgen, besaß sie nicht.

Die Lehrer schauten sich immer wieder um. Liefen zwischen den Schiffen herum und ließen suchend ihre Blicke schweifen. Natürlich fiel ihnen sofort auf, dass die Punks mit ihren auffälligen Klamotten und den schrillen Haaren fehlten, aber sie sagten nichts. Behielten die übrigen Schüler im Auge, die die nächste halbe Stunde Zeit hatten, sich mit den Infotafeln in den verschiedenen Räumen auseinanderzusetzen, was nicht mal ein Bruchteil von ihnen tat.

Debby las. Sie las über verschiedene Ozeane, verschiedene Länder und die ganz persönlichen Geschichten einiger Ausstellungsstücke. Was sonst hätte sie tun sollen? Manchmal erzählten die Lehrer etwas, aber spannend war es nicht. Anders als bei dem alten Seefahrer, der einem den salzigen Meeresgeschmack auf die Zunge gelegt hatte.

Farin, Hadrian und Lasko schienen ähnlicher Meinung zu sein. Als die übrigen Schüler nach dem Rundgang im Café des Museums angelangten, saßen die drei dort zusammen mit dem Seefahrer an einem Tisch. Jeder von ihnen hatte eine Tasse vor sich stehen und lauschte stumm den Worten des alten Mannes. Sogar Farin wirkte interessiert.

Frau Ressel zog die Augenbrauen hoch, als sie die drei erblickte. „Was macht ihr da?", fragte sie und Farin drehte sich zu ihr um.

„Lernen", sagte er ernst und nickte mit bedeutungsschwerer Miene.

„Sehr gut, Farin. Dann wird es dir ja sicher nichts ausmachen, nach der Klassenfahrt ein Referat zu halten, nicht wahr?", erwiderte sie.

„Selbstverständlich nicht", sagte Farin sehr freundlich, rollte mit den Augen und wandte sich wieder dem Seemann zu, der sich genau wie Hadrian und Lasko das Lachen verkniff. Das Grinsen vertiefte die Falten in seinem wettergegerbten Gesicht, die bestimmt das harte Leben auf hoher See gezeichnet hatte.

„In einer halben Stunde treffen wir uns draußen vor der Tür. Bis dahin könnt ihr noch etwas trinken und im Souvenirshop vorbeischauen", verkündete Frau Ressel und Debby trat zurückhaltend an den Tisch der Jungs.

Farin hob den Blick und stand auf. Mit der flachen Hand deutete er auf die Sitzfläche des Stuhls und zog sich selbst einen vom Nebentisch heran, während sie sich niederließ.

„Was ist dann passiert?", fragte Hadrian.

„Ich ging über Bord", fuhr der Seemann fort und seine Stimme zog Debby wieder in ihren Bann. „Das Wasser spülte übers Deck und hat mich einfach mitgerissen. Ich ging unter, da war nur noch Wasser, überall nur Wasser. Als ich wieder auftauchte, war das Boot schon Meilen entfernt, keine Chance, zurückzuschwimmen. Erst recht nicht bei dem Seegang."

„Wie hast du's überlebt?"

„Die Wellen zerschmetterten das Schiff und ich habe mich stundenlang an einem Treibholz festgehalten. Ich war ganz alleine, von den anderen habe ich keinen gesehen. Viele Männer sind ertrunken an diesem Tag. Es vergingen Stunden, bis die Rettungsschwimmer mit dem Hubschrauber kamen. Zwei Leute konnten sie noch retten, der Rest war tot oder verschwunden. Das waren die längsten Stunden meines Lebens."

„Heftig", murmelte Farin, der seinen Blick nicht einmal von dem Seefahrer abgewandt hatte. „Wie kommst du damit klar, dass du überlebt hast und die anderen gestorben sind?"

„Am Anfang war es schlimm. Ich hatte das Gefühl, sie im Stich gelassen zu haben. Als hätte ich mehr tun können, aber das ist Unfug. Es war schrecklich, aber niemand von uns hätte irgendwas ändern können. Es lag nicht in unserer Macht, es war ein Sturm, ein Unwetter. Ich versuche, es positiv zu sehen und mich nicht schuldig zu fühlen, dass ich noch lebe. Was bringt es mir oder ihnen, wenn ich mein Leben wegschmeiße, nur weil sie ihres nicht weiterführen durften? Ich genieße lieber jeden Tag."

Farin nickte nachdenklich und senkte den Blick in seine Tasse.

Ein riesiger Topf mit Spinat und ein ebenso großer Topf voller Kartoffeln wartete auf die Schüler, als sie in die Siedlung zurückkehrten.

Farin beachtete das Essen nicht, sondern setzte sich an einen Tisch in der Ecke, während Debby sich mit Hadrian und Lasko am Buffet anstellte.

Der Duft des Spinats erinnerte sie an früher, denn im Gegensatz zu vielen anderen hatte sie als Kind immer gern Spinat gegessen. Sie nahm sich reichlich, ehe sie sich zu Farin setzte.

Hadrian folgte mit zwei Tellern, von denen er einen vor ihm abstellte.

„Ich hab' keinen Hunger und Spinat ist eh ekelhaft", murrte der, aber Hadrian schüttelte den Kopf.

„Bei allem Respekt: Wir gehen hier nicht weg bis du was gegessen hast."

„Bist du meine Mutter oder was? Selbst die interessiert nicht, was mit mir ist." Farin griff an den Rand des Tellers und wollte ihn von sich schieben, aber Hadrian hielt dagegen. Der Spinat schwappte über und kleckerte auf den Tisch.

„Tu dir selbst'n Gefallen. Dann kotzt du heute Abend wenigstens was anderes als Magensäure."

Farin schaute ihn an und hob eine Augenbraue, Hadrian hielt seinem Blick stand. Langsam nahm Farin seine Finger vom Tellerrand, griff schließlich die Gabel. Er betrachtete sein Essen und zerdrückte mit langsamen Bewegungen die Kartoffeln. Vermischte sie mit dem Spinat, stocherte ein wenig darin herum, dann schob er sich die erste Gabel in den Mund. Ein unmerkliches Lächeln huschte über Hadrians Lippen und hielt für den Bruchteil einer Sekunde.

Als die ersten aufstanden, um ihre Teller wegzubringen, schob Frau Ressel ihren Stuhl zurück und erhob sich. „Um neunzehn Uhr treffen wir uns alle im Aufenthaltsraum und schauen einen Film zur Schifffahrt. Bitte seid pünktlich. Es handelt sich um eine Pflichtveranstaltung", verkündete sie.

„Hey, noch mehr Spaß", murmelte Farin, schob seinen Teller beiseite und ließ seinen Kopf auf die Tischplatte sinken. „Hadrian. Wie lang reicht dein Tabak noch?"

„Bei dem, was du rauchst, vielleicht bis morgen."

Ein entnervtes Seufzen erklang, dann hob Farin den Kopf wieder. Eilig schlang er die letzten Löffel seines Spinat-Kartoffel-Matschs herunter.

„Wir sehen uns nachher im Aufenthaltsraum, okay? Ich geh' jetzt erstmal pennen", sagte er zu Debby und ließ den Löffel in den Teller fallen.

„Klar, bis später", lächelte sie.

Hadrian stellte Farins Teller in seinen eigenen und warf Farin seinen Tabak zu.

Er drehte, während Hadrian auch Debbys und Laskos Teller einsammelte und aufstand. Farin warf den Tabak auf den Tisch, klemmte sich die Zigarette zwischen die Lippen und verließ den Essensraum, während Debby noch auf Hadrian wartete und dann mit ihm und Lasko ins Freie trat.

Gemeinsam liefen sie den Weg zu den Bungalows herunter, bis Debby zu dem ihren abbog. Schon von draußen hörte sie Bellas und Claris Stimmen, die sie mit der Hand auf der Klinke innehalten ließen.

„Du musst es Debby sagen", verlangte Bella.

„Warum? Sie hat doch sowieso Schluss gemacht und hängt nur noch mit ihren Punks rum, weil wir ihr nicht mehr gut genug sind."

„Na ja, sind wir da nicht irgendwie selbst schuld? Wir haben sie nicht gerade gut behandelt." Bella klang, als täte es ihr wirklich leid.

„Ach, die braucht sich gar nicht so anstellen", meinte Clari und in ihrer Stimmung lag Ablehnung. Debby sah sie vor sich, wie sie die Arme verschränkte und einen abfälligen Blick aufsetzte.

„Es ist bestimmt schon alles scheiße genug für sie. Sie hat mit Thomas Schluss und niemanden mit dem sie darüber reden kann. Du solltest wenigstens ehrlich zu ihr sein."

„Sie redet doch mit ihren Punks", sagte Clari schnippisch.

„Wer weiß, ob das wirklich so gute Freunde sind und sie mit ihnen über sowas reden kann. Wobei … besser als wir sind die allemal."

„Was erwartest du von mir? Soll ich jetzt zu Debby gehen und sagen, du, Debby, Folgendes, ich hab' mit Thomas geschlafen, weil du eh viel zu verklemmt dafür bist? Bitte, sie macht doch schon dicht, wenn wir das Thema Sex nur ansprechen."

Clari hatte was?

Debbys Mund klappte auf und sie zog die Hand von der Klinke weg, als habe sie sich an ihr verbrannt. Ihre Finger zitterten und sie spürte Tränen in sich aufsteigen. Langsam ging sie rückwärts und starrte die verschlossene Tür an, dann drehte sie sich um und rannte an den übrigen Bungalows vorbei zum Strand herunter. Die heißen Tränen liefen ihr kalt übers Gesicht und sie schützte es mit den Händen gegen Blicke und den kalten Wind, dabei begegnete sie sowieso niemandem. Sie spurtete einige Meter durch den Sand und blieb nah am Wasser stehen.

Der starke Wind brüllte in ihren Ohren und riss an ihren Haaren, trocknete die Tränen auf ihren kalten Wangen und vermischte sich mit dem Rauschen der Wellen. Sie schmeckte Salz und spürte Sandkörner in ihren Socken, die sich zwischen ihre Zehen schoben. Sie war ganz allein.

Wie konnte Clari mit Thomas schlafen? Wann hatte sie mit ihm geschlafen? Bevor oder nachdem er versucht hatte, sie am Strand zu vergewaltigen? Was gab ihm das Recht, so wütend auf sie zu sein, wenn er mit ihrer besten Freundin ins Bett hüpfte?

Sie wollte ihn nicht zurück.

Aber sie wollte ihre besten Freundinnen zurück. Hatte sie zurückgewollt. Jetzt zog sich ihr Herz zusammen, wenn sie an Clari dachte. Wahrscheinlich war es Thomas wirklich nicht darum gegangen, mit ihr zu schlafen, sondern überhaupt Sex zu haben. Er hatte, was er wollte, und sie war froh, dass er es nicht von ihr bekommen hatte. Sollte er doch mit Clari glücklich werden. Genauso wie Thomas war sie für Debby gestorben.

Mit dem Ärmel ihrer Jacke trocknete sie ihre Wangen und schluckte die Tränen herunter. Sie würde sich nicht fertig machen lassen. Nicht von den beiden und auch von sonst niemandem. Solange sie zu sich stand, würde alles in Ordnung kommen.

24

Als Debby in den Aufenthaltsraum trat, waren die meisten anderen schon da. Farin, Hadrian und Lasko saßen in der letzten Reihe, die ansonsten fast leer war. Thomas entdeckte sie in der zweiten Reihe zwischen seinen Kumpels. Den Blick auf den Boden gerichtet hing er auf seinem Stuhl und hatte keinen seiner üblichen Sprüche auf den Lippen. Der Gips auf seiner Nase rundete das Bild des Verlierers, der er eben war, ab. Sie ging nach hinten durch.

„Hey", grüßte sie mit einem Lächeln und nahm neben Farin Platz. Der starke Geruch nach kaltem Rauch stieg ihr in die Nase. „Gut geschlafen?"

„Einigermaßen", erwiderte er und trank einen Schluck aus seiner Colaflasche, während sie ihre Jacke auszog und über ihre Stuhllehne hängte. Vorne an der Wand neben der Tür hing ein großer, moderner Flachbildfernseher, auf dem das Menü einer DVD zu sehen war. Ein Schiff wurde im Hintergrund von starken Wellen herumgeworfen und eine leise Melodie wiederholte sich jede Minute.

„Was hast du noch gemacht?", fragte Farin. So wie er auf dem Stuhl hing, sah dieser eigentlich ganz bequem aus, war es aber nicht. Debbys Hintern begann schon nach wenigen Augenblicken zu schmerzen.

„Ich war ein bisschen am Strand", sagte sie und setzte sich aufrechter hin.

„Strand", murmelte er, nickte und nahm einen Schluck. „Eigentlich müssen wir nochmal schwimmen gehen."

Sie lachte und verstummte wieder, als er nicht einstimmte.

„Ist das dein Ernst?", fragte sie.

„Natürlich." Er hob eine Augenbraue und trank noch einen Schluck, während sie ihren Blick zur Tür wandte. Der Wind hatte die restliche Wärme vertrieben und schien den Herbst mit aller Macht durchsetzen zu wollen.

Frau Ressel stellte sich neben den Fernseher und ließ ihren Blick über die Schüler schweifen.

„Ruhe jetzt!", rief sie, drehte sich um und startete den Film.

„Auch was?", fragte Farin leise und hielt Debby die Cola hin. Sie ergriff sie und roch den Alkohol, als sie sie an ihr Gesicht hob.

„Was ist das?"

„Rum Cola. Probier mal, ist wirklich gut gemischt." Er nickte ihr aufmunternd zu.

Sie zögerte einen Moment. Die Mische am Strand hatte nicht schlecht geschmeckt und ein Schluck würde nicht schaden, also setzte sie die Flasche an die Lippen und nippte, schmeckte wieder die leicht vanilligen Nuancen des Rums, vermischt mit der Süße der Cola.

Hadrian hielt ebenfalls eine Colaflasche in der Hand und prostete ihr zu, als sie wieder absetzte.

Sie lächelte.

Der Film erzählte die Geschichte der Schifffahrt anhand eines jungen Pärchens, das mit allerhand Problemen zu kämpfen hatte, die das Leben als Seefahrer in der damaligen Zeit mit sich gebracht hatte. Eigentlich war er ganz in Ordnung, würde nicht immer wieder stumpfes Infodumping betrieben werden, das die Liebesgeschichte zerstörte. Der Film hätte wirklich schön sein können. Schön und lehrreich.

Während Hadrian und Lasko sich ihre Flasche teilten, machte Farin seine während der nächsten anderthalb Stunden alleine leer und gab Debby nur hin und wieder ein Schlückchen ab. Als endlich der Abspann durchs Bild lief, ging eine Welle der Erleichterung durch die Schüler. Die ersten standen auf und wandten sich der Tür zu, doch Frau Ressel hob die Hand.

„Immer langsam! Erst sprechen wir noch über den Film. Stellt bitte die Stühle zu einem Kreis zusammen", sagte sie und Farin, der sich bereits eine Zigarette in den Mund gesteckt hatte, starrte sie feindselig an. Seine Haltung in der Bewegung, die er mittendrin unterbrochen hatte, und seine angespannten Muskeln zeigten deutlich, wie gerne er ihr den Hals umdrehen wollte.

Frau Ressel schien das nicht entgangen zu sein.

„Farin, du hast mir ja bereits heute im Museum dein Interesse an der Schifffahrt unter Beweis gestellt. Was waren denn die Probleme, die in dem Film vorgestellt wurden?", fragte sie ihn, als sie alle im Kreis saßen. Farin hatte sich die Zigarette hinters Ohr gesteckt.

„Im Grunde dieselben wie heute. Irgendwelchen reichen Wichtigtuer beuten die aus, die kaum genug zum Leben haben. Es geht nur darum, die Reichen noch reicher zu machen. Frauen sind wertlos bis auf ihre Eigenschaft als Mutter und Wirtin. Die Bildung ließ auch zu wünschen, aber bis heute ist es nicht leicht, gute Lehrer zu finden, denen es liegt, etwas zu vermitteln."

Ein paar Schüler sogen scharf die Luft ein, ein paar andere grinsten.

„Danke, Farin. Tom, bitte fass das Ganze mal etwas detaillierter zusammen."

„In dem Film wurde von den Problemen der Frau an Land und ihrem Mann auf See berichtet. Die Frau litt unter Hunger und hatte kaum genug Geld, um sich und ihre Tochter durchzubringen. Da sie eine Frau war, gab es kaum Arbeit für sie. Deshalb stickte sie sich oft die Finger wund oder verbrachte viele Stunden am Tag mit Wolle schlagen, um wenigstens an etwas Geld zu kommen. Dank der mangelhaften Kleidung und dem schlechten Essen wird die Tochter krank und die Medikamente sind viel zu teuer.

Auch der Mann leidet unter dem schlechten Essen auf See und erkrankt an Skorbut. Zwar kriegt er für seine harte Arbeit ansatzweise gute Bezahlung, doch die kommt unregelmäßig zu Hause an. Außerdem ist er oft wochenlang weg und bekommt von seiner Familie kaum etwas mit. Verletzungen machen ihm das Arbeiten schwer."

„Dankeschön, Tom", sagte Frau Ressel, nickte ihm zu und wandte sich dann wieder an Farin. Sie hob das Kinn. „So etwas hatte ich als Leistung erwartet."

„Sie haben also erwartet, dass ich stumpf diese scheiß Geschichte nacherzähle, statt die wichtigen Punkte zu abstrahieren?", fragte Farin und hob eine Augenbraue an. „Erinnern Sie sich an das, was ich über gute Lehrer gesagt habe? Wenn Sie irgendwelche persönlichen Differenzen in Ihre Bewertung einfließen lassen, werden Sie es nie schaffen, den Schülern etwas zu vermitteln." Er stand auf, zog die Zigarette hinter seinem Ohr hervor und steckte sie sich zwischen die Lippen. Mit schweren Schritten durchquerte er den Sitzkreis, zog den Stuhl eines Mädchens beiseite und verließ das Zimmer.

Sie machten noch gute zehn Minuten Unterricht, bis auch der Rest den Aufenthaltsraum verlassen durfte. Farin wartete um die Ecke, als Debby zusammen mit Hadrian und Lasko ins Freie trat, die Zigarette hatte er bereits aufgeraucht.

„Was habt ihr jetzt noch vor?", fragte sie, während sie nebeneinander in Richtung der Bungalows liefen. Es war dunkel geworden, die Luft hatte sich noch weiter abgekühlt.

„Saufen. Hauptsächlich. Ich zumindest", meinte Farin.

Hadrian und Lasko zuckten mit den Schultern und nickten.

„Kann ich vielleicht bei euch bleiben?", fragte Debby und biss sich auf die Lippe. Sie konnte sich nicht vorstellen, heute Nacht mit Clari im selben Raum zu schlafen.

„Wenn du Lust auf Saufen hast", meinte Farin und sie zog mit einem unsicheren Lächeln die Schultern hoch. Er grinste, dann legte er seinen Arm um sie und zog sie mit.

„Fühl dich wie Zuhause", sagte Hadrian, als sie eintraten. Er blieb hinter der Tür stehen und begann seine Springerstiefel aufzuschnüren, während Farin seine, die mit Abstand die schmutzigsten waren, anbehielt.

„Mach's dir bequem", sagte er und holte vier Flaschen Bier aus der Zimmerecke. Lasko warf er seine zu, für Hadrian, der noch mit seinen Schuhen beschäftigt war, stellte er eine in den Türrahmen und Debby reichte er ihre, ehe er sich in den Sessel fallen ließ. Sie setzte sich auf seine Bettkante. Er griff sich die Bluetooth-Box vom Tisch, verband sein Handy, machte ein Lied an und warf es mit leuchtendem Display auf den Tisch, während Hadrian eintrat und sich auf seinem Bett niederließ.

„Punk ist schon geil", sagte Farin, wippte mit dem Bein und klopfte mit seinen Fingern den Takt auf seinen Oberschenkel.

„Punk ist relevant", meinte Lasko und trank aus seinem Bier.

„Das geile an Punk ist, dass es relevant ist, aber nicht verzweifelt. Dass es sagt, guck mal, das und das und das ist verdammt scheiße und deswegen heben wir den Mittelfinger und machen es verflucht nochmal besser", grinste Hadrian.

Farin nickte. „Ja, Mann. Scheiß auf die Welt, hol deinen Schwanz raus und piss ihnen ins Gesicht." Er lachte und kippte einige Schlucke aus seinem Bier runter.

„Kennt ihr den Song ...", begann Hadrian ein Gespräch über Punkbands und ihre Lieder, zu dem Debby nichts beitragen konnte. Ein paar der Songs machte Farin an, um ihr zu zeigen, was sie meinten und worüber sie sprachen. Sie hörte zu, nickte, wusste trotzdem nichts zu sagen.

Während Hadrian und Lasko immer mal wieder gemütlich an ihrem Bier nippten, ließ Farin sich keine Zeit beim Trinken. In vielleicht zehn Minuten leerte er die erste Flasche und holte sich sofort eine neue.

„Das Bier ist leer", sagte er drei Bier später mit der letzten vollen in der Hand.

„Alles geht zur Neige", seufzte Hadrian mit einem Blick in seinen Tabakbeutel. Er drehte eine Zigarette für Farin, eine für Lasko und eine für sich.

„Wir müssen für Nachschub sorgen, sonst werden das ein paar beschissene Tage hier", sagte Farin, legte den Kopf in den Nacken und vernichtete ein Viertel seines Biers, bevor er wieder am Sessel angekommen war.

„Ja, weil du dann unerträglich wirst", sagte Hadrian so ernst, dass Debby lachte.

Farin hob eine Augenbraue, fing die Kippe und steckte sie sich an.

„Was machen wir eigentlich morgen?", fragte er und die Jungs zuckten mit den Schultern.

„Wir gehen in die Stadt und können da einkaufen gehen oder so", erwiderte Debby.

„Ja, perfekt", grinste Farin. Er nahm noch einen Zug von der Zigarette, dann lehnte er sich zurück und exte.

„Besauf dich doch direkt mit dem harten Zeug und trink uns nicht das leckere Bier weg", sagte Hadrian, woraufhin Farin aufstand, ihm den Mittelfinger zeigte und das leere Bier gegen eine Schnapsflasche tauschte. Er drehte den Deckel ab und setzte sich neben Debby auf die Matratze.

„Riech mal", forderte er sie auf und hielt ihr den Flaschenhals unter die Nase. Ein starker, leicht rauchiger Geruch stieg auf. „Das ist Whisky. Guter Whisky. Den genießt man." Er hielt die Flasche unter seine eigene Nase, schnupperte, setzte sie an die Lippen und kippte einen großen Schluck hinunter. „Man kann sich aber auch verdammt gut damit betrinken." Er grinste und ließ sich wieder in den Sessel fallen.

Hadrian schüttelte den Kopf. Er kam mit zwei Bechern zu ihnen herüber und nahm Farin die Flasche ab. Zwei Finger breit goss er ein, dann setzte er sich neben Debby und reichte ihr einen der Becher.

„Da an Farin offensichtlich ein genussloser Alkoholiker verloren gegangen ist, zeige ich dir jetzt, wie man richtig Whisky trinkt." Er schwenkte den Becher in gleichmäßigen Kreisen. Sie schaute kurz zu, dann tat sie es ihm gleich. „Du nimmst einen kleinen Schluck in den Mund, lässt ihn auf deiner Zunge zergehen und ziehst etwas Luft hinzu." Er nahm einen Schluck und zeigte ihr, was er erklärt hatte.

„Okay", sagte sie, schaute in den Becher, hörte auf die Flüssigkeit zu schwenken und setzte ihn an die Lippen. Vorsichtig nahm sie einen Schluck in den Mund und der starke Geschmack nach hochprozentigem Alkohol betäubte sofort ihre Zunge. Mit verzogenem Gesicht zog sie ein wenig Luft ein und der Geschmack wurde noch stärker. Sie schluckte es herunter. Wie man das genießen sollte, konnte sie sich nicht vorstellen.

Farin offensichtlich auch nicht, denn er trank demonstrativ in großen Schlucken aus der Flasche. Bald wurde er auf die gleiche Art fröhlich und gut gelaunt wie er es damals auf der Vorabi-Party gewesen war. Er warf sich schwungvoll neben sie aufs Bett und hielt sich an ihrer Schulter fest, um nicht nach hinten umzukippen.

„Debby!", grinste er und legte den Arm um sie, die Whiskyflasche hielt er gefährlich nah an ihrem Gesicht. „Du wirs' heute mein Trinkpartner."

Hadrian, der mit einem Becher Whisky wieder auf seinem eigenen Bett saß, schüttelte den Kopf.

„Schlechte Idee, Farin!"

„Na gut." Er beugte sich näher an sie heran und drückte ihr fast die Luft ab, als er aus dem Whisky trank. „Aber du trinkst mit mir." Er griff sich ihr halbleeres Bier, das vor ihr auf dem Couchtisch stand, und drückte es ihr in die Hand. „Trink!"

Sie trank einen Schluck.

„Weiter!"

Sie nahm einen weiteren Schluck.

„Komm, das kannste exen. Ich glaub' fest an dich."

Sie schaute zu Hadrian, der ihr zunickte. Lasko zeigte keine Reaktion, erwiderte nur ihren Blick. Sie schaute nach vorne und setzte die Flasche an die Lippen. Der bittere Geschmack belegte ihre Zunge und füllte ihre Kehle, die Kohlensäure machte das Schlucken schwer.

„Ex, ex, ex!", feuerte Farin sie mit der Faust in der Luft an, auch Hadrian stimmte ein. Als sie endlich den letzten Schluck runtergewürgt hatte, stellte Debby die Flasche angeekelt beiseite.

„Wie'n Profi", grinste Farin und zog sie an sich ran, während sie beschloss, das zum letzten Mal gemacht zu haben. Er stieß ihr die Flasche gegen die Nase, als er einen weiteren Schluck trank. „Ey, Hadrian. Wie sieht's mit'm Tabak aus?"

Der Qualm seiner letzten Zigarette hing noch in der Luft, er hatte sie gefühlt gerade eben erst ausgedrückt.

„Reicht noch für vier oder fünf Stück", erwiderte Hadrian nach einem Blick in die Packung. Er schüttelte sie, sodass aller Tabak auf einem Haufen lag. „Ja."

„Was'n Scheiß. Aber hier gibt's bestimmt noch mehr Raucher. Lass' mal zu irgen'wem mit Kippen chill'n."

„Können wir machen", sagte Hadrian und Lasko zuckte mit den Schultern. Debby traute sich nicht zu widersprechen. Hoffentlich würden sie nicht gerade in Thomas' Bungalow landen oder Bella und Clari über den Weg laufen.

25

Hadrian und Lasko gingen neben der Tür in die Hocke, um ihre Stiefel anzuziehen.

Farin schaute Hadrian einen Augenblick lang dabei zu, dann legte er seinen Arm um Debby und zog sie achtlos mit sich nach draußen. Dass sie gegen den Türrahmen stieß, schien er nicht mal zu bemerken.

„Wollen wir nicht warten?", fragte sie und versuchte, einen Blick über die Schulter zu werfen, während sie die Hand auf ihren schmerzenden Ellenbogen legte.

„Genau, wollen wir nicht", grinste Farin. Er schleifte sie mit sich zum gegenüberliegenden Bungalow und klopfte laut, Debby verharrte ein wenig schief in seiner halben Umarmung. Sein Arm drückte unangenehm in ihrem Nacken und klemmte ihr Haar ein, sodass sie sich nicht umdrehen konnte.

Tom, ein Mitschüler aus ihrem Kurs und Kumpel von Thomas, öffnete ihnen. Er schaute sie kurz an, dann wandte er sich an Farin, die Hand auf der Klinke. Mit der anderen stützte er sich gegen die Wand.

„Was willst du?", fragte er mit abschätzigem Blick.

Farin grinste ihn an. „Habt ihr Zigaretten?", fragte er und lehnte sich noch etwas fester auf Debby.

„Nein." Tom schloss die Tür schwungvoll und Farin nahm sein Gewicht wieder von ihr herunter. Er wirbelte sie herum und schleifte sie mit zum nächsten Bungalow. Auf dem Weg gesellten Hadrian und Lasko sich zu ihnen, Debby erwiderte Hadrians Grinsen und wurde dann von Farin nach links gezogen. Aus der Drehung heraus befreite sie sich von ihm und blieb neben ihm stehen, als er gegen die nächste Tür klopfte.

Dieses Mal öffnete ein Mädchen, das sie nicht kannte. Das dunkle Haar hing ihr über die Schultern, ihr Blick war freundlich und fragend zugleich.

„Leyla!", grinste Farin. Keine Freundin von Clari und Bella, keine von Thomas, stellte Debby fest und fühlte sich ein wenig erleichtert. „Du hast doch bestimmt 'ne Zigarette für mich." Er lächelte und Leyla erwiderte das Lächeln.

„Für dich doch immer", grinste sie. „Aber du musst reinkommen und Tequila mit mir trinken. Die anderen wollen alle nicht."

„Eine meiner leichtesten Übungen", erwiderte er und trat ein, nachdem Leyla beiseitegetreten war und die Tür komplett aufgezogen hatte.

„Kommt rein, Jungs", sagte sie zu Hadrian und Lasko und lud Debby mit einem Lächeln und einer Kopfbewegung ebenfalls ein. „Leyla", sagte sie und streckte ihr die Hand hin.

„Debby", erwiderte die, ergriff Leylas Hand und schüttelte sie kurz, ehe sie den Punks in den Wohnbereich des Bungalows folgte, in dem sich neben drei Mädchen auch noch zwei Jungs befanden. Viel Platz zum Stehen war nicht mehr. Sie schienen alle aus dem Physikkurs zu sein, denn Debby kannte keinen ihrer Namen. Neben der Tür blieb sie stehen und beobachtete, wie Leyla an ihr vorbeiging und Farin zu ihrem Bett schob, vor dem der kleine Tisch stand. Sie drückte ihn auf die Matratze und schüttete Tequila aus einer Flasche mit rotem Hut in zwei Pinnchen.

Farin nahm sich ein Stück der aufgeschnittenen Zitrone und leckte seinen Handrücken an. Er kippte Salz aus einer großen Pappverpackung auf die Stelle und nahm das Pinnchen von Leyla entgegen, dann wartete er, bis sie ebenfalls soweit war, stieß mit ihr an, leckte das Salz von seinem Handrücken, kippte den Schnaps runter und biss in die Zitrone.

Hadrian und Lasko standen an der gegenüberliegenden Wand, die Mädels redeten miteinander und mit den Jungs und Debby stand noch immer neben der Tür. Sie strich über ihren Oberarm, über ihren schmerzenden Ellbogen und warf einen Blick aus dem Fenster.

„Debby!", rief Farin und grinste breit, als sie ihn ansah. Er klopfte neben sich auf die Matratze. „Du wolltest mit mir trinken." Sie setzte ein Lächeln auf und durchquerte den

Raum. Irgendwie fühlte sie sich fehl am Platz. So wie es schon am Strand gewesen war.

„Ich hab' nur zwei Pinnchen", sagte Leyla, während Debby sich auf der Kante der Matratze niederließ und die Hände auf den Oberschenkeln aufstützte.

„Kein Problem, schütt' einfach ein", sagte Farin mit Blick auf die Gläschen und wandte sich dann Debby zu. Sie spürte seinen Blick auf sich liegen und schaute ihn an. „Hast du schon mal Tequila getrunken?"

„Bisher noch nicht." Ein beißender Geruch stieg ihr in die Nase. Selbst aus der Entfernung übertrumpfte der Tequila schon den Duft des Whiskys. War es eine gute Idee, den zu trinken? Sie runzelte die Stirn und schaute zu, wie Leyla die Flasche offen auf den Tisch stellte und nach dem Salz griff.

Ein Pinnchen würde bestimmt nicht schaden, immerhin hatte der Whisky sie auch nicht umgebracht. Nur mal probieren. Wie sollte sie etwas erleben, wenn sie nie etwas versuchte und immer direkt ablehnte?

„Probierst du einen mit mir?", grinste Farin und griff ihre linke Hand. Sie nickte, ließ ihn machen. Er hob ihre Hand an seine Lippen und leckte über ihren Handrücken, dann nahm er das Salz vom Tisch und schüttete etwas davon auf seine Spucke, steckte ihr eine Zitronenscheibe zwischen die Finger und ein Pinnchen in die rechte Hand.

„Lecken, trinken, beißen", sagte er und zeigte dabei jeweils auf das passende Utensil, salzte seine eigene Hand und griff sich die Flasche, während Leyla das zweite Pinnchen nahm. „Auf die Klassenfahrt!", lachte er, stieß mit Leyla an und schaute Debby tief in die Augen, als er die Flasche gegen ihr Gläschen stieß.

Sie zögerte nur einen Moment, als er mit der Zunge über seinen Handrücken fuhr, senkte dann selbst den Blick und leckte das Salz ab. Schnell kippte sie den Shot hinterher und biss in die Zitronenscheibe.

Salzig, bitter, süß, sauer. Die Geschmäcker wechselten und vermischten sich so schnell, dass sie nicht sagen konnte, was sie schmeckte oder ob sie es überhaupt gut fand.

„Krasses Zeug, oder?" grinste Farin und nahm eine Zigarette von Leyla entgegen.

Debby schaute ihn an und nickte, das Pinnchen stellte sie wieder auf den Tisch. Das Bier hatte nicht gut geschmeckt, der Whisky nicht und auch der Tequila war nichts, was sie ein zweites Mal probieren musste. Vielleicht war sie einfach langweilig?

„Rauch aber am Fenster", sagte Leyla und Farin stand seufzend auf. Er schob sich an Debby vorbei und schwankte ein wenig auf dem Weg zur anderen Zimmerseite, wo er einen der Typen zur Seite schob und das Fenster öffnete. Er steckte die Kippe an, lehnte sich auf die Fensterbank und pustete den Rauch nach draußen, während Debby die Schultern hochzog.

„Debby, stimmt's?" Leyla rückte näher an sie heran.

„Stimmt." Debby schaute sie misstrauisch an. Der salzige Zitronen-Tequila-Geschmack belegte noch immer ihre Zunge und sammelte sich in ihrem Rachen.

„Was ist am Strand wirklich passiert?" Leyla zog die Beine in den Schneidersitz und legte den Kopf ein wenig schief.

„Warum interessiert dich das?", fragte Debby und rückte ein Stückchen von ihr weg. Sie warf einen Blick zu Farin, der ihr den Rücken zuwandte, und zu Hadrian, der gerade mit ernster Miene einen Mittelfinger aus der Innentasche seiner Jacke zog und ihn Lasko hinhielt.

„Als ob das irgendwen hier nicht interessiert. Du stehst halbnackt am Strand und Thomas tritt Farin zusammen, nur damit Farin Thomas am nächsten Tag die Nase bricht. Das ist das Interessanteste, was auf unserer Abschlussfahrt passiert ist!"

Thomas hatte es verdient, dass die Wahrheit publik wurde. Vielleicht würde ihm das endlich eine Lehre sein.

„Thomas tut immer auf super cool und als wäre er der tollste Typ überhaupt, aber eigentlich hat er nicht mal genug Selbstbewusstsein, um damit klar zu kommen, wenn seine Freundin sich mit einem interessanteren Typen trifft", begann sie und Leyla zog grinsend die Augenbrauen hoch.

„Krass, das wird ja immer besser", meinte sie und schwang ihre Beine vom Bett herunter.

„Er wollte mich vergewaltigen! Also, Thomas", fügte Debby hinzu, aber Leyla war bereits auf dem Weg zu einem der anderen Mädchen, wo sie ziemlich offensichtlich über das redete, was sie gerade erfahren hatte.

Debby konnte nichts dagegen tun. Die Worte waren gesagt, sie konnte sie nicht mehr zurücknehmen, konnte nicht mehr deutlich machen, dass Thomas sie bedrängt hatte. Dass es gar nicht um Farin ging und Gott weiß was hätte passieren können, wenn er nicht gewesen wäre. Sie blieb sitzen, während Leyla noch ein weiteres Mädchen einweihte.

Hinter vorgehaltener Hand warf sie Debby einen Blick zu. Sehr unauffällig.

Debby schaute auf ihre Knie und strich über den Stoff ihrer Jeanshose.

„Debby", erklang Hadrians Stimme. „Komm rüber." Er winkte sie mit einer einladenden Handbewegung zu sich. Mit einem Blick auf Farin stand sie auf und gesellte sich zu ihm und Lasko.

„Alles gut?", fragte er und sie nickte.

„Ja, alles super."

„Gut, Frage: Würdest du eher nie wieder ernst sein oder nie wieder lachen können?"

Sie zog die Augenbrauen zusammen.

„Sag halt", grinste er und lehnte sich mit verschränkten Armen gegen die Wand.

„Nie wieder lachen", sagte Lasko und schaute Hadrian emotionslos an.

„Dich hab' ich nicht gefragt", erwiderte der.

Farin strich seine Zigarette aus und wandte sich dem Typ neben ihm zu. Er bekam dessen Bierflasche und nahm einen tiefen Schluck, dann begannen sie eine Unterhaltung.

„Nie wieder lachen", sagte Debby, denn gerade war ihr nicht nach Lachen.

„Was ist los mit euch?", fragte Hadrian.

„Irgendwer muss ja den Ernst des Lebens sehen", meinte Lasko, während Debby Leyla beobachtete, wie sie zu Farin herüberging und von hinten ihre Arme um ihn legte. Sie lachte und mischte sich in die Unterhaltung ein, bis sie die beiden Pinnchen auffüllte und Farin eines brachte.

„Würdet ihr eher für immer arm, aber glücklich, oder für immer reich, aber unglücklich, sein?", fragte Hadrian.

„Arm", sagte Lasko sofort.

„Mir ist nicht so nach Spielen, sorry", murmelte Debby und brachte ein wenig Abstand zwischen sich und die Jungs. Der Sessel stand in der Zimmerecke und sie ließ sich mit verschränkten Armen darauf nieder, während Farin Leyla zum Tisch folgte und dort mit ihr Tequila trank.

Sie setzten sich wieder, Leyla erzählte irgendeine Geschichte von sich und ihren Freundinnen. Dann eine von ihrem Kanarienvogel. Sie lachten, tranken noch ein Pinnchen und noch eines.

„Gib' mal noch 'ne Kippe", bat Farin nach kurzer Zeit.

„Nur wenn wir noch einen trinken", grinste Leyla und füllte die Pinnchen.

Debby holte ihr Handy heraus und scrollte durch ihre Chats. Geschrieben hatte ihr niemand. Clari und Bella nicht, Thomas nicht. Sie erblickte Farins Namen und betrachtete sein Bild. während er in ihrem Augenwinkel gerade wieder zum Rauchen ans Fenster trat.

Hadrian drehte die letzten Zigaretten für sich und Lasko, mit denen sie sich zu Farin stellten. Auch Leyla kam wieder dazu.

Debby verschwand für eine Weile im Bad und als sie wieder herauskam, verwickelten zwei der Mädels sie in ein Gespräch, bei dem ihr Blick immer wieder zu Farin wanderte, der mit Leyla auf ihrem Bett saß und schon wieder die nächste Zigarette haben wollte. Nur wenn er mit ihr trank, erwiderte sie.

„Richtig unnötig diese Aktion von der Ressel heute. Wie sie immer versucht, Farin bloßzustellen", meinte eines der Mädchen und Debby nickte abwesend.

„Ja, richtig unnötig", sagte sie und sah, wie Farin sich gegen die Fensterbank lehnte, das Gleichgewicht verlor und sich nur knapp vor dem Fallen bewahrte. Er strich sich durchs Haar und zündete sich dann in einer unkoordinierten Bewegung die Zigarette an. Erneut lehnte er sich mit dem Rücken gegen die Fensterbank, diesmal klappte es.

„Nach draußen rauchen!", rief Leyla lachend, ihre Stimme schrill und schief. Sie kletterte vom Bett, schlug einem der Typen im Vorbeigehen auf den Hintern und lief zu Farin, der die Zigarette immer noch in den Raum hielt. Sie griff seine Hand und drückte sie grob aus dem Fenster, lehnte sich vor und war ihm ganz nah.

Er grinste.

„So kann ich nich' rauch'n", meinte er, ein deutliches Lallen lag in seiner Stimme.

„Was kanns' du eigentlich?", lachte Leyla und stolperte gegen seine Brust. „Ups."

Farin lachte und strich ihr eine Haarsträhne aus den Augen hinters Ohr.

Debby schaute weg. Sie ließ die beiden Mädels stehen und ging wieder zum Sessel herüber, wo sie ihr Handy herausholte und das soziale Netzwerk öffnete. Sie scrollte durch den Feed und versuchte, Farins und Leylas Stimmen auszublenden.

Später kam Farin zu ihr.

„All's klar?", fragte er und blieb vor ihr stehen. Er schaffte es nicht richtig, sie zu fokussieren und schwankte beim Stehen nach vorne und hinten.

„Alles gut", erwiderte sie.

„Trinks' noch ein' mit mir?", nuschelte er, drehte seinen Oberkörper Richtung Tisch und machte einen Schritt nach hinten, als er umzukippen drohte.

„Nein, sorry."

„Bitte?" Er schaute sie wieder an, machte einen Ausfallschritt nach rechts. Sie schüttelte den Kopf. Er nickte, starrte einen Moment lang durch sie hindurch und wandte sich dann zackig um.

Debby wanderte von dem Sessel auf ein freies Bett, als die Typen sich verabschiedet hatten. Sie rief wieder das soziale Netzwerk in ihrem Handy auf und Farin landete nach einigen Tequila und Zigaretten im Sessel. Dort schloss er die Augen, während Leyla dasselbe auf ihrem Bett tat. Debby senkte ihren Blick wieder auf ihr Handy. Inzwischen war sie bei den News von vorvorgestern angekommen.

Spannend.

Eine gute halbe Stunde verging noch so, dann trat Hadrian an den Sessel.

„Danke für eure Gastfreundschaft, wir gehen jetzt besser", sagte er zu Leylas beiden Mitbewohnerinnen, die noch wach waren und am Fenster miteinander sprachen.

Debby sperrte ihr Handy und sah zu, wie er Farin, der mehr schlafend als wach im Sessel hing, auf die Füße zog. Er legte seinen Arm um ihn und Farin fiel gegen ihn, den Kopf ließ er hängen. Wahrscheinlich würde er einfach umfallen, wenn Hadrian ihn losließ.

Sie richtete sich auf, steckte ihr Handy in die Hosentasche, dehnte ihren verspannten Nacken und folgte Hadrian nach draußen. Lasko lief hinter ihr.

Hadrian schleppte Farin, der ziellos neben ihm her stolperte, zu ihrem Bungalow zurück, öffnete die Haustür, trat die Badezimmertür auf und schob ihn hinein. Er taumelte gegen die Dusche, versuchte sich festzuhalten und nuschelte etwas Unverständliches, ehe er nach rechts umkippte und sich mit den Händen am Boden abfing. Unsicher richtete er sich wieder auf, zog sich mit einem beherzten Griff an die Kloschüssel heran und kotzte hinein.

„Perfektes Timing." Hadrian schloss ungerührt die Tür und schaltete das Licht für Farin ein.

26

„Das mit'm Spinat war 'ne scheiß Idee!", lallte Farin, als er aus dem Bad kam. „Das Zeug auskotz'n is' noch ekliger, als's zu ess'n." Er schaute Hadrian anklagend an und hielt sich mit einer Hand am Türrahmen fest.

Hadrian lachte laut, Lasko sah grinsend von seinem Buch, einem dicken Wälzer, auf und selbst Debby konnte ein kleines Lächeln nicht verhindern, obwohl die schlechte Laune schwer auf ihren Schultern lag.

Farin wankte zu seinem Bett und ließ sich über das Fußteil hinweg auf die Matratze fallen, die mit einem Quietschen seinem Gewicht nachgab.

„Willst du heute hier schlafen?", fragte Hadrian Debby.

Sie nickte ein wenig schüchtern, denn die Nacht im selben Raum wie Clari verbringen wollte sie nicht. Sie wollte sie nicht sehen, nicht mit ihr reden, nicht hören, wie sie atmete oder sich im Bett umdrehte. Sich vorstellen, wie sie sich unter Thomas gerekelt hatte.

„Kanns' in mei'm Bett penn'", nuschelte Farin. Er öffnete schwerfällig die Augen.

„Und wo schläfst du?"

„Auf'm Boden, merk' ich eh nix von." Seine Augen fielen wieder zu.

„Damit du morgen Kopf- und Rückenschmerzen hast?", fragte Hadrian.

„'s geht schon klar", meinte Farin. Er stützte die Hände in die Matratze und drückte sich hoch. Kam wieder auf die Füße, fuhr sich durchs Gesicht und machte mit der flachen Hand eine Wischbewegung nach rechts.

Debby stand aus dem Sessel auf.

„Kann ich das annehmen?", fragte sie und schaute von Farin zu Hadrian.

Farin machte zwei Schritte und ließ sich in den Sessel fallen. Er zog eine Wolldecke vom Boden hoch und breitete sie über sich aus.

„Der steht da heute eh nicht mehr auf. Du kannst im Bad einfach unser Zeug benutzen, um dich fertig zu machen, fühl dich wie Zuhause", erwiderte Hadrian und schenkte ihr ein beruhigendes Lächeln, während Farins Gesicht emotionslos blieb.

Er atmete tief und gleichmäßig.

„Danke", lächelte sie und ging ins Badezimmer. Der Duft von Erbrochenem, von Bier, Tequila, Whisky und Magensäure empfing sie und ließ sie das Gesicht verziehen. Sie warf einen Blick in die Schüssel, aber Farin hatte gespült, die physischen Überreste des Essens waren weg und hingen nur noch als Geruch in der Luft fest. Sie zog die Tür zu und trat ans Waschbecken, wo sie eine der beiden Zahnpasta-Tuben nahm und in Ermangelung einer Zahnbürste einen Streifen auf ihren Finger machte. Sie schrubbte ihre Zähne, wusch sich das Gesicht und benutzte die Toilette, ehe sie wieder in den Wohnraum trat und in Farins Bett kletterte.

Hadrian ging ins Bad und sie zog sich unter der Decke ihre Jeans und den BH aus. Warf Farin einen Blick zu. Mit offenem Mund und geschlossenen Augen lag er da, sein Kopf ruhte auf seiner Schulter und die Füße in den Springerstiefeln standen auf dem Boden. Sie schloss die Augen. Das Kissen roch nach ihm. Ein wenig nach kaltem Rauch, wie alles, das er berührte, ein wenig muffig. Ein Lächeln verzog ihre Lippen und bevor Hadrian aus dem Bad zurückkam, war sie eingeschlafen.

Lautes Rumpeln riss Debby aus dem Schlaf. Sie riss die Augen auf und saß sofort aufrecht im Bett, suchte hektisch mit ihrem Blick nach dem Ursprung des lauten Geräuschs.

Farin rappelte sich vom Boden auf. Er lag halb auf der Tischplatte, die wie eine Rutsche auf die Dielen führte. Alles, was auf dem Tisch gestanden hatte, lag neben ihm verteilt, inklusive zwei der Beine mit abgesplitterten Enden.

„Alles gut", murmelte er, griff an den Bettpfosten und zog sich auf die Füße. Auch Hadrian und Lasko waren wach und hatten sich unter ihren Decken aufgerichtet.

„Das wird ja lustig heute", meinte Hadrian, während Farin gegen den Türrahmen rempelte und im Bad verschwand.

Debby strich sich das Haar aus dem Gesicht und ließ ihren Blick über das Chaos am Boden schweifen. Leere Bierflaschen lagen neben der Plastikflasche, die den drei als Aschenbecher gedient und sich entleert hatte. Die ekelhafte braune Suppe verteilte sich in mehrere Pfützen, in einer davon lag die Bluetoothbox. Sie schlüpfte unter der Decke in ihre Jeans und schwang die Beine aus dem Bett.

„Braucht ihr Hilfe beim Aufräumen?", fragte sie und stellte die Füße auf ein freies Fleckchen.

„Das kann Farin gleich machen", sagte Hadrian.

„Okay. Ich geh' dann mal in meinen Bungalow, mir was Frisches anziehen." Sie stieg über die Tischplatte hinweg. „Tschüß, Farin", rief sie an der Badezimmertür, während sie ihre Schuhe anzog.

„Tschüß", rief Farin von drinnen.

Sie fühlte sich jetzt stark genug, auf dieses Miststück Clari zu treffen und ihr die Stirn zu bieten.

Aber Clari war nicht da, als sie eintrat. Nur Bella lag in ihrem Bett und schien gerade aufgewacht zu sein.

„Guten Morgen", murmelte Debby und starrte auf die Decke, die ordentlich über der Matratze lag, und das Kissen, in dem kein Kopfabdruck war.

„Hey …", erwiderte Bella leise. Sie klang ein wenig verschnupft, als sei ihre Nase zu. Debby schaute sie an und erblickte die roten Ränder um ihre Augen, die sie erfolglos hinter ihren Haaren zu verstecken versuchte.

„Ist alles in Ordnung?", fragte sie und trat an Bellas Bett heran.

„Nein", platzte die heraus und zog die Nase hoch. „Überhaupt nichts ist in Ordnung. Ich hab' mich auf diese Klassenfahrt mit meinen besten Freundinnen gefreut und jetzt bist du die ganze Zeit weg und Clari hat mich auch alleine gelassen." Ihre Stimme nahm einen weinerlichen Unterton an und ein Schluchzen löste sich aus ihrer Kehle. Sie wischte sich mit dem Ärmel ihres übergroßen Schlafshirts durchs

Gesicht und zog erneut die Nase hoch, Debby setzte sich neben sie.

„Ich weiß, wie du dich fühlst", sagte sie mit sanfter Stimme und schaute Bella von der Seite an. „Mir ging es genauso. Ich habe mich so gefreut und dann habt ihr beiden lieber Zeit mit Thomas verbracht, statt mir mal zuzuhören und auf meiner Seite zu stehen."

Bella zog eine Taschentuchverpackung, die neben ihrem Kopfkissen lag, zu sich heran und holte eines heraus. Sie putzte sich die Nase, während die Tränen weiterhin über ihre Wangen liefen.

„Ich weiß, das war blöd. Aber das war mir nicht klar, Clari hat die ganze Zeit gesagt, dass du dich nur anstellst und keine Ahnung. Aber jetzt weiß ich auch, wieso." Sie zog nochmal die Nase hoch und tupfte sich mit dem gebrauchten Taschentuch die Augen ab.

„Ich hab' euer Gespräch gestern gehört", sagte Debby. Bella hob den Blick und schaute sie durch einen Haarvorhang an. Die Hand mit dem Taschentuch schwebte in der Luft. „Das, wo du Clari gesagt hast, sie solle mir alles beichten."

Bella riss die feuchten, geröteten Augen ein wenig weiter auf.

„Ich ... ich hätte es dir noch gesagt ... ich wusste nicht", stotterte sie und Debby schüttelte den Kopf.

„Ich mache dir keinen Vorwurf. Es ist nicht deine Aufgabe, deine Freundin zu verraten."

Bella schaute sie an und beugte sich dann zu ihr, schlang ihre Arme um Debbys Oberkörper. „Du bist eine tolle Freundin. Im Gegensatz zu mir", schniefte sie, die Stimme gedämpft von Debbys Oberteil. Diese legte ihr eine Hand auf den Rücken und strich sanft darüber. Es tat ihr weh, Bella so zu sehen. Sie wusste, wie es war, niemanden zu haben. Sich alleine zu fühlen, mit niemandem über seine Gefühle reden zu können. Wenn man eine Schulter brauchte, an die man sich lehnen konnte, und nur Leere vorfand.

„Möchtest du gleich mit zu Farin, Hadrian und Lasko kommen?", fragte sie, als der Tränenfluss zu versiegen schien.

Bella richtete sich auf und wischte sich mit dem Ärmel durchs Gesicht. „Ich ... weiß nicht", schniefte sie und zog ein neues Taschentuch aus der Packung.

„Ein *nein* dulde ich nicht, ganz einfach", grinste Debby und Bella schnäuzte. „Die drei sind wirklich in Ordnung. Du wirst sie bestimmt mögen, wenn du sie erstmal kennst." Sie legte ihre Arme um Bella und drückte sie lächelnd an sich.

Die beiden Mädchen gingen duschen, zogen sich um und holten dann die Punks zum Frühstück ab. Debby klopfte gegen die Tür ihres Bungalows und Hadrian ließ sie herein.

„Hey", begrüßte er Bella.

Farin saß wieder im Sessel, die Pfützen waren weggewischt und die Bierflaschen in der Zimmerecke aufgereiht. Der Tisch stand an der Seite, die kaputten Beine lagen ordentlich daneben.

„Bitte sag mir, dass du Zigaretten geholt hast", murmelte er, ohne die Augen zu öffnen. Sein Kopf lehnte an der Kopfstütze, die Haut in seinem Gesicht war blass.

„Nein, aber ich habe meine beste Freundin Bella mitgebracht", erwiderte Debby und machte Platz, damit Bella in den Wohnbereich treten konnte.

Hadrian schob sich an ihnen vorbei und ging zu seinem Bett herüber. Das Fenster stand offen und die kühle, frische Luft flutete den Raum.

„Hat Bella Zigaretten?", fragte Farin und klang, als wäre er gerne irgendwo anders als in seinem Körper.

„Nein." Sie warf Bella ein aufmunterndes Lächeln zu.

„Dann kann sie wieder gehen", seufzte er.

„Farin!", mahnte Hadrian in scharfem Tonfall.

Bella verkrampfte sich. Sie schaute kurz zu Hadrian, dann aus dem Fenster, streifte Farin mit ihrem Blick und guckte vor sich auf den Boden.

Debby strich ihr über die Schulter.

„Gib nichts auf seine Worte, der Tequila gestern Abend hat ihn den letzten Rest Anstand gekostet", sagte Hadrian freundlich. „Setz dich einfach und ignorier den Idioten."

Farin hielt mit geschlossenen Augen seinen Mittelfinger in Hadrians Richtung.

„Wollen wir frühstücken gehen?", schlug Debby vor. Sie warf Bella ein weiteres Lächeln zu.

„Wenn ich jetzt was esse, kotze ich", teilte Farin mit und zog ein Bein an.

„Das hatten wir gestern schon, darauf verzichten wir heute Morgen gerne", grinste Hadrian und stand von seinem Bett auf. Er kam auf Debby und Bella zu und ging an ihnen vorbei in den Flur, wo er sich nach seinem Stiefel bückte, während Lasko Farin im Vorbeigehen den Finger ins Ohr steckte.

Farin verzog das Gesicht und schlug nach ihm, traf aber nicht. Die Augen öffnete er nicht.

„Wir sehen uns gleich", sagte Debby mit einem Lächeln zu ihm, während Lasko ebenfalls nach seinen Stiefeln griff.

Ein Murren war die Antwort.

Beim Frühstück ignorierte Clari ihre besten Freundinnen gekonnt, während Bella immer mal wieder einen Blick zu ihr warf. Sie saß am Tisch neben Thomas, der nicht mehr als ein Häufchen Elend war.

Mit Hadrian verstand Bella sich eigentlich ganz gut, manchmal lachte sie über seine Aussagen, die auch Debby zum Lachen brachten. Auf dem Weg zurück zum Bungalow wurde sie wieder stiller.

„Bist du sicher, dass ich nicht störe?", fragte sie leise.

„Du bist meine Freundin, Bella", lächelte Debby.

„Ignorier Farin einfach, ohne Scheiß, der ist nur verkatert as fuck. Der meint das nicht böse", sagte Hadrian und suchte Bellas Blick.

Sie schaute ihn an und nickte ein wenig unsicher.

Gemeinsam liefen die fünf wenig später zum Sammelplatz. Auf dem Weg begegneten sie Leyla, deren Make-Up nur schwerlich über ihre fahle Gesichtshaut und die dunklen Ringe unter ihren Augen hinwegtäuschen konnte.

Farin schob sich an Debby vorbei an ihre Seite.

„Hast du 'ne Kippe?", fragte er und etwas Drängendes lag in seiner Stimme. Leyla schüttelte schwach den Kopf.

„Ich bräuchte selber eine, aber du hast alle aufgeraucht." Sie schaute Farin an.

„Erklärt meine Kopfschmerzen", meinte der. Ein Tequila für jede Zigarette. Er seufzte und ließ sie zurück, um wieder außen hinter Hadrian zu laufen. Die Hände schob er in die Taschen seiner Lederjacke, zog sie aber auffallend oft daraus hervor, um sich durch die Haare oder das Gesicht zu fahren. Am Sammelplatz konnte er nicht still stehen. Immer wieder lief er vor seinen Freunden von rechts links und wieder zurück. Blieb stehen, verlagerte sein Gewicht von einem Fuß auf den anderen und zurück, fragte die Mitschüler nach Zigaretten.

Niemand gab ihm eine.

Zum ersten Mal war der vorherrschende Geruch, der von Farin ausging, nicht der nach kaltem Rauch. Sein eigener Duft stieg Debby in die Nase und erinnerte sie an dunkle Abende an stürmischer See.

27

Geschlossen liefen sie zur nächsten Bushaltestelle und stiegen in den Linienbus, der fünf Minuten später hielt.

Hadrian, Lasko und Farin liefen nach ganz hinten durch und setzten sich an die Längsseite, Bella und Debby folgten und nahmen in der hintersten Reihe Platz.

Farin zog seinen Fuß auf den Sitz und stellte ihn wieder ab. Mit den Fingern trommelte er auf die Metallstange, die die Sitze zu seiner linken abtrennten und drückte seinen Fuß auf die Kante der Erhöhung, die den Sitzbereich vom Laufweg abtrennte.

„Du nervst", sagte ein Typ aus dem Physikkurs, der auf der anderen Seite der Metallstange saß. Farin schaute ihn an und trommelte noch lauter.

Während der vierzig Minuten Fahrt wurde er immer ruhiger und als die Innenstadt hinter der zerkratzten Scheibe auftauchte, hing er demotiviert in seinem Sitz.

„Wir steigen hier aus!", verkündete Frau Ressel von vorne, während auf dem Monitor *Am Marktplatz* zu lesen war. Daneben leuchtete auf beiden Seiten ein *STOP*.

Die Schüler sammelten sich im Gang und die Türen öffneten sich.

„Komm", sagte Hadrian zu Farin, der unverändert da saß.

„Keinen Bock, hier rumzurennen", erwiderte der.

Debby und Bella standen hinter Lasko an und konnten an Hadrians breitem Rücken vorbei ihre Mitschüler aus dem Bus fließen sehen.

Hadrian seufzte.

Farin ließ seinen Blick schweifen, schaute an ihm vorbei aus dem Fenster und sprang dann plötzlich auf. Er quetschte sich an Hadrian vorbei und rempelte Malin aus dem Weg, als er aus dem Bus sprang.

Hadrian tauschte mit hochgezogener Augenbraue einen Blick mit Debby und folgte ihm dann, die anderen drei im Entenmarsch hinterher.

Der Rest der Schülerschaft sammelte sich am Haltestellenhäuschen, aber Farin stand vor dem nahegelegenen Kiosk und zog Geldscheine aus seinem Portemonnaie. Er zahlte und verstaute dann fünf Zigarettenpäckchen in seiner Jacke. Als er sich umdrehte, hatte er eine Kippe zwischen den Lippen, zündete sie an und nahm einen tiefen Zug. In seinem Gesicht breitete sich ein fast seliger Ausdruck aus.

„Ihr dürft jetzt in Vierergruppen selbstständig in der Stadt rumlaufen, aber ich möchte, dass ihr auf jeden Fall zusammenbleibt und ich will von jeder Gruppe eine Handynummer haben, damit ich euch erreichen kann", erklärte Frau Ressel in Debbys Rücken.

Farin genoss noch ein paar tiefe, aber hektische Züge und kam zur Haltestelle zurück.

„Ziemlich inkonsequent", sagte er, lief an seinen Freunden vorbei und blieb in der Nähe von Frau Ressel stehen.

Debby drehte sich um.

„Was?", fragte die Ressel und schaute mit kritischem Blick auf die Zigarette. Farin nahm einen Zug und pustete den Rauch in ihre Richtung.

„Sonst immer gegen Handys sein und jetzt die Nummern Ihrer Schüler abgreifen wollen."

„Es geht dabei um eure Sicherheit. Damit wir euch erreichen können und ihr uns anrufen könnt, wenn irgendwas ist", erklärte sie und schaute ihm ins Gesicht.

„Ich bitte Sie", grinste er und klopfte die Asche von seiner Kippe. „Weder Ihr noch Herrn Belgardts Auftauchen wird den nächsten Nazi, der ein Problem mit mir hat, daran hindern, mir in die Fresse zu treten."

„Was tut er da?", flüsterte Debby Hadrian zu, der mit verschränkten Armen neben ihr stand und das Schauspiel beobachtete.

„Ich hab' keine Ahnung", erwiderte er voller Überzeugung. „Aber ich denke, das reicht jetzt, oder?" Er schaute Debby an, sie nickte. Hadrian trat vor und legte seine Hand auf Farins Schulter.

„Gib mir mal lieber 'ne Kippe, bevor du hier Grundsatzdiskussionen lostrittst", sagte er und zog Farin mit sanfter Gewalt von Frau Ressel weg, während der eine der Packungen aus seiner Jackentasche holte und sie Hadrian hinhielt. Der griff zu, auch Lasko nahm sich eine, dann hielt Farin Bella die geöffnete Packung hin.

„Was ist mir dir, rauchst du?"

Bella zuckte zusammen.

„Ab und zu", erwiderte sie leise.

Debby zog die Augenbrauen zusammen und schaute sie von der Seite an.

„Auf Partys", sagte Bella, schüttelte den Kopf und nahm sich keine Kippe aus der Packung.

„Was wollen wir machen?", fragte Debby in die Runde. Mit Bella und Clari wäre sie shoppen gegangen, aber was unternahmen die Punks gerne?

„Shoppen?", schlug Bella vor.

„Ohne mich, Freunde, ich warte hier", sagte Farin. Er ging zwischen Hadrian und Debby durch und lief die Fußgängerzone herunter. An einer Bank blieb er stehen, legte sich unter den Blicken der Passanten auf die Sitzfläche und schnipste seine Kippe nach einem letzten Zug weg.

„Wenn wir schon mal hier sind, können wir auch rumlaufen", sagte Hadrian schulterzuckend.

„Ich geh' in keine Dessousläden!", stellte Lasko klar und Debby lachte. „Dabei hätte ich dich so gerne in diesem neuen BH mit den Strasssteinchen gesehen", meinte sie.

Lasko zuckte mit einem Mundwinkel und zeigte ansonsten keine Reaktion. Was sie von ihm halten sollte, wusste sie noch nicht. Bella scheinbar auch nicht, denn der Blick, mit dem sie ihn von der Seite anschaute, war hochgradig verstört.

Sie liefen die Einkaufsstraße herunter und bogen in ein Kaufhaus ein. Hadrian und Lasko liefen von einem Ständer zum nächsten, suchten die hässlichsten Kleidungsstücke – die viele Besucher und Besucherinnen wahrscheinlich kaufen würden – und machten sich lauthals über sie lustig. Die missbilligenden Blicke der Kassiererinnen quittierte Hadrian mit einem frechen Lächeln.

„Du möchtest mir doch nicht erzählen, dass eine Frau mit deinem Modebewusstsein so einen Schrott anziehen würde", sagte er zu einer mit einer kunstvollen Hochsteckfrisur.

„Du vertreibst meine Kunden", erwiderte sie, ein Grinsen auf den Lippen.

„Ouh, das tut mir aber leid", meinte Hadrian mit einem charmanten Lächeln, ließ das Oberteil liegen und näherte sich ihr. „Das ist wohl mein kläglicher Versuch, ein paar Minuten mit dir allein zu erwischen."

„So?", fragte sie, verschränkte die Arme und legte den Kopf ein wenig in den Nacken. Sie wirkte nicht abgeneigt.

„Ja. Kannst du Feierabend machen, wenn der Laden leer ist?" Er lehnte sich auf den Verkaufstresen und sie kam dahinter hervor.

„Leider nein", grinste sie.

„Schade." Hadrian schaute ihr in die Augen.

„Nicht so dein Typ?", fragte Debby Lasko, der die Verkäuferin keines Blickes würdigte.

Er schaute auf, musterte sie kurz und schüttelte den Kopf.

„Ne, der fehlt was." Er zog ein paar Kleiderbügel zur Seite, um sich weiter durch die T-Shirts an der Kleiderstange wühlen zu können. Debby stand auf der anderen Seite.

„Und was?", fragte sie und stützte sich auf die Stange.

Lasko hielt inne.

„Der Penis", sagte er trocken. Er hielt den Blickkontakt aufrecht, während sie langsam verstand, was er gerade gesagt hatte.

„Du bist schwul?", fragte sie und schüttelte innerlich den Kopf über sich.

Er zuckte mit dem Mundwinkel und nickte.

„Krass", sagte sie und zog diesmal noch die Augenbrauen zusammen. Fiel ihr wirklich nichts Besseres ein, was sie darauf erwidern konnte? Sie hatte nicht erwartet, dass Lasko schwul war, aber war das nicht dasselbe Schubladendenken, das sie zu verurteilen gelernt hatte?

Als sie gute zwei Stunden später die Fußgängerzone nahe der Bushaltestelle erreichten, war Farin nicht allein. Wider Erwarten schlief er auch nicht auf der Bank. Stattdessen saß ein Skater bei ihm, der sich seine halblangen Haare mit einer Mütze aus dem Gesicht hielt und an einem Joint zog.

Mitten in der Stadt.
Am helllichten Tag.

„Man gewöhnt sich echt dran", näselte er, reichte Farin den Joint und pustete den Rauch aus. „Da zu wohnen, wo andere Urlaub machen hat eh was." Seine Stimme klang freundlich, irgendwie lebenslustig. So unbeschwert wie Farin gewirkt hatte, bevor Debby die Dunkelheit gesehen hatte.

Farin zog am Joint und schaute in ihre Richtung. „Hey, Leute", sagte er und sie blieben hinter der Bank stehen. „Das ist Noah."

Noah drehte sich zu ihnen um, hob die Hand und grüßte mit einem schiefen Lächeln in die Runde. Er hatte was von Farin an sich.

Debby und Hadrian hoben ebenfalls die Hand, Bella starrte auf den Joint und blickte sich dann unauffällig um und Lasko musterte Noah.

Farin inhalierte nochmal und Noah wandte sich wieder ihm zu. „Manchmal frage ich mich wie alles gelaufen wäre, wenn die Scheiße damals nicht passiert wäre", sagte er und nahm den Joint entgegen. Die vier Augenpaare, die auf ihm ruhten, schienen ihn nicht aus der Ruhe zu bringen.

„Ja, Mann", erwiderte Farin und schaute zu seinen Freunden. „Setzt euch doch mal!" Mit der Hand deutete er auf die angrenzenden Bänke, die in einem offenen Viereck angeordnet waren.

„Wenn ich nicht abgehauen wäre, weil mir das alles zu viel wurde. Denkst du, wir wären noch Freunde wie früher? Oder noch besser, wenn Karel 'nen anderen Weg gewählt und einfach mal den Mund aufgemacht hätte", fuhr Noah fort. Er rauchte, während die anderen sich auf die Bänke verteilten.

„Geh' ich von aus. War scheiße, plötzlich ganz allein dazustehen", sagte Farin und holte sich den Joint zurück.

„Ich weiß, ich weiß, war nicht korrekt von mir. Aber ich wusste es nicht besser." Noah erhob sich, während Farin an dem Rest des Joints zog. Er griff sich das Skateboard, das an der Bank lehnte und hielt ihm die Hand hin. „Mach's gut, Mann, und meld' dich mal!"

Farin schlug ein, Noah nahm einen letzten tiefen Zug vom Joint und nickte Hadrian, Debby und den anderen zu, ehe er sich umdrehte, ein paar Schritte lief, das Board über den Boden rollte, aufsprang und im Slalom zwischen den Einkäufern davonfuhr.

Debby schaute ihm hinterher.

Karel war der zweite Name auf Farins Tattoo.

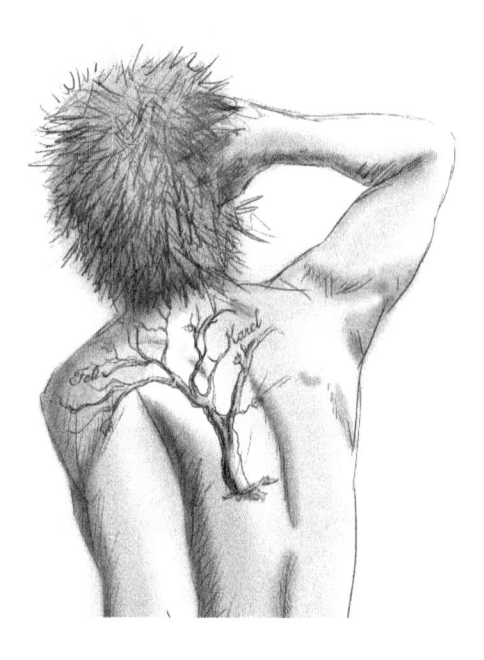

28

„Wer war das?", fragte Hadrian.

„Noah, hab' ich doch gesagt", erwiderte Farin und zog den Joint bis zum Filter herunter, ehe er ihn auf den Boden warf und austrat.

„Und wer ist Noah?", fragte Hadrian weiter.

Wer ist Karel?

Die Worte lagen Debby auf der Zunge, aber sie sprach sie nicht aus. Ihr Blick hing an Farins blassem Gesicht, an den dunklen Ringen und seinen trüben Augen. Hadrian versuchte immer, sie zu beruhigen, aber die Sorgenfalten neben seiner Nase wichen nicht aus seinem Gesicht.

„'n Kumpel. Lass noch Bier holen", sagte Farin und stand auf.

„Wollen wir vielleicht was essen?", fragte Bella vorsichtig. Sie schaute zu einem Asia-Imbiss, neben dem ein großes Schild hing, auf dem verschiedene Nudelboxen angeboten wurden.

„Essen klingt gut", sagte Hadrian und Farin seufzte.

„Erst essen, dann Bier, okay?"

„Von mir aus", murrte Farin, setzte sich wieder und verschränkte die Arme.

Bella und Debby holten fünf Nudelboxen und verteilten sie an die Jungs, die einander missgelaunt anschwiegen. Farin wirkte erst, als wolle er ablehnen, dann nahm er Debby die Box aus der Hand.

„Danke", sagte er knapp, rollte ein paar Nudeln auf die Gabel und schob sie sich in den Mund.

„Gerne", erwiderte sie und setzte sich neben Bella.

Farin starrte lange in die Richtung, in die Noah verschwunden war.

Sie liefen zum nächsten Supermarkt, wo Debby Farin sieben Flaschen Bier in ihren Rucksack stopfen ließ. Eine weitere steckte er in die Innentasche seiner Lederjacke, die andere war mit Zigarettenpackungen gefüllt. Außerdem trug er noch eine in der Hand und stieß mit Hadrian und Lasko an, als sie wieder in die Fußgängerzone traten. Bier trinkend liefen sie Richtung Haltestelle und blieben hinter einer Hausecke stehen, um ihre Flaschen zu leeren.

Bella nahm Debby zur Seite.

„Es ist wirklich lieb von dir, dass du mich mit zu deinen Freunden genommen hast und eigentlich sind sie auch ganz nett – aber ich möchte trotzdem nicht mit ihnen rumhängen. Farin ist mir etwas zu ... krass ... Ich hoffe, du verstehst das", sagte sie mit leiser Stimme und schaute Debby in die Augen.

Die nickte.

„Ich hab's nur gut gemeint", sagte sie und Bella umarmte sie fest, ehe sie zum Bus vorlief und sich dort zu einer Gruppe Mädchen gesellte, die ebenfalls gerade eintraf.

Zurück bei den Bungalows bekamen die Schüler Zeit, sich umzuziehen, ehe sie ihre Lehrer am Strand treffen sollten. Debby begleitete die Punks in ihren Bungalow und Farin räumte die Bierflaschen aus ihrem Rucksack in die Zimmerecke.

„Danke", sagte er und Debby nahm die Tasche, die endlich keine zehn Kilo mehr wog, entgegen.

„Wollen wir direkt zum Strand runter?", fragte sie.

„Sekunde noch." Farin nahm eine angefangene Colaflasche, reichte sie herum und füllte sie mit Whisky auf. Er trank einen Schluck und drehte sie zu. „Jetzt können wir."

Am Strand versuchten die Lehrer mit ihren Schülern über den Tag zu sprechen, während Farin sich seine Mische einverleibte und zwischendurch an Hadrian und Lasko ausgab. Debby lehnte ab. Zum Essen kam er nicht mit und Hadrian schüttelte nur den Kopf, als sie es ansprach. Trotzdem tauchte auf seinem Gesicht die Sorgenfalte auf, als er Farin hinterher schaute.

Als sie in den Bungalow zurückkamen, grinste Farin sie an. Er lag im Sessel, ein Bein über die Armlehne geworfen und die fast leere Flasche in der Hand.

„Lust auf'n Ausflug?", fragte er.

„Was für ein Ausflug?" Hadrian blieb im Türrahmen stehen und Debby schob sich mühevoll an ihm vorbei in den Wohnraum.

„Drei Plätze sind noch frei", grinste er und ließ den letzten Schluck seine Kehle hinabrinnen.

„Plätze?", fragte Debby.

Lasko schob Hadrian zur Seite und ging zu seinem Bett rüber.

„In Noahs Auto", sagte Farin. Er warf die Flasche über die Sessellehne in die Zimmerecke.

Noah, der Typ, der von Karel geredet hatte. Debby zog die Augenbrauen zusammen und schaute Hadrian an, dessen Blick an Farin haftete.

„Was für ein Ausflug?", fragte er nochmal.

„Frag nich' so viel", grinste Farin. Er verschränkte die Hände hinter dem Kopf und schaute von ihm zu Debby. „Was ist, seid ihr dabei oder lasst ihr euch den ganzen Spaß entgehen?"

„Wir sind dabei", sagte Hadrian. *Wir lassen dich jedenfalls nicht allein*, sagte sein Blick.

Debby schaute wieder zu Farin.

„Was haben wir denn vor?", versuchte sie es nochmal und strich unschlüssig über ihren Arm. In das Auto eines fremden Kerls zu steigen, der mit Farin mitten in der Stadt einen Joint rauchte, während sie auf Klassenfahrt waren und die Siedlung nicht verlassen durften, klang nach einer schlechten Idee.

„Wir machen eine Bootstour", grinste er.

„Jetzt?" Sie warf einen Blick aus dem Fenster, wo sich allmählich die Dämmerung ankündigte. „Es wird bald dunkel."

„Wen juckt's? Musst ja nicht mitkommen, wenn du keine Lust hast."

Zu bleiben wäre die richtige Entscheidung. Die vernünftige Entscheidung. Aber würde sie jemals etwas erleben, wenn sie immer vernünftig war? Waren verrückte Sachen nicht gerade deshalb verrückt, weil sie unvernünftig waren? Farin wäre dabei und Hadrian. Bisher hatten die beiden immer gut auf sie Acht gegeben, wieso sollte ausgerechnet diesmal was passieren?

„Doch", sagte sie kleinlaut.

„Sehr schön", grinste Farin. Er griff nach der oberen Kante des Sessels und zog sich über die Armlehne ins Stehen, dann griff er sich seinen Rucksack und hockte sich in die Ecke mit dem Alkohol, wo er ein paar Flaschen einpackte. Als erster verließ er den Bungalow, Debby und Hadrian folgten als nächstes. Der Blick, den sie einander zuwarfen, sprach dasselbe – was sollte das nur werden?

Noah fuhr in einem alten, roten Polo in die Bucht an der Bushaltestelle und hielt mit laufendem Motor. Farin öffnete die Beifahrertür und Debby klettert als letzte hinter Hadrian und Lasko auf die Rückbank. Kaum hatte sie die Tür zugezogen, trat Noah aufs Gas und sie wurde gegen die Rückenlehne und Laskos Schulter geschleudert, während sie noch nach dem Anschnallgurt suchte.

Noah scherte schwungvoll auf die Landstraße ein und zog den Motor hoch, ehe er schaltete und dann durch eine enge Linkskurve brauste. Debby klammerte sich an den eben gefundenen Gurt und wurde nach rechts gegen die Tür gedrückt, eine Rechtskurve folgte und sie konnte nicht verhindern gegen Lasko zu fallen.

„Sorry", murmelte sie und tastete eilig nach dem Anschnaller, kaum, dass sie wieder geradeaus fuhren.

Noah beschleunigte weiter.

Debby fand den Anschnaller und schob den Gurt hinein, klammerte sich daran fest und schaute nach vorne. Ein 50km/h Schild tauchte am Straßenrand auf und war schon wieder verschwunden. Die Tachonadel stand auf 110 und vor ihnen tauchte schon die nächste Kurve auf.

Es war keine gute Idee gewesen, mitzukommen. Wirklich nicht.

Sie kniff die Augen zusammen und spürte, wie das Auto sich in die Kurve legte, wie es zu rutschen begann. Sie wollte nicht hinschauen, konnte aber nicht verhindern, dass ihre Augenlider sich öffneten. Der Graben kam näher und erst kurz bevor sie hineinfielen, endete die Rutschpartie und Noah hatte die Kontrolle über den Wagen zurück. Sie wünschte sich, sie hätte das Abendessen auch ausfallen lassen. Die Übelkeit kroch aus ihrem Magen ihre Kehle hoch und sie klammerte sich mit der einen Hand an den Anschnallgurt und mit der anderen an den Türgriff, während sie die Füße fest auf den Boden stellte.

Eine Ewigkeit schien zu vergehen bis Noah endlich bremste und auf einen unbefestigten Weg zwischen einige Bäume und Gebüsch abbog. Sie holperten über eine Wiese und kamen nahe dem Wasser zum Stehen.

Debby löste den Gurt, während Noah die Handbremse anzog, und war draußen, bevor er den Motor abgestellt hatte. Ihre Knie zitterten genau wie ihre Hände und der Boden fühlte sich ungewohnt fest an.

Der salzige Geruch des Meers stieg ihr in die Nase und sie entdeckte einen selbstgebauten Steg, als sie sich zu der kleinen Bucht drehte, an deren Rand sie sich befanden. Ein großes Motorboot mit Fahrerkabine lag vertäut vor Anker. Die weiße Farbe war schmutzig und ausgeblichen, es schien mindestens so alt wie Noahs Auto zu sein. Aber es sah einladend aus. Wie es in den seichten Wellen vor sich hinschaukelte, während die Sonne den Horizont küsste und die ersten Sterne am Firmament leuchteten.

Die Sterne, die sie auch in der Nacht gesehen hatte, die sie und Farin auf seinem Dach verbracht hatten. Da war er anders gewesen. Weniger abgestürzt. Nicht betrunken wie jeden Abend. seit sie hier waren.

„Das ist es. Hab' ich zu viel versprochen?", grinste Noah und steckte den Schlüssel in die Tür, um das Auto abzuschließen.

„Auf keinen Fall", sagte Farin, schulterte seinen klirrenden Rucksack und legte die wenigen Schritte zum Boot zurück.

Hinter ihm kletterten seine Freunde an Deck, dann Debby und zuletzt Noah, der das Seil löste und das Boot mit dem Fuß vom Steg wegstieß. Mit sicheren Schritten ging er zum Steuer hinüber, steckte den Schlüssel ein und ließ den Motor an.

Ohrenbetäubend laut zerriss der Lärm die Nacht, deren Stille nicht mal von den Geräuschen einer entfernten Autobahn gestört wurde. Nur leise plätscherndes Wasser, das Zirpen einiger Grillen und das Säuseln des Nachtwindes.

Während Debby sich eilig einen sicheren Platz im hinteren Bereich des Bootes auf dem Boden suchte, holte Farin zwei Flaschen Bier aus seinem Rucksack. Er gesellte sich zu Noah, der eine Stufe erhöht in der Fahrerkabine stand, und drückte ihm eins in die Hand, das dieser mithilfe seiner Zähne öffnete.

„Auf die guten alten Zeiten", lachte er, stieß mit Farin an, legte genau wie er den Kopf in den Nacken und kippte das Bier herunter.

Sie verließen die Bucht und fuhren weit aufs offene Meer hinaus. So weit, dass Debby Angst hatte, nie wieder Land zu sehen. Um sie herum war nichts als Schwärze, als Noah den Motor ausschaltete und es plötzlich still war. In sanften Wellen schlug das Wasser gegen den Rumpf, sonst war nichts zu hören. Keine Grillen, kein Wind, der durch die Blätter fuhr.

Debbys Herz klopfte schneller. Sie drückte sich eng in die Ecke und zog die Knie an. Schaute hinter sich, um sicherzustellen, dass sie nicht herunterfallen konnte.

Lasko und Hadrian saßen neben ihr auf dem Boden und waren entspannter als sie selbst.

Farin und Noah machten es sich am Bug bequem. Sie zogen ihre Schuhe aus und ließen die Füße ins Wasser baumeln, während sie zusammen tranken und lachten. Eine Zigarette nach der anderen rauchten und dann einen Joint.

Sie würden hier draußen jämmerlich ertrinken. Wenn Noah so weitermachte, konnte er das Boot bestimmt nicht zurück an Land steuern, geschweige denn, dass Debby sich nochmal zu ihm ins Auto setzen würde. Eigentlich war er Farin ziemlich ähnlich. Irgendwie egoistisch.

29

Farin und Noah standen nach einer Weile auf und kamen in den hinteren Teil des Bootes. Noah ließ sich Debby gegenüber nieder und sein Duft nach kaltem Rauch, Gras und Bier stieg ihr in die Nase. Er roch wie Farin. Jetzt lächelte er sie an.

„Debby war dein Name, oder?", fragte er.

„Ja", gab sie zurück und schlang die Arme enger um ihren Oberkörper, während sie Noah taxierte. „Sollte man nicht nüchtern bleiben, wenn man noch ein Boot zu fahren hat?"

Er lachte und er hatte ein wirklich schönes Lachen. Klar und ehrlich.

„Kritisch und direkt. Gefällt mir." Er rutschte etwas näher heran, seine nassen Füße hinterließen Abdrücke auf dem dunklen Holz des Bootes, das von einer halbhellen Laterne erleuchtet wurde. „Du bist wirklich hübsch, Debby." Er streckte die Hand aus und legte seine kühlen Finger an ihre Wange.

Sie schlug seinen Arm weg.

„Lass das!", sagte sie und machte sich in ihrer Ecke ein wenig kleiner.

„Hab dich nich' so", erwiderte Noah.

„Finger weg von ihr", sagte Farin deutlich und Noah wandte sich ihm zu. Ihre Blicke kreuzten sich, sie sahen einander für einen Moment fest in die Augen, dann lachte Noah wieder.

„Klar, Mann, du hast sie mitgebracht", meinte er, rutschte von Debby weg und zog aus der Innentasche seiner Jacke ein kleines Briefchen hervor. Zwischen zwei Fingern hielt er es in die Höhe, das Mondlicht spiegelte sich in dem silbernen Papier. „Jemand Bock?"

Farin starrte auf das Briefchen und schaute dann verunsichert zu seinen Freunden und Debby.

„Was ist das?", fragte sie mit einer bösen Vorahnung. Noah entfaltete vorsichtig das Papier und präsentierte ihr ein weißes Pulver.

„Das, meine Süße, ist Kokain und zwar echt gutes", erklärte er mit einem Grinsen auf den Lippen. Er schaute Debby in die Augen, aber sie wandte den Blick ab.

Aus dem Augenwinkel sah sie ihn das Briefchen auf dem Oberschenkel ablegen und sein Portemonnaie hervorholen. Erneut wollte sie nicht hinschauen, konnte aber nicht anders. Er holte einen blauen Papierausweis hervor, auf dem vorne der Name einer Gesamtschule stand. Etwas von dem Pulver klopfte er auf das Papier und holte dann seine Versichertenkarte heraus, mit der es zu zwei Lines zusammenschob. Er rollte einen 5-Euro-Schein und zog die erste Line, dann reichte er beides an Farin weiter, der den Schülerausweis zögerlich ergriff.

Debby starrte ihn an. Das Kokain in seiner Hand, den schuldigen Ausdruck in seinen blauen Augen, als er zu ihnen herüberschaute. Er wich ihrem Blick aus und zögerte einen Moment, ehe er den Geldschein ansetzte und die zweite Line bis auf den letzten Krümel einsaugte.

„Wie in den guten alten Zeiten", lachte Noah und klopfte Farin auf die Schulter. Er stand auf und ließ seine Jacke aufs Deck fallen, dann zog er sein T-Shirt aus. „Ich hab' jetzt richtig Bock zu schwimmen." Er streifte seine Schuhe ab, ließ die Hosen runter und sprang nur noch in Boxershorts vom Boot. Mit einem Platschen verschwand sein Körper im tiefschwarzen Meer.

Der Wind, der über die Ebene des Wassers fegte, war kalt, aber das hielt Farin nicht davon ab, sich ebenfalls die Klamotten auszuziehen. Er wirkte dünner oder bildete sie sich das nur ein, weil sie wusste, dass er die Klassenfahrt über kaum gegessen hatte? Flüchtig las sie die Namen auf seinem Rücken, ehe er Noah hinterhersprang.

Hadrian und Lasko folgten seinem Beispiel und waren wenige Sekunden später von Deck verschwunden, aber Debby blieb sitzen.

Es war kalt.

Sie waren verdammt weit draußen und unter ihnen kilometertief nichts als Wasser.

Es war dunkel.

Niemand wusste, wo sie waren.

Vielleicht würde das Boot wegtreiben und sie ertrinken, vielleicht würde ein Seeungeheuer sie in die Tiefe ziehen. Sie blieb, wo sie war. Über die Reling hinweg schaute sie zu, wie Noah Farin unter Wasser drückte und Hadrian Lasko eine Ladung Wasser ins Gesicht spritzte. Lasko hob die Hände, dann legte er sich auf den Rücken und strampelte mit den Füßen ganze Wassermassen in Hadrians Richtung, der nach einigen Augenblicken lachend untertauchte. Als Farin wieder hochkam, nahm er Noah in den Schwitzkasten und schleppte ihn mit sich vom Boot weg. Er wehrte sich, schaffte es mit einem Schlag in Farins Gesicht, sich zu befreien und schwamm dann mit ihm um die Wette.

War sie zu vernünftig für sowas? Musste man ein Draufgänger sein, um etwas zu erleben? Waren es Momente wie diese, aus denen Geschichten entstanden?

Wenn ja, dann logen die Geschichten. Nichts fühlte sich gut oder abenteuerlich an.

Noah kletterte als erster wieder an Deck. Tropfend stieg er in die kleine Kajüte hinab und kam mit einem Arm voller Handtücher wieder rauf. Jedem der Punks drückte er eines in die Hand, dann trocknete er sich selbst ab. Zitternd rubbelten die Jungs ihre Körper trocken und standen sich gegenseitig im Weg, als sie ihre Klamotten wieder anzogen.

„Schön, so 'ne nasse Unterhose unter der Jeans", sagte Hadrian und verzog das Gesicht, während er mit der Hand den Jeansstoff von seinem Hintern wegzog. Von seinem Irokesen war nichts als schlaffes, grünes Haar übrig, das ihm auf die Schulter hing und auch Farins Haare klebten nass an seinem Kopf statt wild abzustehen.

„Zieh sie aus", erwiderte Lasko und schaute Hadrian an, während er sich an demselben Platz wie vorhin niederließ.

„Zu spät", meinte der und setzte sich ebenfalls. Farin stellte seinen Rucksack vor sich ab und auch Noah setzte sich wieder hin.

Farin verteilte Bier, das er und Noah so schnell wegtranken, wie Noah über Landstraßen gefahren war. Sie leerten eine Flasche nach der anderen, widmeten sich dem Whisky und schließlich einer Weinflasche, die Noah aus der Kajüte holte.

„Er steht total auf Wein. Keine Ahnung, was mit ihm falsch is"", murmelte Farin und lächelte entrückt, während er Noah beim Korkenziehen zusah.

„Wollt ihr?", fragte der und hielt Debby, Hadrian und Lasko der Reihe nach den Flaschenhals hin.

Sie schüttelte den Kopf, Hadrian lehnte ebenfalls ab und Lasko sagte: „Irgendwer muss hier ja 'nen kühlen Kopf bewahren."

Noah schaute ihn amüsiert an, hob die Flaschen an die Lippen und trank ein paar Schlucke, ehe er sie an Farin weitergab. Keiner sprach ein Wort.

Debby beobachtete Farin dabei, wie er in die Sterne starrte. Was mochte ihm durch den Kopf gehen?

„Karel hätt's hier gefall'n", sagte Noah irgendwann. Mit der blassen Haut, den tiefen Augenringen und dem glasigen Blick stand er Farin in nichts nach. Sie sahen vollkommen fertig aus. Die beiden starrten einander an und ihr Schmerz lag für alle spürbar in der Luft.

„Ich wünsch'e, er hätte was gesag'. Irgen'was. 'n Grund genannt." Farins Stimme klang gepresst.

„'n Abschiedsbrief geschrieb'm", ergänzte Noah und stützte seinen Ellbogen auf die Erhöhung in seinem Rücken. „Das macht man doch eigen'lich so, oder?"

„Er hätt's für uns tun könn'. Scheiß Egoist!" Farin spuckte die Worte aus, zog die Nase hoch und rieb sich die Augen.

„Wichser", stimmte Noah zu, leerte die Weinflasche und schmiss sie gegen das Steuerrad, wo sie mit einem lauten Knall zersprang. Die Scherben ergossen sich über den Boden, aber Noah schaute nicht hin.

Farin starrte ins Nichts. „Ich werd' dies'n Anblick nie vergess'n", murmelte er. Noah schüttelte zustimmend den Kopf, in seinem Gesicht derselbe Ausdruck. Farin schlug die

Hände vors Gesicht und trotzdem sah Debby die wenigen Tränen, die seine Wange hinabrollten. Er schluchzte nicht, rührte sich nicht. Da waren nur diese paar Tränen, die seinen unfassbaren Schmerz offenbarten.

Noah holte das Kokainbriefchen hervor, klappte es auf und rieb sich den Rest des Pulvers aufs Zahnfleisch.

„Gar nicht mal so gut, dass die beiden sich getroffen haben", flüsterte Hadrian so leise, dass Noah und Farin ihn nicht hören würden. In der alles verschlingenden Stille war seine Stimme nicht mehr als ein Hauchen.

Debby nickte. Als Kind war sie mal mit ihrer Mutter U-Bahn gefahren und auf den Treppen, die in den Schacht hinabführten, hatte ein Mann gesessen. Vollkommen fertig, mit fettigen, verwachsenen Haaren, dreckiger Kleidung und einem Stück Alufolie in der Hand. Ihre Mutter hatte ihr geraten, sich von Drogenkonsumenten wie er einer war fernzuhalten.

Jetzt saß sie hier mit zwei vollkommen fertigen Typen, die tranken, kifften und koksten. Auf einem Boot mitten in der Nacht, weit draußen auf dem Meer. Allein. Selbst wenn ihr Verschwinden morgen bemerkt werden würde, wüsste keiner, wo er suchen sollte.

Großartig.

„Ich will nach Hause", flüsterte sie und spürte ein Kratzen in ihrem Hals.

„Ey", wandte Hadrian sich an Noah, der sich auf dem Boden zusammengerollt hatte. Er legte ihm eine Hand auf die Schulter. „Kannst du fahren?"

Noahs Augenlider flatterten, schwach schüttelte er den Kopf.

„Ich sagte ja, dass irgendwer einen klaren Kopf bewahren muss", sagte Lasko. Er stand auf, kletterte über Noah hinweg zum Steuerrad und startete den Motor.

„Du kannst Boot fahren?", fragte Hadrian, als Lasko das Boot in Bewegung setzte. Er beschrieb eine unsichere Kurve.

„Da gibt's gar nicht so viel zu können", meinte er und zuckte mit den Schultern.

Obwohl alle Richtungen absolut gleich aussahen, schafften sie es zum Steg zurück. Hadrian sprang heraus und vertäute das Boot, dann kam er zurück an Deck. Er ging neben Noah in die Knie, griff nach seinen Schultern – und hielt inne.

„Scheiße", murmelte er und Debby trat sofort an seine Seite.

„Was ist los?", fragte sie und ihre Stimme nahm einen unnatürlich hohen Klang an.

Noah lag am Boden und zitterte.

„Ich glaub, der hat 'ne Überdosis."

Nein.

„Wieso?" Debbys Stimme zitterte, ihr Herz schlug zu schnell und sie hatte das Gefühl, nicht genug Luft zu kriegen.

Hadrian legte eine Hand an Noahs Handgelenk, die andere kurz darauf auf seine Stirn.

„Wir müssen ihn schnellstens ins Krankenhaus bringen!"

Lasko schob Debby zur Seite und griff Noahs Beine, während Hadrian seinen Oberkörper hochhievte. Gemeinsam schleppten sie ihn vom Boot zum Auto rüber, Debby folgte ihnen und Farin fiel zurück.

„Such seinen Schlüssel!", forderte Hadrian sie auf. Schnell trat sie an Noah heran und tastete seine Jackentaschen ab, fuhr über seine Hosentaschen, als sie nichts fand. Aus der linken Vordertasche beförderte sie den Schlüssel zum Vorschein, schloss die Autotür auf und öffnete die Beifahrertür. Hadrian und Lasko setzten Noah auf den Sitz und schlugen die Tür wieder zu, dann sprang Lasko hinten rein, während Hadrian um den Wagen herumlief.

Debby stieg als nächste ein und auch Farin kam dazu, während Hadrian vorne Platz nahm. Er streckte die Hand nach hinten, sie reichte ihm den Schlüssel und er ließ den Motor an.

„Du kannst fahren?", fragte sie und suchte hektisch den Anschnallgurt.

Farin neben ihr drückte sich in die Polster und starrte aus dem Fenster.

Hadrian setzte schwungvoll zurück, wendete und holperte über die Wiese zurück zur Straße, während Debby den Anschnallgurt einsteckte und Lasko auf seinem Handy ein Navi zum nächsten Krankenhaus anmachte. Er navigierte Hadrian, der zum Glück vorsichtiger über die dunklen Landstraßen fuhr.

Nach ein paar Minuten beugte Noah sich vor und kotzte in den Fußraum. Er blieb vornübergebeugt sitzen und murmelte ein paar unverständliche Worte. Bis zum nächsten Krankenhaus waren es noch fünfzehn Minuten.

Wo war Debby nur reingeraten?

30

Debby krampfte die Hände zusammen, als die beleuchteten Fenster des kastenartigen Krankenhauses die Dunkelheit durchbrachen. Mit kaum 30 km/h überwand der rote Polo die Bremsschwellen auf der Straße. Scharf schlug Hadrian in die Auffahrt zur Notaufnahme ein und hielt dort direkt vor der Tür.

Lasko sprang heraus, während er noch den Motor stoppte, und lief zur Beifahrertür herüber. Dort saß Noah vornübergebeugt auf seinem Sitz, der Geruch seines Erbrochenen erfüllte den gesamten Innenraum.

Hadrian sprang ebenfalls aus dem Wagen und hievte ihn gemeinsam mit Lasko nach draußen. Sie schleppten ihn durch die breite Glastür ins Innere der hell erleuchteten Notaufnahme, während Debby mit Farin im Auto zurückblieb. Durch die offenstehende Tür kroch eine Kälte herein, die mit der konkurrierte, die von Farin ausging. Die ganze Fahrt über hatte er kein Wort gesagt und nur aus dem Fenster gestarrt.

„Wie geht's dir?", fragte sie.

„Wir hätten uns nie treff'n soll'n. War'n scheiß Zufall und 'ne scheiß Idee. Tut mir leid", erwiderte er und konnte den Schmerz in seiner Stimme nicht verbergen. Der Alkohol verwischte seine Aussprache, aber Debby war sich sicher, dass er in seinem Inneren noch viel fertiger war. Sie hätte gerne etwas gesagt, aber mal wieder gab es nichts. Die ganze Sache mit dem Boot war eine verdammte scheiß Aktion gewesen.

Sie schwiegen, bis Hadrian und Lasko zurückkamen. Der Beifahrersitz blieb frei, Lasko quetschte sich neben Debby auf die Rückbank, während Hadrian wieder vorne einstieg. Er drehte sich nach hinten und stützte seinen Arm auf die Rückenlehne.

„Die behalten ihn da und kümmern sich um ihn. Ich fahr uns jetzt zurück und dann müssen wir uns mal überlegen, was wir mit dem Auto anstellen." Sein Blick blieb kurz an

Farin hängen, dann drehte er sich nach vorne, schnallte sich an und startete den Motor.

„Da vorne rechts", sagte Lasko und navigierte sie zur Siedlung zurück. Hadrian parkte den Wagen auf einer Wiese ein wenig abseits.

„Hoffen wir, dass es nicht abgeschleppt wird", sagte er und zog den Zündschlüssel. Er schloss ab, als die anderen ausgestiegen waren, und lief mit Lasko voran in Richtung Bungalows. Debby folgte und etwas versetzt Farin, der sich eine Zigarette ansteckte.

Niemand begegnete ihnen, die Lichter in den meisten Bungalows waren gelöscht und Stille lag über der Anlage. Debby hörte das Rauschen des Meeres und das Sausen eines Autos, das mit überhöhter Geschwindigkeit die Landstraße hinunterfetzte. Damit niemand ihr Fernbleiben bemerkte, begleitete sie die Jungs wieder in ihren Bungalow.

Farin verschwand im Bad und forderte sie anschließend mit einer Handbewegung auf, den Sessel zu verlassen, in dem sie Platz genommen hatte.

Sie erhob sich.

Er ließ sich auf die Sitzfläche fallen und schnürte mit langsamen Bewegungen die Schnürsenkel seiner Springer auf, zog seine Füße raus und die Wolldecke über sich.

„Seh' ich richtig?", grinste Hadrian, der mit einer Bürste seine Haare entwirrte. „Farin hat wirklich zum allerersten Mal, seit wir hier sind, die Stiefel zum Schlafen ausgezogen?"

„Haltet euch von seinen Socken fern", meinte Lasko und trat ins Bad.

Debby schaute Farin an.

„Willst du nicht in deinem Bett schlafen?", fragte sie, aber er reagierte nicht.

„Leg dich einfach rein", sagte Hadrian und schenkte ihr ein aufmunterndes Lächeln.

Es war schon vier, als sie endlich in den Betten lagen. Die Atemgeräusche um Debby herum vergleichmäßigten sich schnell. Es raschelte. Farin schien seine Position zu verändern, dann war wieder Stille.

Wie ging es Noah? Er würde das überstehen, oder?

Erneutes Rascheln, wieder Farin, der sich bewegte. Sein Atmen war nicht so langsam wie das von Hadrian.

Was, wenn Noah … starb? Was würde das mit Farin machen?

Debby hing dem Wirbelsturm an Gedanken noch ewig nach und auch Farin schien nicht schlafen zu können. Dass sie doch eingeschlafen sein musste, bemerkte sie, als ein pochender Schmerz sich in ihrem Kopf meldete, als sie das nächste Mal die Augen aufschlug.

Sonnenstrahlen fluteten den Bungalow und fingen sich in der cremefarbenen Decke, die neben dem leeren Sessel auf dem Boden lag.

Sie wischte sich ein wenig Sabber aus dem Mundwinkel und setzte sich auf. Hadrian und Lasko lagen schlafend auf ihren Matratzen, aber von Farin fehlte jede Spur. Eine innere Unruhe ließ sie das Bett verlassen, sich im Bad ein wenig frisch machen und ins Freie treten. Es konnte noch nicht allzu spät sein. Sie ließ ihren Blick von rechts nach links schweifen und steuerte den Sammelplatz an.

Goldrichtig.

Farin saß auf der Mauer, die den Sammelplatz vom Strand trennte, und schaute aufs Meer hinaus. Er führte die Zigarette in seiner Hand zum Mund, als Debby sich näherte und pustete ihn aus, als sie an seine Seite trat.

„Guten Morgen", übertönte sie das sanfte Rauschen der Wellen.

Er wandte sich ihr zu. Sein Blick war zum ersten Mal seit Tagen vollkommen klar, kein diffus glänzender Schleier lag über ihnen, die Pupillen waren nicht starr geweitet und keine Rötung durchsetzte das Weiß. Dafür war da ein Schmerz, den sie fast körperlich spürte.

„Hey." Er lächelte, aber es erreichte seine Augen nicht. „Ich muss mich bei dir entschuldigen. Ich weiß gar nicht, wann ich mich das letzte Mal so scheiße benommen habe wie die letzten Tage."

„Du hattest deine Gründe", erwiderte sie, aber er schüttelte den Kopf.

„Ich war bloß die ganze Zeit viel zu zugedröhnt, um irgendwas klar zu kriegen." Er nahm einen Zug von seiner Zigarette und drückte sie neben seinem Oberschenkel an der Mauer aus. „Ich wüsste gern, wie's Noah geht", murmelte er leise, während er den Stummel in seine Jackentasche schob und den Blick zu Boden richtete.

„Schreib ihm eine Nachricht", schlug sie vor. Ein kalter Windstoß wehte ihr die Haare ins Gesicht und schob ein paar dunkle Wolken vor die Sonne.

„Ja ... Vielleicht später ..." Er starrte intensiv in den Sand und begann mit seinem Bein zu wackeln.

Debby schaute ihn an. Zögerte einen Moment und trat dann vor. Sie legte ihre Arme um ihn, woraufhin er sich zuerst anspannte und dann die Umarmung erwiderte. Er legte seinen Kopf an ihre Schulter, als plötzlich ein Tropfen auf ihrer Nase landete. Einen zweiten spürte sie auf ihrem Handrücken, dann einen auf der Stirn.

„Es regnet", stellte sie verwundert fest und Farin löste sich wieder von ihr. Genau wie sie hob er den Blick zu den dunklen Wolken, die von dem stärker werdenden Wind zusammengetrieben wurden. Er streckte seine Handfläche aus.

„Wollen wir mit den anderen frühstücken gehen?", fragte er, während sich einzelne Tröpfchen auf seiner Haut niederließen.

Debby lächelte. „Klar", sagte sie. Klang, als ginge es bergauf.

Hadrian sah erleichtert aus, als Farin sich ein Brötchen reinzwang. Der Regen trommelte gegen die Scheiben des Gebäudes und der Wind pfiff durch jede Ritze.

„Eigentlich war für heute ein Ausflug zum Hafen geplant, aber bei dem Wetter halten wir das für keine gute Idee. Der Ausflug fällt also aus und ihr haltet euch bitte hier im Aufenthaltsraum oder in euren Bungalows auf. Wir werden hier nach dem Essen ein paar Spiele zur Beschäftigung bereitlegen. Strandbesuche sind untersagt!", verkündete Frau Ressel, als die ersten Schüler ihre benutzten Teller wegstellten.

„Der Ausflug ist wohl ins Wasser gefallen", sagte Farin trocken und grinste leicht. Skeptische Blicke vonseiten der anderen trafen ihn, dann lachten seine Freunde. Erneut konnte Debby in Hadrians Augen die Erleichterung aufblitzen sehen.

„Kommt ihr mit, ein bisschen im Regen spazieren gehen?", fragte Farin, während sie in Richtung ihres Bungalows liefen. „Wenn ich mich jetzt da rein setze, bin ich in drei Stunden wieder betrunken."

Hadrian seufzte, legte den Kopf in den Nacken und blinzelte. „Eigentlich hab' ich echt keinen Bock, länger als nötig draußen rumzurennen", sagte er.

Lasko nickte.

„Ich komm mit", sagte Debby und Farin lächelte sie dankbar an. Während Hadrian und Lasko nach links abbogen, setzten die beiden ihren Weg geradeaus fort. Als sie den Sammelplatz erreichten, klebte Debbys Shirt an ihrer Haut und sogar ihr BH saugte sich bereits mit Wasser voll.

Farin machte keine Anstalten umzukehren. Er blieb stehen und streckte sein Gesicht mit geschlossenen Augen gen Himmel, drehte die Handflächen nach oben.

Debby strich sich eine nasse Haarsträhne hinters Ohr und sah zu, wie die Tropfen gleichmäßig auf ihn niederprasselten und ihm nichts auszumachen schienen. Er setzte sich wieder in Bewegung und sie folgte an seiner Seite. Sie liefen Richtung Bushaltestelle, das tosende Meer in ihrem Rücken.

„Besuchst du Noah mit mir?"

Ihr Kopf schnellte herum und ihr Blick beggnete Farins, der voller Angst und Schmerz war.

„Wie denn?"

Hoffentlich ging es Noah gut.

Farin zog sein Handy aus der Innentasche seiner Lederjacke, die das Wasser besser abgehalten hatte als ihre Stoffjacke. Er beugte sich vor und schützte das Display mit seinem

Körper vor dem Regen. Eine Weile tippte er darauf herum und Debby schlang die Arme um ihren Oberkörper, während der Regen ihr Gesicht kühlte.

„Hab 'ne Busverbindung gefunden. Dauert zwar 'ne Weile, aber wir haben ja eh nichts mehr vor." Er blickte auf und schaute ihr direkt in die Augen. In dem dunklen Blau lag ein solch dringliches Bitten, dass sie nickte. Ganz automatisch, ohne diese Entscheidung getroffen zu haben, nickte sie, und er lächelte. Er schob das Handy in seine Innentasche zurück, lächelte nochmal und dann liefen sie eine halbe Stunde lang die Landstraße herunter.

Durch und durch nass erreichten sie ein einsames, gelbes Schild, auf dem ein grünes H abgedruckt war. Das war's. Einen Unterstand gab es nicht.

Fünfzehn Minuten lang standen sie da und Debby spürte den Regen nicht mehr. Die Knochen in ihrem Körper schienen einzufrieren, die Kleidung klebte an ihrer Haut. Der Bus, der vorfuhr, war der falsche. Ohne einen neuen Fahrgast setzte er seinen Weg fort und es vergingen weitere zehn Minuten, bis der richtige Bus ihnen die Türen öffnete.

Farin stieg vorne ein, kaufte zwei Fahrkarten und hinterließ eine Pfütze. Auch von Debby tropfte das Wasser wie von einem nassen Regenschirm. Unter den Blicken dreier älterer Damen liefen sie an den Sitzreihen vorbei und setzten sich auf einen Zweiersitz im hinteren Teil.

Die älteren Damen stiegen an den kommenden Haltestellen aus, bis nur noch Debby und Farin im Bus saßen. Sie schauten aus dem Fenster, an dem der Regen in Bahnen hinablief und die Welt hinter einem grauen Schleier verschwinden ließ.

31

„Ich hab' damals bei Karel gewohnt", sagte Farin, den Blick starr nach draußen gerichtet. „Nach Felix' Tod haben meine Eltern nur noch gestritten und sich dann getrennt. Keiner von ihnen wollte mich haben. Da bin ich einfach zu Karel gezogen, war gar kein Problem. Er war schon älter und hatte 'ne eigene Wohnung und Noah und ich haben eh die meiste Zeit bei ihm verbracht, das hat also eigentlich gar keinen Unterschied gemacht." Er hob den Blick zur Anzeigetafel. „Wir müssen die Nächste raus", sagte er und streckte seinen Arm zu dem Stopknopf.

Diesmal gab es einen Unterstand und sogar eine trockene Bank. Nebeneinander setzten Debby und Farin sich hin und Farin holte seine Zigarettenpackung aus der Jackentasche. Die Pappe war an manchen Stellen aufgeweicht und die Zigarette, die er sich zwischen die Lippen steckte, hatte Flecken. Er zündete sie an und sie stank noch schlimmer als normal.

Zwanzig Minuten bis der nächste Bus kam.

„Mit den beiden hab' ich auch das Trinken angefangen. Ich weiß noch, dass Noah richtig billigen Tetrapak-Wein dabei hatte. Ich hab' von dem Zeug bestimmt drei Stunden gekotzt und das war fast genauso ekelhaft wie das Zeug zu trinken. Ich bin nie ein Wein-Fan geworden, aber Noah konnte nie genug davon kriegen." Farin grinste und zog an seiner Zigarette, den Blick auf den nassen Bürgersteig gerichtet. „Wir haben echt viel Scheiße gemacht und alles Mögliche ausprobiert. War schon 'ne geile Zeit und hat mich den ganzen Mist vergessen lassen." Er nahm ein paar schnelle, tiefe Züge und schnipste den Kippenstummel in den Regen, als kaum mehr als der Filter übrig war.

Die Tropfen prallten von den nassen Bodenplatten ab und schwemmten den Stummel über ein kleines Rinnsal in die Abflussrinne. Sie schwiegen, bis der Bus vorfuhr. Debby spürte, dass Farin noch nicht fertig war. Noch war es nicht an der Zeit etwas zu seiner Geschichte zu sagen.

Wieder saßen ein paar Menschen mit ihnen im Bus. Debbys Kleidung klebte ekelhaft warm wie eine zweite Haut an ihrem Körper.

„Ich dachte, es würde noch ewig so weitergehen", fuhr Farin irgendwann fort, während draußen Bäume und Felder vorbeizogen. „Aber eines Tages sind Noah und ich in Karels Wohnung gekommen, es war eigentlich alles wie immer. Ich hab' nicht damit gerechnet, dass ... Na ja, und ... er hatte ..." Er presste die Lippen aufeinander und starrte noch angestrengter nach draußen. „Er war ..." Seine Stimme brach. Er fuhr sich mit der Hand durchs Gesicht und holte mit der anderen die Zigarettenpackung heraus. Zog eine Kippe heraus und steckte sie zurück. Nochmal und nochmal. Immer wieder. Seine Finger zitterten.

Debby streckte die Hand aus und legte sie vorsichtig auf seine Schulter. Sanft strich sie über das Leder seiner Jacke.

„Bis zu Karels Beerdigung haben Noah und ich maßlos übertrieben mit Saufen und Drogen und allem. Uns war alles recht, solange wir wenigstens für einen Moment dieses Bild aus unserem Kopf löschen konnten. Ich bin dann zu meiner Mutter gezogen und die interessiert bis heute nicht, was mit mir ist. Eigentlich wünscht sie sich, dass ich gar nicht existieren würde. Weil Felix ohne mich noch leben würde." Er entzog sich ihrer Berührung und nestelte an seinen Zigaretten herum bis eine zerbrach.

Wieder schwiegen sie. Die Zeit zog sich wie Kaugummi und Debby zählte die Haltestellen, bis sie endlich aussteigen konnten. Es regnete immer noch.

Farin rauchte zwei Zigaretten auf dem Weg die Straße herunter und zum Empfangsbereich hoch, wo er unter dem Vordach stehen blieb. Durch die Glastüren konnten sie eine Sekretärin sehen, die hinter einem hohen Holztresen saß. Farin nahm den letzten Zug und drückte seine Zigarette in den Aschenbecher, dann traten sie ein. Die Automatiktüren glitten aus dem Weg und ihre nassen Sohlen quietschen auf dem blanken Boden.

„Am besten fragen wir direkt nach ihm", sagte Debby und steuerte das Infopult an, als jemand an ihnen vorbei ging. Jung, sportliche Figur, blondes Haar.

Zeitgleich blieben Noah und Farin stehen und drehten sich einander zu.

„Was macht ihr denn hier?", fragte Noah überrascht.

„Schauen, wie's dir geht", erwiderte Farin und schob die Hände in die Hosentaschen.

„Gut", sagte Noah. „Alles wieder in Ordnung." Er rieb sich mit einer Hand durch den Nacken, schaute von Farin zu Debby und wieder zu ihm. „Sorry, war wohl etwas viel … so im Allgemeinen."

„Kein Ding, hätte mir genauso gut passieren können. Wollen wir eine rauchen?"

Da war etwas zwischen ihnen. Etwas, das Debby am Tag zuvor noch nicht gespürt hatte.

Noah nickte und zusammen stellten sie sich wieder unter das Vordach, auf das der Regen in einem gleichmäßigen Takt trommelte. Farin reichte Noah eine Zigarette und hielt das Feuer an die Spitze, dann zündete er sich selbst eine an.

„Was habt ihr eigentlich mit meinem Auto gemacht?", fragte Noah nach dem ersten Zug.

„Steht am Straßenrand bei dieser Siedlung, da, wo wir wohnen", sagte Farin.

Debby schlang die Arme um ihren Oberkörper und versuchte erfolglos, sich vor dem schneidenden Wind zu schützen.

„Fahrt ihr jetzt wieder zurück?", fragte Noah, als er seine Zigarette im Aschenbecher ausdrückte.

Farin nickte.

„Ich komm' mit, das Auto holen. Das gehört nämlich meinen Eltern."

Ob Noahs Eltern sich um ihn sorgten? Sich fragten, wieso ihr Sohn in der Nacht nicht nach Hause gekommen war? Ob sie von seinem Drogenkonsum wussten und vom Schlimmsten ausgingen? Oder interessierten sie sich nicht für ihn wie Farins Mutter?

„Okay", sagte Farin und sah kurz zu Debby, ehe er die Hände in die Taschen seiner Lederjacke schob und sich in Bewegung setzte.

Sie ließen das Vordach hinter sich und begaben sich in die Fänge des strömenden Regens, der kein bisschen nachgelassen hatte. Als sie die Bushaltestelle erreichten, trieften auch Noahs Klamotten. Sie stellten sich unter, der Regen trommelte einen gleichmäßigen Rhythmus auf das Dach. Er klang dumpfer als der beim Krankenhaus.

„Tut mir leid, was passiert ist. War echt unverantwortlich von mir. Und danke, dass ihr mich ins Krankenhaus gebracht habt", sagte Noah nach ein paar Minuten des Schweigens.

Debby zitterte. Sie wollte nach Hause und sich unter eine heiße Dusche stellen, aber vor ihr lag noch eine ewig lange Busfahrt.

„Ich werd's ausrichten", sagte Farin und zündete sich eine Zigarette an. Noah streckte die Hand aus und er überließ ihm eine, dann rauchten sie schweigend, während Debby die Arme noch enger um ihren Oberkörper schlang und immer wieder die Straße hinuntersah. Immer wieder hoffte, einen Bus aus dem leichten Nebel auftauchen zu sehen, doch er ließ auf sich warten.

Als sie endlich einsteigen konnten, kaufte Farin erneut ein Ticket für sich und eins für sie, während Noah sich an ihnen vorbeischob und sich in Fahrtrichtung in einem Vierersitz niederließ. Farin nahm ihm gegenüber Platz und sie setzte sich neben ihn.

Außer ihnen saß nur noch eine weitere Person ganz hinten im Bus. Das bedrückende Schweigen dominierte die Atmosphäre, untermalt von dem gleichmäßigen Brummen des Motors und dem Regen, der gegen die Scheiben trommelte.

„Bist du je drüber hinweggekommen?", fragte Farin irgendwann. Draußen legte sich die Dunkelheit über das Land und hier drinnen erleuchteten die Oberlichter ihre Gesichter.

Noah hob den Blick und musterte ihn ein paar Augenblicke lang scharf, dann schüttelte er entschieden den Kopf.

„Ich hab' alles getan, um es zu vergessen, aber nichts hat geholfen. Das heute war nicht meine erste Überdosis, wenn ich ehrlich bin."

Farin nickte, als wisse er genau, wovon Noah sprach.

„War nicht unbedingt die beste Idee, da weiterzumachen, wo wir aufgehört haben", meinte er und wieder lag Trauer in seiner Stimme. Eine andere als heute Mittag noch.

Noah schüttelte den Kopf.

Auch wenn sie wahrscheinlich nie würde nachvollziehen können, was Noah und Farin zusammen durchgemacht hatten, bohrten sich die umherschwirrenden Gefühle wie eine Pfeilspitze in Debbys Herz. Wurden tiefer hineingestopft und im Kreis gedreht, um größtmöglichen Schaden anzurichten.

„Wir sollten uns nicht noch einmal treffen, Mann. Dabei kommt nichts Gutes raus, befürchte ich. 'ne gemeinsame Vergangenheit ist 'ne geile Sache, aber ich glaube, wir haben zu viel davon", meinte Noah.

Ein Nicken von Farin, dann schwiegen sie wieder. Sprachen zwischendurch über Belangloses, um die unangenehme Stille zu unterbrechen, die sich nicht vertreiben ließ.

Debby sagte nichts während der Fahrt und der Wartezeit an den Haltestellen. Diese letzten Stunden gehörten Farin und Noah.

Irgendwann standen sie neben dem roten Polo auf dem Bürgersteig, der Regen hatte sich zu einem Nieseln gewandelt. Farin eilte zum Bungalow und kam mit dem Schlüssel zurück. Noah gegenüber blieb er stehen und drückte ihn ihm in die Hand, dann schauten einander an und schienen nicht zu wissen, was sie tun sollten. Was sie sagen sollten.

Was sagte man, wenn man einen Menschen zum letzten Mal sah?

„Fahr vorsichtig", murmelte Farin irgendwann leise. Er streckte seine Hand aus. „Pass auf dich auf", fügte er hinzu, als Noah einschlug. Er zog ihn an sich und die beiden lagen sich für einen langen Moment in den Armen, ehe sie einen Schritt zurücktraten, ihre Hände aber noch nicht lösten.

„Du hast da ein paar wirklich gute Freunde gefunden. Halt sie gut fest, die sind Gold wert", antwortete Noah und ein angedeutetes Lächeln umspielte seine Lippen. Die Worte schmerzten ihn, das konnte Debby sehen.

Auch sie hatte Freunde verloren, aber das war etwas anderes gewesen. Während Clari sie hintergangen hatte, waren Noah und Farin als beste Freunde mit einem gemeinsamen Schicksal auseinander gegangen. Hatten sich als genau diese alten Freunde wiedergetroffen und mussten jetzt akzeptieren, dass ihre gemeinsame Geschichte hier und heute ein Ende fand. Jemanden aus ihrem Leben streichen, mit dem sie so viel gemeinsam hatten und mit dem sie einige ihrer einschneidensten Erlebnisse geteilt hatten.

„Du solltest das Auto putzen, bevor du es deinen Eltern zurückgibst", scherzte Farin.

„Besser ist das", erwiderte Noah. Er hielt seine Hand weiterhin fest.

„Ich werde unsere Zeit nie vergessen. Du warst meine verdammte Familie, als meine eigene mich nicht mehr wollte. Mein Bruder", sagte Farin.

Tränen ließen Debbys Blick unscharf werden. Sie biss sich auf die Lippen und unterdrückte das Schluchzen, das ihre Kehle hochkroch. Blinzelte ein paar Mal schnell hintereinander, um die Tränen am Laufen zu hindern. Farin gab normalerweise nicht zu, dass nicht alles super war. Diese Worte aus seinem Mund zu hören, versetzte dem Pfeil in ihrem Herzen den Todesstoß.

„Ja, Mann. Du auch meiner. Mach was aus dir!"

Sie umarmten sich nochmal, dann lösten sie ihre Hände voneinander und Noah stieg ins Auto. Er ließ das Fenster herunter und fuhr mit aufheulendem Motor von der Wiese über den Bürgersteig auf die Landstraße.

Farin schaute nicht zurück, als er neben Debby zu den Bungalows ging, aber ein Blick in seine Augen reichte, um zu sehen, dass etwas in ihm zerbrochen war.

32

Zurück in der Siedlung trennten sich Debbys und Farins Wege. Während er zu seinem Bungalow abbog, ging sie weiter zu ihrem. Sie beschleunigte ihre Schritte, je näher sie der Dusche kam.

Dunkelheit empfing sie, der Bungalow war verlassen und Debby holte frische Klamotten aus ihrem Schrank, ehe sie sich im Badezimmer einschloss. Sie pellte die ekelhafte Kleidung von ihrem Körper, ließ sie auf den Fliesen zurück und stieg in die Dusche. Drückte sich an den Rand, während das Wasser sich erhitzte und genoss dann den heißen Strahl auf ihrer Haut, der all die Kälte und den Schmutz davonspülte.

Sie sah zu, wie das Wasser von ihren Füßen in den Abfluss lief und stand einfach da, während die Wärme ihre Muskeln entkrampfte. Gründlich schäumte sie anschließend ihre Körper und ihre Haare ein, genoss das Gefühl der Sauberkeit, das zurückblieb. Sie ließ sich Zeit, wischte den beschlagenen Spiegel frei und putzte ihre Zähne, cremte sich ein. Schlüpfte in die warmen, trockenen Kleidungsstücke. Die Haare hingen ihr nass auf die Schultern, als sie die Badezimmertür wieder öffnete.

Das Licht war an.

Sie drehte den Kopf nach links und erblickte Clari, die zusammen mit Thomas auf ihrem Bett saß und Debby anschaute.

„Sieh mal einer an, du bist auch mal wieder hier", schnappte sie. „Bist du deinen tollen Punks zu langweilig geworden?"

Debby hob die Augenbrauen.

„Halt bloß den Mund, du dreckiges Stück Scheiße", gab sie zurück und konnte nicht verhindern, dass die Beleidigung ihren Mund verließ. Eigentlich wollte sie es auch nicht.

„Was hast du gesagt? Du hast uns fallen gelassen, weil wir dir nicht mehr gut genug waren, vergiss das bitte nicht." Clari verschränkte die Arme und hob das Kinn.

Debby schüttelte den Kopf.

„Es gibt nur eins, das ich wissen möchte: Hast du Thomas gevögelt, bevor oder nachdem ich Schluss gemacht habe?"

Thomas sah auf, seine Augen wurden größer, der schuldbewusste, geprügelter-Welpe-Blick blitzte in ihnen auf.

Auch Clari fiel der arrogante Ausdruck aus dem Gesicht.

„Warum?", fragte Debby Thomas und schaute ihm in die Augen. Sofort senkte er die Lider, blickte auf den Boden, nach rechts zu Clari, dann in den Raum. Sie schaute ihn weiterhin an.

„Ich ... weiß es nicht. Ich war sauer, enttäuscht, eifersüchtig. Ich hätte es nie tun sollen. Tut mir leid, Debby. Ich wollte dich nie verlieren." Er klang, als bereute er.

Claris Kopf wirbelte herum, sie öffnete den Mund und starrte ihn an. Schien etwas sagen zu wollen, sagte aber nichts. Musste wehtun, nur die zweite Wahl zu sein.

„Wahrscheinlich passt ihr ganz gut zueinander. Ich wünsche euch alles Gute", sagte Debby und meinte die Worte ernst. Die beiden waren kein Teil ihres Lebens mehr. Sie wollte ihre Gedanken nicht an sie verschwenden, das Kapitel war vorbei. Jemanden wie die zwei brauchte sie nicht. Sie ließ Thomas und Clari zurück und besuchte Hadrian, Farin und Lasko. Ihr Magen knurrte, als sie an die Tür klopfte.

„Ist das Abendessen eigentlich schon vorbei?", fragte sie, während sie an Hadrian vorbei eintrat. Punkmusik klang ihr entgegen.

„Allerdings. Es gab echt leckere Pommes", grinste Hadrian und folgte ihr in den Wohnraum.

„Verdammt, ich hab' Hunger", seufzte sie.

„Was zu essen hab' ich nicht für dich, aber es findet heute noch so 'ne Abschlussfeier statt. Mit Musik und Chips und sogar Bier, meinte die Ressel." Hadrian setzte sich auf sein Bett, Farin lümmelte im Sessel herum und warf ihr ein Lächeln zu und Lasko las.

Farins Haar war ebenfalls noch feucht und er sah besser aus als die letzten Tage. Die dunklen Augenringe waren noch da, aber die Farbe seiner Gesichtshaut hatte sich von kalkweiß zu einem gesünderen blassweiß gewandelt.

Debby ließ sich auf seinem Bett nieder.

„Geht ihr hin?", fragte sie.

„Wieso nicht?", erwiderte Hadrian und wechselte das Lied.

„Ich hab' Hunger", sagte Farin.

„Ich auch", stimmte sie zu.

„Man kann doch bestimmt was bestellen." Er holte sein Handy aus der Tasche seiner Jogginghose und legte seinen in einer pinken Socke steckenden Fuß auf die Armlehne. Eine Weile tippte er darauf herum. „Okay, wer will noch alles Pizza?" Er hob das Handy und schwenkte es in der Luft.

„Ich", sagte Debby und nahm das Gerät von Farin entgegen. Sie scrollte durch die verschiedenen Gerichte, wählte eine Pizza Funghi und gab das Handy an Hadrian weiter.

Ein Lächeln stahl sich auf Debbys Lippen, als sie Farin essen sah. Hungrig stopfte er sich das Pizzastück in den Mund und kaute, während er sich bereits das nächste griff.

Hatte ihn die Begegnung mit Noah wachgerüttelt?

Auch Hadrian sah zufrieden aus, was nur bedeuten konnte, dass es mit Farin wieder bergauf ging. Ein Gefühl der Erleichterung kittete die Risse in ihrem Herz.

Nach dem Essen gingen sie zum Aufenthaltsraum. Hadrian und Lasko nahmen sich die letzten beiden Flaschen Bier, während Farin die Hände in die Taschen schob und seinen Blick schweifen ließ.

„Wir teilen", sagte Hadrian zu ihm, aber Farin schüttelte den Kopf. Er schaute zu der Musikanlage, die den Raum mit Popmusik erfüllte, und zog dann seine Zigarettenschachtel hervor. Er schob sich eine zwischen die Lippen und steuerte auf den Ausgang zu, Debby blieb bei Hadrian und Lasko zurück. „Möchtest du was?", fragte Hadrian und streckte ihr die Flasche hin.

„Nee, danke."

Thomas und Clari waren nicht da, Bella saß mit den Mädchen von der Bushaltestelle zusammen um einen Tisch. Ein paar ihrer Mitschüler wandten schnell den Blick ab, wenn

Debby in ihre Richtung schaute. Es schien Zufall zu sein, wiederholte sich aber mehrfach.

„Starren die mich eigentlich an?", fragte sie Hadrian. Die drei standen an der Wand in der Nähe der Anlage.

„Die reden sogar über dich", erwiderte Lasko und nippte an seinem Bier.

„Was reden die denn?"

„Dass du eine Schlampe bist."

Ihre Augenbrauen schnellten in die Höhe. Ihr Blick wanderte über ihre Mitschüler, als könne sie so den Schuldigen ausfindig machen.

Sie war also die Schlampe? Nach allem, was Thomas ihr angetan hatte, war sie eine Schlampe? Und Thomas, der mit Clari geschlafen hatte, während sie noch in einer Beziehung gewesen waren, der sie angefasst und ihr die Kleidung vom Leib gerissen hatte, war was? Das Opfer?

Sie schüttelte fassungslos den Kopf und stieß die Luft aus ihren Lungen.

„Gib da nichts drauf", riet Hadrian. „Menschen sind sehr einfach gestrickte Wesen."

Ihr Blick blieb an Bella hängen. Redete sie auch über sie?

Bella warf ihr ein schüchternes Lächeln zu, als sie ihren Blick bemerkte, und Debby schaute schnell wieder weg.

Farin kam nicht mehr zurück. Sie schaute vor der Tür nach ihm, aber er war nirgends zu sehen. Sie blieb bei Hadrian und Lasko und begleitete sie gegen halb zehn zum Bungalow zurück, wo sie Farin schlafend in seinem Bett vorfanden.

„Der Kerl hat sie nicht mehr alle", grinste Hadrian.

„Ich kenne wirklich niemanden, der so nach seinen Bedürfnissen lebt wie Farin", stimmte Debby zu und betrachtete dessen friedliches Gesicht. Die Erleichterung in ihrem Herzen verfestigte sich.

Frau Ressel stand neben der offenen Gepäckluke des Reisebusses und massierte ihre Schläfen. Heute trug sie dunkle Ringe unter den Augen, ihre Haut war blass und das Make-Up fehlte.

Herr Belgardt war im Bus verschwunden, als Debby mit ihrem Koffer eingetroffen war.

Farin marschierte federnden Schrittes den Weg hinab, kam neben Frau Ressel zum Stehen und warf seine Tasche schwungvoll in den Gepäckraum. Es rumpelte und klirrte und Frau Ressel verzog das Gesicht.

„Hätten Sie gestern mal nichts getrunken, dann wären Sie heute fitter", sagte er und schüttelte den Kopf. „Diese Jugend von heute." Er drückte die Lippen aufeinander und nickte, einen nachsichtigen aber doch verurteilenden Ausdruck im Gesicht.

Frau Ressel schaute ihn finster an und er grinste breit, knuffte ihr freundschaftlich gegen die Schulter und eilte dann schnell mit eingezogenem Kopf zu Debby, Hadrian und Lasko herüber. Das Grinsen auf seinen Lippen hielt sich. Er wirkte frisch und ausgeruht. Wacher als Debby ihn je zuvor gesehen hatte.

Hadrian schob sich eine selbstgedrehte Zigarette zwischen die Lippen und Farin zog seine Packung aus der Jackentasche hervor, während er den Blick zwischen ihm und Debby hindurch über den Strand schweifen ließ.

Er zündete sich ebenfalls eine an und pustete den Rauch zur Seite weg.

„Die Abschlussfahrt war lehrreicher, als ich erwartet hatte. Zumindest für manche", sagte Hadrian und schaute Farin dabei an.

„Keine Ahnung, wovon du redest", erwiderte der und zog an seiner Zigarette.

Hadrian hob amüsiert eine Augenbraue und Farin lächelte wissend zur Antwort, dann drehte er sich um und schaute zu, wie Frau Ressel ihre Position hielt.

„Wann kommen wir an?", fragte Mareike und stemmte die Hände in die Seiten.

Frau Ressel bedachte auch sie mit einem finsteren Blick.

„Um sechzehn Uhr, wie es auf dem Zettel stand, den ich euch ausgeteilt habe."

„Alles klar", quietschte Mareike und stieg in den Bus, zwei weitere Mädchen aus Debbys Kurs folgten ihr.

Nach und nach trudelten die übrigen Schüler ein. Debby sah Thomas hinter seinen Freunden den Weg herunterkommen, sah ihn seine Tasche in den Gepäckraum schieben und dann mit hochgezogenen Schultern in den Bus steigen. Sie sah den kurzen Blick, den er ihr zuwarf, bemerkte das kurze Zögern, das sich in Reue wandelte, als sie die Augen zusammenkniff und die Nase kraus zog.

Lasko, Hadrian und Farin rauchten ihre Zigaretten auf, dann stiegen sie mit Debby in den Bus und sicherten sich die Reihe ganz hinten.

Debby rutschte zum Fenster durch und Farin nahm neben ihr Platz. Er schenkte ihr ein Lächeln, sie erwiderte es.

Nach und nach stiegen die übrigen Schüler ein, dann lief Frau Ressel durch die Reihen und zählte. Die Bustür wurde geschlossen und er setzte sich in Bewegung. Verließ die Siedlung, in der Debbys Leben eine neue Form angenommen hatte. Die viel mehr für sie bereitgehalten hatte, als fünf Tage beinhalten sollten.

„So, Leute", sagte Farin, schaute von rechts nach links und grinste. „Heute is' Freitag. Was ha'm wa' vor?"

„Ausruhen", sagte Hadrian und legte seinen Stiefel auf der Armlehne des Sitzes schräg vor ihm ab. Ein wenig Dreck rieselte zu Boden.

Lasko, der fast hinter ihm verschwand, nickte zustimmend.

„Langweiler", grinste Farin, verschränkte die Arme hinter dem Kopf und drückte die Knie gegen den Vordersitz.

Mit ihrem Koffer im Schlepptau lief Debby auf ihre Eltern zu, die sie lächelnd in die Arme schlossen.

„Wie war's?", fragte ihre Mutter, während ihr Vater sie noch an sich drückte.

„War gut", erwiderte sie und löste sich von ihm.

„Was habt ihr gemacht?"

Ihr Vater griff den Koffer, zog ihn zu sich und schob den Griff herunter.

„Wir haben uns mit Schifffahrt beschäftigt. Wir waren in einem Museum und wandern und haben einen Film geschaut, wären eigentlich noch zum Hafen gefahren, aber dann hat es gestürmt." Während sie sprach, zog Thomas ihre Aufmerksamkeit auf sich. Er stand mit seinem Vater zusammen, redete mit ihm und zeigte plötzlich auf Farin.

Die Augenbrauen seines Vaters waren zusammengezogen, Wut machte sich in seinen Gesichtszügen breit. Festen Schrittes ging er auf Farin zu, der alleine dastand. Er baute sich vor ihm auf und redete aggressiv gestikulierend auf ihn ein, was Farin nicht zu beeindrucken schien.

Er holte seine Zigarettenschachtel heraus, steckte sich eine zwischen die Lippen und hielt seine Hand um die Flamme seines Feuerzeugs.

Thomas' Vater ballte die Fäuste und Farin pustete ihm den Rauch ins Gesicht. Hadrian und Lasko stellten sich hinter ihn.

Hadrian nahm die Schultern zurück und richtete sich auf, sodass er von oben auf Thomas' Vater herunterschauen konnte. Im Gegensatz zu dem schmächtigen Lasko wirkte er angsteinflößend in seiner nietenbesetzten Lederjacke, den Springerstiefeln, mit den Piercings im Gesicht und dem Iro auf dem Kopf.

Thomas' Vater hörte nicht auf zu gestikulieren, aber er machte kleine Schritte zurück.

„Das wird ein Nachspiel haben!", brüllte er und zeigte mit dem Finger auf Farin, ehe er herumwirbelte und zu seinem Sohn zurückstapfte.

„Was ist denn da los? Und was ist mit Thomas passiert?", fragte Debbys Mutter besorgt.

„Sowas sollte auf einer staatlichen Schule sowieso nicht erlaubt sein. Springerstiefel und bunt gefärbte Irokesen. Wo sind wir denn hier?", sagte ihr Vater.

„In Deutschland, wo zum Glück jeder rumlaufen darf wie es ihm gefällt", erwiderte Debby. „Können wir gehen?" Sie griff nach ihrem Koffer, aber ihr Vater hob ihn für sie hoch. Sie lächelte den Punks zu und winkte ihnen, ehe sie ihren

Eltern zum Auto folgte und einstieg, während ihr Vater die Kofferraumklappe zuwarf.

„Willst du dich nicht von Thomas verabschieden?", fragte ihre Mutter, die auf dem Beifahrersitz Platz genommen hatte.

„Wir sind nicht mehr zusammen", sagte Debby, als ihr Vater einstieg und die Tür hinter sich zuzog.

„Was?" Ihre Mutter drehte sich nach hinten, ihr Vater startete den Motor.

„Wir sind nicht mehr zusammen", wiederholte sie, während er sich ebenfalls umdrehte, um beim rückwärts Ausparken aus der Heckscheibe zu schauen.

„Wieso denn das?", fragte er.

„Er ist doch so ein lieber Junge", meinte ihre Mutter.

„Ist er nicht", sagte Debby.

„Wieso?"

„Ich möchte nicht darüber reden." Nicht mit ihren Eltern.

„Du kannst mit uns über alles reden", sagte ihre Mutter und klang ein wenig gekränkt.

Debby schüttelte den Kopf, schaute aus dem Seitenfenster und verdrehte die Augen. Wie würde es jetzt werden, wo sie wieder Zuhause war? Würden Hadrian, Farin und Lasko ihre Freunde bleiben oder war das nur für die Klassenfahrt gewesen? Sie hatte niemanden außer die drei.

33

Nach dem Abendessen mit ihren Eltern saß Debby in ihrem Zimmer auf ihrem Bett, der Koffer stand gepackt vorm Schrank und sie war allein. So allein, wie sie sich fühlte.

Keine neue Nachricht leuchtete ihr vom Sperrbildschirm ihres Handys entgegen. Wer sollte ihr auch schreiben? Niemand außer Farin hatte einen Grund, sich bei ihr zu melden – nein, selbst er hatte keinen.

Hatte er sich ihr geöffnet, weil sie ihm beigestanden hatte oder bloß, weil sie gerade da gewesen war? Hatten die Jungs gerne Zeit mit ihr verbracht oder waren sie nur nett gewesen? Hatte Farin sie vor Thomas beschützt, um sie zu beschützen, oder hätte er das für jeden getan?

Eigentlich war sie in jedem Augenblick austauschbar gewesen. Einfach nur dabei, statt einen Unterschied zu machen.

Sie rutschte vom Bett und schaltete ihren Computer ein. Suchte den traurigsten Film heraus, den sie finden konnte, und kuschelte sich mit einem Kissen im Arm unter die Decke. Die fremden Stimmen füllten den Raum, die fremden Sorgen ihren Kopf. Ihr Herz ließ sich nicht ablenken. Nach vielleicht zwanzig Minuten sammelten sich die ersten Tränen in ihren Augen und liefen ihr kurz darauf die Wangen hinunter. Sie wollte nicht, dass ihre Zeit mit Farin endete. Wollte ihn nicht verlieren. Hadrian und Lasko auch nicht.

Etwas vibrierte. Debby schlug die Augen auf und schaute sich in ihrem dunklen Zimmer um.

War es schon Zeit zum Aufstehen?

Müde blinzelnd entdeckte sie das leuchtende Display ihres Handys. Sie griff danach und entdeckte Farins Namen mit einem roten und einem grünen Hörer darunter.

„Hallo?", murmelte sie, nachdem sie angenommen hatte. Sie unterdrückte ein Gähnen.

„Noch wach?", fragte Farin. Das leise Rauschen des Windes untermalte seine Worte.

„Wieder", gab sie zurück, nahm das Handy kurz vom Ohr weg und schaute auf die Uhrzeit in der oberen rechten Ecke. 05:23

„Lust den Sonnenaufgang anzuschauen?", fragte er. Sie setzte sich hin und zog die Decke um ihren Körper.

„Was?"

Wollte er sie verarschen?

„So wie letzte' Mal. Komm raus, ich bin schon vor deiner Tür." Ein leises Klicken verkündete das Ende des Gesprächs.

Debby schaute einen Moment auf ihren Display, dann spähte sie zum Fenster raus. Er stand auf der gegenüberliegenden Straßenseite, den Blick auf den Handybildschirm gerichtet und zog an einer Zigarette. Ein leichtes Lächeln huschte über ihre Lippen. Sie kletterte aus dem Bett, zog ein paar frische Kleidungsstücke aus ihrem Schrank und lief ins Bad herüber. Zähne putzen, Haare bürsten, dann schlich sie mit klopfendem Herzen die Treppe herunter. Das Licht ließ sie aus. Um sie herum war es still, während sie in ihre Schuhe schlüpfte und den Schlüssel im Schloss drehte. Das Klimpern des Schlüsselbundes war unglaublich laut in ihren Ohren. Langsam zog sie die Tür hinter sich wieder zu und erblickte Farin, der sein Handy inzwischen weggepackt hatte und sie anlächelte.

„Guten Morgen", sagte er leise, als sie neben ihm stehen blieb. Seine raue Stimme jagte ihr einen wohligen Schauer den Rücken hinab.

„Hadrian hatte Recht, du hast sie echt nicht mehr alle", lächelte sie und er zwinkerte ihr zu.

„Ich weiß. Alles andere wäre doch langweilig", grinste er und setzte sich in Bewegung. Sie lief neben ihm her und lauschte der Stille des Morgens, in der ihre Schritte und sogar ihr Atmen deutlich zu hören waren.

„Ich wollte mich bei dir bedanken. Obwohl ich mich total daneben benommen habe, hast du mit mir eine Weltreise durch den Regen zum Krankenhaus gemacht und dir meine ganze, armselige Lebensgeschichte angehört. Du hast nur zugehört und nichts sonst getan. Nicht gefragt oder mich verurteilt. Ich konnte zum ersten Mal richtig darüber sprechen. Ich möchte, dass du weißt, dass du auch immer zu mir kommen kannst. Du bist nicht allein, gerade jetzt nicht, wo es zwischen dir und deinen Freundinnen nicht so gut läuft", sagte Farin nach einigen Augenblicken.

Debby schaute ihn von der Seite an.

„Clari hat mit Thomas geschlafen. Bevor wir Schluss gemacht haben."

Er warf seine Zigarette weg und erwiderte ihren Blick.

„Wie geht's dir damit?"

Sie zog die Schultern hoch und ließ sie wieder sinken. „Ich bin froh, es jetzt erfahren zu haben und dass ich bereits Schluss gemacht habe", sagte sie, den Blick auf den Bürgersteig gerichtet. „Es wäre schlimmer, hätte ich länger mit dieser Lüge leben müssen. Aber so war es schon kaputt, es ist nicht wegen dieser Sache kaputt gegangen, weißt du? Vielleicht wird er ja mit ihr glücklich." Sie schaute zur Seite und erblickte ein anerkennendes Lächeln, das Farins Mundwinkel umspielte.

„Weißt du noch als ich meinte, du sollst nicht zulassen, dass die Welt dein gutes Herz zerstört?", fragte er und sie nickte. „Da brauchst du dir keine Sorgen machen."

„Wieso?"

„Du bist stark. Sonst würden dir diese Worte nicht so leicht fallen." Auch in seinem Blick lag Anerkennung.

Sie grinste und schaute zu Boden, als ihre Wangen sich erhitzten.

„Bin ich nicht", murmelte sie.

Er fing ihren Blick, als sie wieder aufsah.

„Viel stärker als du denkst. Glaub mir, wenn's um Schwäche geht, kenne ich mich nur zu gut aus." Er zog seine Zigarettenpackung aus der Jackentasche und schob sich eine zwischen die Lippen.

Debby lachte laut. Plötzlich fühlte sie sich wieder leicht und frei, wie am Anfang, als sie Farin kennen gelernt hatte.

Bevor sie an der Brücke gewesen waren, bevor sie zur Klassenfahrt aufgebrochen waren.

Nebeneinander liefen sie dem Sonnenaufgang entgegen und erreichten den Berg, als die ersten Strahlen den Horizont erklommen. Der Morgentau zog in ihre Jeans, als sie sich setzten. Farin war ihr so nah, dass ihr der Geruch von kaltem Rauch in die Nase stieg, der seinen eigenen überdeckte. Seinen Geruch nach einem stürmischen Tag an der rauen See.

Farins Kindheit war wunderbar gewesen, hatte er an der Brücke gesagt. Nur alles, was danach kam, nicht.

Während es für sie das Schlimmste gewesen war, eine Folge ihrer Lieblingssendung zu verpassen, war er mit dem Tod seines kleinen Bruders konfrontiert worden. Während ihre Eltern ihr heißen Kakao ans Bett gebracht hatten, war er von seinen verstoßen worden und hatte angefangen, zu trinken und Drogen zu nehmen. Er hatte einen seiner besten Freunde verloren, während sie sich mit ihren über Schauspieler unterhalten hatte.

Jetzt saßen sie beide hier, als würde sie nichts voneinander unterscheiden. Wandelten auf demselben Boden, atmeten dieselbe Luft, besuchten dieselbe Schule und umgaben sich mit denselben Leuten. Der Alltag machte sie gleich.

Unfassbar, dass es Menschen auf der Welt gab, die über jemanden urteilten, mit dem sie noch nie ein Wort gewechselt hatten.

Um kurz vor acht hatte die Sonne den Himmel erklommen und Farin und Debby standen vor der Tür von Debbys Oma.

„Sie ist nicht mehr gut zu Fuß unterwegs und freut sich immer, wenn ich ihr eine Runde mit Bernhard abnehme", erklärte sie und klopfte an die Tür.

„Ich erinner' mich an den Hund."

Drinnen waren Schritte zu hören, dann öffnete Debbys Oma. Sie trug bereits ihre Jacke.

„Kindchen, das ist ja eine Überraschung", sagte sie und schaute Farin ins Gesicht. „Rita." Sie streckte ihm die Hand hin.

„Farin", sagte er und schüttelte sie.

„Kommt doch rein!", erwiderte sie und machte eine einladende Geste. Sie wankte in die Küche hinüber, Debby folgte und Farin schloss die Tür, ehe er neben ihr auf der Bank am Tisch Platz nahm. Die Oma holte einen Kuchen aus dem Kühlschrank und stellte ihn auf die Arbeitsfläche.

„Du trinkst Kaffee, oder?", fragte sie, während sie einen Filter in die Kaffeemaschine legte.

„Liebend gern", sagte Farin.

Sie holte die Kaffeedose aus dem Schrank und löffelte das Pulver in den Filter. Farin stand auf, ging zu ihr rüber und verteilte drei Kuchenstücke auf drei Teller, die er zum Tisch trug.

„Ein Gentleman", meinte die Oma und Farin grinste.

„Wer mir morgens um acht Kaffee und Kuchen vorsetzt, kann so ziemlich jede Gegenleistung erwarten", sagte er. „Wo sind die Gabeln?" Er drehte sich wieder zu ihr.

„Setz dich jetzt!", sagte die Oma und schmiss die Kaffeemaschine an. Sie holte drei Kuchengabeln aus der Besteckschublade und humpelte zum Tisch, wo sie ihre Jacke über die Stuhllehne hängte.

„Wo hast du ihn denn aufgetrieben?", fragte sie ihre Enkelin.

„Er geht auf meine Schule", erwiderte diese und schaute von ihr zu Farin, der einen Teller zu sich zog. Er griff sich eine Gabel und trennte ein Stück ab, das er sich in den Mund stopfte. Debbys Oma nickte wohlwollend.

„Lass es dir schmecken." Sie wandte sich Debby zu. „Es freut mich, dass du endlich vernünftig geworden bist. Deine Mutter hat mir erzählt, dass du dich von diesem Thomas getrennt hast. Das wurde allerhöchste Zeit. Dieses Jüngelchen war doch kein ernsthafter Freund für dich, mein Kind."

Debby zog die Augenbrauen hoch und ließ ihre Gabel im Kuchen stecken.

„Ganz meine Meinung", grinste Farin, der nur noch einen Bruchteil seines Stückes vor sich liegen hatte. „Der hatte nur Flausen im Kopf."

Die Oma nickte zustimmend.

„Wie ich sehe, hast du dich noch gefangen", meinte sie und zwinkerte Farin zu. „Du hättest mal die Männer sehen sollen, mit denen ich in deinem Alter ausgegangen bin."

Farin lachte und stand auf, um den Kaffee zu holen.

Sie tranken aus ihren dampfenden Tassen, aßen noch ein Stück Kuchen und Debbys Oma scherzte mit Farin.

„Es ist wirklich lieb, dass ihr mit Bernhard seinen Morgenspaziergang macht", sagte sie, als Debby das Halsband von der Garderobe holte. „Ich gehe gern mit ihm, aber", setzte sie an.

„Aber deine Hüfte, ich weiß", beendete Debby lächelnd den Satz. „Machen wir gerne."

„Ich muss heute auch noch einkaufen und bin wieder ganz schlecht zu Fuß unterwegs."

„Das können wir doch erledigen", sagte Farin. Er lehnte ihm Rahmen der Küchentür.

„Sicher", stimmte Debby zu.

„Oh, das ist aber lieb von euch. Ich schreib' euch nur schnell einen Zettel!" Sie humpelte zum Küchentresen zurück und Debby holte Bernhard aus dem Wohnzimmer, wo er auf seinem Kissen neben der Couch lag.

Sie überredete ihn in den Flur zu gehen, in dem ihre Oma Farin zwei Einkaufstaschen in die Hand drückte. Sie kam auf Debby zu, reichte ihr einen säuberlich beschrifteten Zettel und einen Zwanzig Euro Schein.

„Hier, das sollte reichen."

„Alles klar", sagte Debby und schob beides in ihre hintere Hosentasche.

Farin steuerte die Haustür an.

„Du hast einen guten Fang gemacht", flüsterte Debbys Oma ihr noch zu, ehe sie wieder in der Küche verschwand.

Farin zündete sich draußen eine Zigarette an.

„'ne coole Oma hast du", meinte er.

„Sie scheint auch ganz begeistert von dir. Seit wann bist du überhaupt so hilfsbereit?" Sie deutete auf die Einkaufstaschen, die er gerade in die Innentasche seiner Jacke stopfte.

„Eine Familie ist was Tolles und solang' man noch eine hat, sollte man sich umeinander kümmern. Für uns ist es kein Problem, ein paar Teile für deine Oma einzukaufen, während es für sie sehr anstrengend ist. Außerdem hat sie uns Kaffee und Kuchen gegeben." Er schaute sie ernst an und zog an seiner Zigarette.

Bernhard blieb stehen, Debby ebenfalls. Nachdenklich nickte sie und ruckte dann vorsichtig an der Leine.

Von mehreren Pausen unterbrochen spazierten sie durch den Park und liefen dann zum nächsten Discounter. Debby band Bernhard an einen Fahrradständer und trat mit Farin in den Laden.

„Hast du den Zettel?", fragte er und nahm einen der Gitterkörbe, die neben der Eingangstür standen. Sie zog ihn aus der Hosentasche und reichte ihn Farin, der einen Blick darauf warf und zielstrebig loslief. Nach und nach legte er alles Gewünschte in den Korb und sie dackelte ihm nutzlos hinterher. Sie hätte von kaum einer Sache gewusst, wo sie zu finden war. Ihre Eltern gingen immer einkaufen, sie selbst so gut wie nie.

„Nimm schon", sagte Debbys Oma und streckte Farin einen Zehn Euro Schein hin.

„Das ist echt nicht nötig, ich hab' das gern' gemacht", erwiderte er und hob abwehrend die Hände.

„Jetzt nimm ihn schon!" Die Oma machte noch einen Schritt auf ihn zu und schob den Schein in seine Jackentasche, aber Farin zog ihn wieder heraus und hielt ihn ihr hin.

„Ich will dein Geld nicht, wirklich."

„Nein, ich nehme es nicht zurück."

Er warf Debby einen Blick zu, dann behielt er den Schein in der Hand.

„War schön, dich zu sehen, Oma", lächelte Debby und umarmte sie, ehe sie die Haustür ansteuerte. Farin verabschiedete sich und folgte. Den Geldschein legte er auf die Ablage im Flur, dann trat er nach draußen und zog die Haustür zu.

Was für ein Mensch wäre aus Farin geworden, wenn er nie seinen Bruder verloren hätte und seine Eltern ihn nie verstoßen hätten?

Er hatte ihr gesagt, dass sie nicht zulassen sollte, dass das Leben ihr gutes Herz zerstörte – wahrscheinlich, weil es ihn gebrochen hatte. Weil er sich selbst zugrunde richtete mit seinem Kettenrauchen, seinem exzessiven Trinken, seinem Drogenkonsum, um nur für einen Moment den düsteren Gedanken zu entkommen. Seine Fröhlichkeit und die verrückten Dinge, die er tat, schienen nur eine Fassade zu sein, eine Flucht vor der Realität.

Sie standen vor Debbys Haustür. Sie hatte nicht mal bemerkt, dass Farin sie nach Hause geführt hatte.

„Es war ein wirklich schöner Morgen. Ich muss jetzt los", sagte er und umarmte sie. „Mach dir 'nen schönen Tag."

„Du auch", sagte sie ein wenig perplex und schaute ihm hinterher, als er die Straße herunterlief.

34

Am Abend rief Bella an. Debby hatte nicht viel gemacht, außer ihren Eltern erklärt, wo sie vor zehn Uhr morgens plötzlich herkam.

„Hast du Lust, was zu unternehmen?", fragte Bella. Sie klang unsicher, fast ein wenig verlegen.

„Mit?"

„Nur wir beide."

„Klar."

Sie trafen sich vierzig Minuten später am Hauptbahnhof. Als Debby die Stufen hinunterlief, stand Bella bereits vor dem Drogeriemarkt und erwartete sie. Sie umarmten sich zur Begrüßung.

„Wie fandest du die Abschlussfahrt noch?", fragte Debby, während sie die Einkaufsstraße herunterliefen. Die Leute eilten geschäftig an ihnen vorbei, einige mit Kopfhörern, andere mit mehreren Taschen in den Händen.

„Na ja", sagte Bella. „War ganz okay. Du?"

Debby zuckte mit den Schultern.

„War ganz schön mit den Jungs."

Bella nickte.

„Schön." Sie liefen ein Stück. „Wollen wir uns da reinsetzen?" Sie deutete auf ein kleines Café, das Heizstrahler draußen aufgestellt hatte.

„Sieht gut aus."

Drinnen fanden sie keinen Platz, also setzten sie sich nach draußen. Sie bestellten sich Cocktails und nippten. Die Dunkelheit senkte sich über die Stadt, die ersten Geschäfte begannen, zusammenzupacken und ihre Auslagen reinzuholen. Menschen liefen vorbei. Der Lichtsmog verhinderte den Blick auf die ersten Sterne am Himmel.

„Wie, denkst du, wird alles, wenn wir erstmal unser Abi haben?", fragte Debby und schaute Bella an. Die ließ sich Zeit mit ihrer Antwort.

„Ich weiß nicht. Seit Jahren warten wir darauf, endlich die Schule hinter uns zu haben. Aber so langsam habe ich ein bisschen Angst vor dem, was auch immer danach kommt."

Debby nickte. Wenn der Schulabschluss noch Ewigkeiten entfernt schien, war es leicht, ihn herbeizusehen, aber wenn er wirklich bevorstand und die große, weite Welt ihre Pforten öffnete, schnürte es einem die Kehle zu. Es waren nicht nur Freiheiten, die auf sie zukamen, sondern vor allem Verantwortung und Verpflichtungen.

„Meinst du, wir werden Freunde bleiben?", fragte Bella so leise, dass Debby sie über die Gespräche der Umsitzenden fast nicht gehört hätte.

Das *Ja* lag ihr auf der Zunge, aber sie hielt inne. Ihre Freundschaft war nicht so unerschütterlich wie sie immer geglaubt hatte. Sonst würde Clari jetzt bei ihnen sitzen. Keine ihrer Freundschaften konnte mit dem konkurrieren, was Noah und Farin verband. Oder mit allem, was Hadrian und Lasko für Farin auf sich nahmen.

Während sie in Gedanken versunken die Einkaufsstraße hinabstarrte, entdeckte sie ihn plötzlich. Farin lief mit einer Bierflasche und einer Zigarette in der Hand an Les' Seite. Er entdeckte Debby und nickte ihr im Vorbeigehen zu, dann lachte er über etwas, das Les gesagt hatte.

„Ich weiß es nicht", murmelte sie und verfolgte die beiden mit ihrem Blick. Im Augenwinkel sah sie Bella nicken.

Debby spürte einen Stich in ihrem Herzen. Farin lief ganz allein mit Les durch die Stadt. Sie hatte auf seinem Schoß gesessen, auch wenn ihn das augenscheinlich nicht weiter interessiert hatte. Er hatte Debbys Nachrichten ignoriert, während er mit ihr zusammen gewesen war. Wieso waren Hadrian und Lasko nicht bei ihnen?

„Frag ihn", sagte Bella.

Debby hörte auf den Punkt in der Ferne, an dem die beiden verschwunden waren, anzustarren, und wandte ihr den Blick zu.

„Was?"

„Ich hab' doch gesehen, wie du dieses Mädchen bei Farin angesehen hast. Du magst ihn. Also frag ihn, was er für dich empfindet."

Debby schnaubte.

„Du denkst, ich ..." Sie brach ab. Schaute Bella an, während deren Worte und ihre Gefühle sich zusammentaten und eine Erklärung formten.

War es möglich, dass sie für Farin mehr empfand als Freundschaft?

Debbys Handydisplay war die einzige Lichtquelle in ihrem Zimmer. Seit bestimmt zehn Minuten starrte sie ihren Chat mit Farin an, tippte Nachrichten und löschte sie wieder.

Wieso war das plötzlich so schwer?

Sie drehte sich auf den Rücken und starrte den Strich in ihrem Textfeld an. Er blinkte auf und verschwand wieder. Blinkte auf und verschwand wieder. Blinkte auf.

Lust morgen was zu unternehmen?, schrieb sie und drückte auf Senden, bevor sie es sich wieder anders überlegen konnte. Eilig sperrte sie ihr Handy und legte es mit dem Display nach unten auf die Matratze, drehte sich auf die andere Seite und kniff die Augen zusammen. Einschlafen. Jetzt.

Wenige Atemzüge später drehte sie sich wieder auf die rechte Seite. Wendete ihr Handy. Schloss die Augen wieder.

Öffnete sie, ließ ihren Bildschirm aufleuchten.

Keine neue Nachricht.

Als Debby am nächsten Morgen die Augen aufschlug, schaute sie als erstes auf ihr Handy und erblickte zu ihrer Erleichterung eine Nachricht von Farin.

An was hast du gedacht?, hatte er um 03:51 Uhr geschrieben.

Lächelnd verabredete sie sich mit ihm für den Nachmittag fürs Kino. Vor ihrem inneren Auge sah sie sich bereits neben ihm in einem flauschigen, roten Sessel sitzen und Popcorn aus derselben Tüte essen.

Als Farin gegen kurz nach fünf vorm Kino eintraf, zerbrach dieses Bild. Ein Hammer zerschmetterte die Vorfreude und hinterließ ein schmerzhaftes Loch der Enttäuschung in ihrer Brust.

An seiner Seite liefen Hadrian und Les.

„Hey", grinste er und umarmte sie, Hadrian war der nächste.

Les reichte ihr die Hand.

„Lesley", stellte sie sich vor und lächelte. Wie Hadrian trug sie ein Piercing in der Augenbraue und wie Farin eines in der Lippe. Die linke Seite ihres Kopfes war ausrasiert und der Rest ihrer bunt gefärbten Mähne auf die rechte Seite geworfen. Auffällige, bunte Schminke rundete das Bild ab.

„Debby", erwiderte sie und musterte Les so abschätzig sie konnte.

Farin betrachtete die Filmvorschauplakate, die die Außenwand des Gebäudes schmückten.

„Was schauen wir?", fragte er und zog an seiner Zigarette.

Debby starrte ihn von der Seite an. Dachte er sich gar nichts dabei, hier mit Hadrian und Les aufzutauchen? Mit ausgerechnet Les?

„Ich weiß nicht", murmelte sie und konnte die Enttäuschung in ihrer Stimme nicht verbergen.

„Wie wär's mit dem da?", fragte Les und zeigte auf eines der Plakate, das einen abgerissenen Typen auf gelben Grund vor einem Stuhlkreis stehend zeigte. Das „A" im Titel war durch einen Kreis zu einem Anarchiezeichen ergänzt worden.

„Klingt gut", sagte Farin, zog nochmal und warf seine Kippe weg. Hadrian war ebenfalls einverstanden und so schauten sie einen Film über einen Altpunk, der in eine Burnoutklinik gesteckt wurde.

Farin ging voran und setzte sich als erster, Les nahm neben ihm Platz, dann kam Hadrian und Debby blieb nichts anderes übrig, als sich neben ihn zu setzen.

So hatte sie sich den Tag nicht vorgestellt.

Obwohl der Film wirklich gut und lustig war, schwand ihr Groll nicht. Er lag auf ihrer Brust, als sie den Saal verließen und die Toiletten aufsuchten. Als sie mit den übrigen Besuchern nach draußen strömten und vor der Tür stehen blieben, damit Hadrian, Farin und Les sich eine Zigarette anzünden konnten.

„Wollen wir noch was trinken gehen?", fragte Les.

„Da fragst du noch?", grinste Farin.

„Hadrian?" Sie schaute ihn an und er nickte.

„Was ist mit dir? Kommste mit?", wandte Farin sich an Debby.

„Was trinken? An einem Sonntag?", fragte sie skeptisch und bemühte sich den Seitenblick zu ignorieren, den Les ihr zuwarf.

„Etwas trinken und sich betrinken ist ein Unterschied. Du kannst ja auch Cola trinken oder so", meinte er.

Sie zuckte mit den Schultern. Den Tag hatte sie mit Farin allein verbringen und nicht Les kennenlernen wollen.

„Du kommst mit, das wird lustig", beschloss er und schleifte sie ein paar Minuten später mit in eine Kneipe, in der laute Rockmusik lief.

„Du gehst mit den Jungs zur Schule, Debby?", begann Les das Gespräch, auf das Debby gerne verzichtet hätte. Während die drei anderen ein Bier vor sich stehen hatten, blieb sie bei Cola. Sonntag war kein Tag zum Trinken und was sie sich von ihren Eltern anhören dürfte, würden die am Abend Bier in ihrem Atem riechen, wollte sie sich gar nicht vorstellen.

„Ja", gab sie etwas schroff zurück. „Und woher kennst du sie?" Sie hob ihr Glas an die Lippen und trank einen Schluck.

„Ich hab zuerst Farin kennen gelernt und durch ihn dann Hadrian und Lasko", erwiderte Les und Debby verdrehte ungesehen die Augen. Sie fragte nicht weiter, im Grunde wollte sie gar nicht wissen, woher Les Farin kannte.

Wieder saß sie neben Hadrian, während Les sich den Platz neben ihm geschnappt hatte.

„Ich hab' dich gestern mit Bella gesehen. Habt ihr euch vertragen?", fragte Farin.

„Weiß nicht", murmelte Debby und linste zu Les, die ihr gegenüber saß. Sie wollte ihre persönlichen Probleme nicht vor ihr besprechen. Vor allem nicht, nachdem Farin ihr am Vorabend nicht mal *hallo* gesagt hatte und Les jetzt einfach zu ihrem Treffen mitbrachte.

Die stellte ihr Glas auf den Tisch.

„Wer kommt mit, eine rauchen?"

„Ich", sagte Farin und schob seinen Stuhl zurück. Er zog das Zigarettenpäckchen aus der Jackentasche und schaute Hadrian an, der den Kopf schüttelte. Hinter Les verließ er die Kneipe.

„Was ist los?", fragte Hadrian, als die beiden außer Hörweite waren.

„Was meinst du?" Sie lehnte sich zurück und seufzte. Am liebsten würde sie einfach nach Hause gehen. Aber was sollte sie den anderen sagen?

„Du bist schon den ganzen Tag nicht zufrieden."

„Nein, nein. Alles in Ordnung."

Farin sollte ihr diese Frage stellen, nicht Hadrian.

„Fang nicht wie Farin an. Du magst Les nicht besonders, stimmt's?"

Debby schaute ihn an und zuckte mit den Schultern.

„Ja, stimmt." Sie schaute in Richtung Tür. Was hatte Les, was sie nicht hatte? „Eigentlich hatte ich nur Farin gefragt, ob er Lust hat, was zu machen. Aber sag ihm das nicht, ja?"

Er nickte.

„Ich erzähle nie etwas weiter, das mir im Vertrauen gesagt wurde."

„Ist da irgendwas zwischen den beiden?" Sie stützte ihren Arm auf den Tisch und schaute ihn an.

„Nicht wirklich. Nichts, was für Farin von Bedeutung wäre", erwiderte er und trank einen Schluck aus seinem Bier.

Nichts, was für Farin von Bedeutung wäre, aber es lief was.

„Ich gehe so langsam lieber nach Hause. Morgen ist wieder Schule und meine Eltern machen sich bestimmt schon Sorgen", brachte sie hervor, trank noch einen Schluck aus ihrer halbvollen Cola und stand auf.

„Soll ich dich zum Bahnhof begleiten?"

Sie schüttelte den Kopf und nahm ihre Jacke von der Stuhllehne.

„Danke, aber brauchst du nicht. Sag Farin noch tschüss von mir." Sie umarmte Hadrian zum Abschied, durchquerte die Kneipe, stieß die schwere Außentür auf und wandte sich nach links. Sie hatte kaum zwei Schritte gemacht, als ihr jemand die Hand auf die Schulter legte.

„Wohin des Weges?", erklang Farins Stimme und sie drehte sich um. Über seine Schulter hinweg sah sie Les die Kneipe betreten.

„Nach Hause", sagte sie und konnte nichts gegen den schnippischen Unterton in ihrer Stimme machen. „Meine Eltern fragen sich bestimmt schon, wo ich bleibe und morgen ist wieder Schule."

Farin hob eine Augenbraue und nahm seine Hand von ihrer Schulter. „Wenn du 'n Problem hast, sag's einfach."

„Alles in Ordnung. Schönen Abend euch noch." Der schnippische Unterton verschwand nicht.

Farin nickte.

„Komm gut nach Hause", sagte er, die Stimme seltsam kühl. Rückwärts ging er auf die Kneipe zu und hob kurz die Hand zum Abschied. Keine Umarmung. Er drehte sich um und verschwand in dem Lokal, Debby drehte sich um und setzte ihren Weg zum Bahnhof fort.

War sie eben noch wütend gewesen, fühlte sie sich jetzt niedergeschmettert. Dass Farin ihr den Tonfall übel genommen hatte, war nicht zu übersehen gewesen.

Mit ihrer dummen Eifersucht stieß sie ihn von sich weg, statt ihn für sich zu begeistern. Statt ihm zu zeigen, dass sie viel cooler war als Les.

Sie versuchte den Kloß in ihrem Hals herunterzuschlucken, aber sie schaffte es nicht. Tränen brannten in ihren Augen, während der kalte Wind an ihrer dünnen Jacke riss. Dieser Tag hatte so gut begonnen und so schrecklich geendet und sie war selbst dran schuld.

35

Die Pausen der nächsten Tage verbrachte Debby mit Bella.

Clari stand für alle sichtbar mit Thomas zusammen und schaute immer wieder abschätzig zu ihren ehemaligen Freundinnen hinüber, ganz so, als müsse sie ihnen beweisen, dass sie ohne sie glücklicher war. Dabei sah sie nicht mal glücklich aus. Thomas schenkte ihr nicht viel Aufmerksamkeit, dafür erwischte Debby ihn mehrmals dabei, wie er ihr sehnsüchtige Blicke zuwarf. Er war wirklich ein unglaublicher Idiot.

Farin schrieb ihr keine Nachricht nach dem Abend in der Kneipe und sie gesellte sich nicht zu den Punks, die wie immer vorm Schulhof standen und rauchten.

Am Donnerstag stand Thomas nicht an der Tischtennisplatte. Debby schaute sich nach Clari um und wandte sich ihrem Gespräch mit Bella zu, als sie sie nicht entdeckte.

„Ist das nicht Thomas' Vater?", fragte die plötzlich und zeigte hinter Debby.

Sie drehte sich um und entdeckte ihn, wie er gefolgt von seinem Sohn strammen Schrittes über den Schulhof aufs Gebäude zulief.

„Ja. Was will der denn hier?"

Thomas hatte den Kopf eingezogen und blickte auf den Boden, während er sich bemühte, mit seinem Vater Schritt zu halten.

„Keine Ahnung", sagte Bella und verfolgte die beiden mit ihrem Blick.

„Der sieht nach Ärger aus", meinte Debby und drehte sich in Richtung Schulgebäude. „Ich geh' mal hinterher." Sie warf Bella noch einen kurzen Blick zu und lief zwischen den anderen Schülern hindurch. Zwei Stufen auf einmal nehmend eilte sie die Treppe hoch und blieb an der angelehnten Glastür stehen, die in den Vorraum des Lehrerzimmers und Rektorats führte. Sie erblickte Thomas' Vater, der gestikulierend auf Herrn Belgardt einredete. Worte wie Verantwortung und Unverschämtheit fielen. Dass sowas verfolgt werden müsse.

„Ihr Sohn hat sich selbst genug geleistet, Herr Lüdecke", sagte Herr Belgardt.

„Ach was. Holen Sie mir mal den Direktor und gleich auch diesen anderen Jungen, diesen Punker!" Seine laute Stimme durchdrang die Wände als seien sie aus Papier.

„Beate, holst du Farin?" Herr Belgardts Stimme war um einiges leiser. Eine Lehrerin kam durch die Glastür.

„Na nu. Es ist Pause, ab auf den Schulhof mit dir", sagte sie zu Debby.

„Nein! Ich hab' auch etwas mit dieser Sache zu tun", erwiderte die, hob das Kinn und ging an der Lehrerin vorbei durch die Glastür, wo sie Thomas und seinem Vater gegenüberstand. Während letzterer sie mit hochgezogenen Augenbrauen ansah, schaute Thomas auf die gegenüberliegende Wand.

Sie warteten.

Herr Belgardt kam gefolgt vom Direktor dazu. Dann warteten sie weiter. Es dauerte ein wenig, bis die Lehrerin mit Farin im Schlepptau wieder auftauchte.

Er sah mindestens so müde wie genervt aus. Dunkle Ringe unter seinen Augen dominierten sein blasses Gesicht.

„Sie schon wieder", sagte er und schaute Thomas' Vater an. „Machen'se jetzt Stress hier, weil ihr kleiner Junge nix abkann, hm?"

„Ich verbitte mir eine derartige Respektlosigkeit!", verlangte der Direktor, ein kleiner, untersetzter Mann mit weißem Haar.

Thomas' Vater straffte die Schultern und schaute den Direktor statt Farin an.

„Ich verlange, dass er suspendiert wird. Wo sind wir denn hier, dass so ein dahergelaufener Schmarotzer aus dem Nichts meinem Sohn die Nase brechen kann und nichts dagegen unternommen wird?"

„Es wäre nie so weit gekommen, wenn Ihr toller Sohn sich nicht zuerst an mir vergriffen und dann Farin zusammengetreten hätte!", mischte Debby sich mit scharfer Stimme ein.

Thomas' Vater wandte ihr den Blick zu und sah irgendwie amüsiert aus.

„Ich habe schon damit gerechnet, dass du hier deinen Senf dazugeben musst. Aber mein Sohn hat mir alles erzählt." Er schüttelte abwertend den Kopf und schaute sie mit demselben abfälligen Blick an, den er für Farin übrig hatte. „Und dich haben wir Monate lang unter unserem Dach willkommen geheißen, Debby. Was ist nur in dich gefahren? Gut, dass Thomas noch rechtzeitig einen Schlussstrich gezogen hat. Mit deinen Eltern werde ich auch nochmal reden, die sollten wissen, mit was für Leuten du dich neuerdings abgibst." Er wandte sich wieder zum Direktor. „Ich verlange, dass Sie sich um diese Angelegenheit kümmern! Sonst werde ich das nächste Mal mit meinem Anwalt hier auftauchen, haben wir uns verstanden?"

Der Direktor hob beschwichtigend die Hände.

„Beruhigen Sie sich erstmal. Wollen wir nicht in mein Büro gehen, um in Ruhe über die Angelegenheit zu sprechen?"

Thomas' Vater schüttelte entschieden den Kopf.

„Ich habe alles gesagt, was Sie wissen müssen. Kümmern Sie sich um die Sache!" Er hob den Zeigefinger, ließ seine Worte einen Augenblick wirken und wandte sich dann zur Tür. Aufrecht ging er an Farin und Debby vorbei, während Thomas ihm mit hängenden Schultern und gesenktem Blick hinterher trottete und es vermied, einen der beiden anzuschauen. Das hier war nicht auf seinem Mist gewachsen.

„Kann ich gehen?", fragte Farin gereizt, drehte sich um und lief zur Treppe, ohne die Antwort des Direktors abzuwarten.

Debby schaute ihm hinterher, während der Direktor einen tiefen Seufzer ausstieß, sich über die Stirn rieb und in seinem Büro verschwand. Ihr Blick blieb an der Stelle hängen, an der Farin verschwand. Er sah nicht gut aus. Sie würde ihn gerne fragen, ob alles in Ordnung war, aber am Sonntag war ihre Vertrautheit verflogen. An einem Abend hatte sie alles kaputt gemacht, was sich während der Klassenfahrt zwischen ihnen entwickelt hatte. Vielleicht war das der Unterschied zwischen ihr und Les – dass die niemals aus dem Nichts so einen Stress machte.

Das Läuten der Schulglocke kündete das Pausenende an und Debby machte sich auf den Weg zu ihrem Klassenraum.

Vielleicht sollte sie den ersten Schritt auf Farin zu machen.

Nach dem Unterricht stieg Debby nicht in den Bus nach Hause, sondern in die Bahn, die sie in die Innenstadt brachte. Auf das Gespräch mit ihrer Mutter, das nach dem Anruf von Thomas' Vater folgen würde, konnte sie noch ein wenig verzichten.

Sie schlenderte die Einkaufsstraße herunter, vorbei an Klamottenläden, Schuhgeschäften, Cafés, einer Buchhandlung, einem Tattoostudio, Friseuren, Imbissen und Bäckern. Keiner der Läden mit seiner eigenen und doch immer gleich klingenden Musik wirkte einladend auf sie. Ihr Blick blieb an einem kleinen Laden hängen, der unscheinbar zwischen einem Kiosk und einem Waffenladen lag.

An- und Verkauf gebrauchter CDs und Schallplatten stand im Fenster. Sie blieb stehen und schaute auf die übersichtliche Anzahl an Regalen drinnen, die bis unter die Decke mit CD-Hüllen voll standen. Alles CDs, die mal irgendwem gehört hatten. Der Laden wirkte verstaubt wie die Geschichten hinter den Besitztümern, die sie nie erfahren würde.

Sie ging zur Tür, schob sie auf und trat vorsichtig ein. Auch hier lief Musik, allerdings nicht die immer selben Rhythmen mit den gleich klingenden Sängern, die sie im Rest der Stadt beschallt hatten. Die harten Klänge verzerrter E-Gitarren, kräftige Schlagzeuge und eine rauchige Stimme empfingen sie. In der Mitte stand ein Rollwagen mit Schallplatten und überall, wo Luft war, hingen Poster.

Debby war allein. Sie lief an den Regalen entlang und ließ ihren Blick über die Namen unzähliger Bands schweifen. Als sie in die Nähe des Verkaufstresens kam, hörte sie Stimmen, die durch die offene Tür aus dem Hinterzimmer zu ihr rüber drangen.

„Ich hab' keinen Bock mehr. Ich glaub, ich brech' die Schule einfach ab." Die leicht raue Stimme kannte sie doch.

„Überleg's dir nochmal, es ist nicht mehr lange. Kein Jahr mehr. Glaub mir, wenn ich dir sage, dass du es bereuen würdest", erwiderte jemand mit einer tiefen und kratzigen Stimme, der klang, als habe er gerade eine schwere Erkältung hinter sich.

„Die haben da alle so'n Schaden, Bene, gar kein Bock auf diesen scheiß Laden!"

„Warte erstmal ab, was bei der Sache überhaupt rauskommt."

Debbys Blick wanderte über die Titel am CD Rücken, aber sie sah sie nicht wirklich. Sie konzentrierte sich darauf, das Gespräch über die Musik hinweg verstehen zu können.

„Ach, was erwartest du? Der verfickte Direktor knickt doch eh ein, als ob der sich die Anwälte auf'n Hals hetzen lässt." Schritte. Ein Schatten, der kurz in den Laden geworfen wurde und wieder verschwand.

„Und du willst dir von so 'nem Spießer deine Zukunft verbauen lassen? Sei nicht dumm, Farin, sonst interessiert dich die Meinung solcher Leute doch auch nicht." Die Stimme des Mannes war ruhig, aber eindringlich. Zum ersten Mal hörte sie, wie jemand Farin ins Gewissen redete. Und er widersprach nicht.

„Stimmt schon. Ich geh ersma' eine rauchen."

Schritte, dann tauchte Farin im Türrahmen auf. Sie hielt inne und starrte ihn an, eine CD in der Hand, die sie gerade aus dem Regal gezogen hatte.

„Debby?", fragte er, blieb abrupt stehen und ließ die Finger in seiner geöffneten Zigarettenschachtel stecken. „Was machst du hier?"

„CDs gucken?", erwiderte sie nervös und hielt das Exemplar in ihrer Hand in die Höhe.

„Na dann." Er drehte den Kopf zum Hinterzimmer. „Kundschaft!" Er zog eine Zigarette hervor, schob die Schachtel in seine Hosentasche und lief an Debby vorbei ins Freie.

Ein älterer Mann kam aus dem Hinterzimmer und stellte sich hinter den Verkaufstresen. Debby schätzte ihn um die fünfzig. Er war ein wenig untersetzt, seine Arme waren voll tätowiert und im Gesicht trug er neben einem dichten Bart auch einige Piercings. Drei in der rechten Augenbraue, zwei im linken Nasenflügel, eine Menge Ringe in den Ohren. Die Haare waren zu einem Irokesen geschnitten und in orange gefärbt, das eine Hosenbein war rotkariert, das andere schwarz. Der ausgeblichene Name eines Festivals prangte auf seiner Brust, darunter die Zahl 1986.

„Du bist also Debby", stellte er fest und stemmte die Arme in die Seiten. Mit einem herzlichen Lächeln in den Mundwinkeln streckte er ihr die Hand entgegen. Sie überwand die Entfernung zwischen ihnen, nahm die CD Hülle ein wenig umständlich in die linke Hand und reichte ihm die rechte.

„Bene", sagte er. „Ich hab' schon viel von dir gehört."

„Ja?", fragte sie und drehte die CD in den Händen. Sie warf einen kurzen Blick über die Schulter, aber niemand außer ihr war im Laden.

„Farin spricht nicht gerade wenig von dir." Bene zwinkerte ihr zu und nahm eine offene Bierflasche, die neben der Kasse stand. Er trank einen Schluck.

„Was ... was hat Farin Ihnen denn erzählt?" Sie schaffte es nicht die aufwallende Aufregung aus ihrer Stimme zu vertreiben.

„Ich bin vielleicht alt, aber so alt bin ich auch nicht."

„Was?" Sie zog die Augenbrauen zusammen und hielt die CD-Hülle ein wenig fester.

„Du kennst meinen Vornamen, duz mich", lachte er und sie atmete auf. „Ich kann dir so viel verraten: Wenn ich die Situation hier richtig einschätze, dann geh raus und rede mit ihm. Das würde ihm guttun."

Ein wohliges Gefühl ging von Bene aus und verbreitete sich in dem etwas heruntergekommenen Laden. Debby fühlte sich ein wenig, als säße sie bei ihrem verstorbenen Großvater auf der Couch. Unschlüssig drehte sie sich um und schaute durch die schmutzige Scheibe nach draußen, wo Farin stand und an seiner Zigarette zog.

„Denken ... Denkst du?", fragte sie und schaute Bene an.

Er nickte ihr mit seinem herzlichen Lächeln so aufmunternd zu, dass sie die Hand zur Faust ballte, die CD-Hülle auf den Tresen legte und mit klopfendem Herzen die Tür ansteuerte. Sie schlüpfte durch einen schmalen Spalt und trat zu Farin auf den Bürgersteig.

„Hey", sagte sie leise.

Er drehte sich zu ihr, nahm einen Zug und ließ die Kippe auf den Boden fallen, wo er sie austrat. „Hey."

Sie verschränkte ihre Finger miteinander.

„Tut mir leid mit Sonntag. Auch, dass ich nicht geschrieben habe und so", murmelte sie und betrachtete ihre Schuhspitzen.

„Nicht so schlimm. Ich komm' auf diese Geheimnistuerei bloß überhaupt nicht klar, auch, wenn ich selbst nicht besser bin", erwiderte er und wurde im letzten Teil des Satzes so leise, dass sie ihn kaum verstand.

„In Zukunft sage ich dir, was mein Problem ist", sagte sie und blickte ihn an.

„In Zukunft?" Er schob seine Hände in die Hosentaschen.

„Ja, wenn nochmal was ist. Und da du's ja wissen wolltest: Möchtest du vielleicht nochmal alleine mit mir wohin gehen?" Sie biss sich auf die Unterlippe und merkte, wie ihre Wangen heiß wurden. Ihre Mundwinkel verzogen sich zu einem Grinsen, das Farin ansteckte.

„Auf jeden Fall", lachte er, trat vor und zog Debby in eine Umarmung. Sein Atem roch nach Rauch und Bier.

Sie verabredeten sich für den übernächsten Tag, dann ging Farin in den Laden zurück und Debby vergaß, beflügelt von dieser wunderbaren Wendung, dass sie eigentlich keine Lust hatte, nach Hause zu gehen.

„Ich mache mir Sorgen um dich", sagte Debbys Mutter. Sie saßen einander am Küchentisch gegenüber, ein Glas Wasser zwischen ihnen.

„Hat Thomas' Vater angerufen?", fragte Debby und seufzte.

„Woher weißt du das?"

„Na ja, weil er mir gesagt hat, er würde dich anrufen." Sie schlug ihr rechtes Bein über das linke und lehnte sich an.

„Warum hast du nicht früher mit mir geredet?" Die Stimme ihrer Mutter klang wirklich besorgt. Vielleicht hatte Debby sie falsch eingeschätzt.

„Was genau hat Thomas' Vater dir überhaupt erzählt?"

„Er hat von diesem Farin gesprochen. War das nicht dieser Junge, bei dem du warst?"

Die Nacht, in der sie bei Farin eingeschlafen war. Der Morgen, an dem Thomas nicht schlecht über ihn gesprochen hatte, weil er es scheinbar besser wusste als sein Vater.

„Und was hat er gesagt?"

„Dass dieser fehlgeleitete, aggressive Junge Thomas vor versammelter Mannschaft die Nase gebrochen hat und dann einfach verschwunden ist. Dass du dich seit Wochen mit ihm und seinen genauso fehlgeleiteten Freunden triffst und Thomas sich so viele Sorgen um dich gemacht hat." Sie schüttelte den Kopf. „Solche Jungen wollen nur das eine, Debby. Waren das diese Punker, die wir auf dem Parkplatz gesehen haben?"

„Dieser fehlgeleitete, aggressive Junge, wie du ihn nennst, ist der Gute in dieser Geschichte", begann Debby, aber ihre Mutter schüttelte den Kopf.

„Hör auf, Klaus hat mich schon gewarnt. Dass du ihn in Schutz nehmen würdest. Sei doch ehrlich, Debby. Hat er dir wehgetan? Erpresst er dich?"

Debby stellte ihren Fuß auf dem Boden ab und lehnte sich vor, ihre Unterarme legte sie auf die Tischplatte.

„Nein, er hat mir nicht wehgetan. Thomas ist derjenige, der mir wehgetan hat", erwiderte sie mit Nachdruck und suchte den Blick ihrer Mutter.

„Das verstehe ich. Dass er dich verlassen hat –"

„Er hat mich verlassen?", wiederholte Debby und zog die Augenbrauen hoch.

„Ja", sagte ihre Mutter und Debby blieb das Lachen in der Kehle stecken.

„Glaubst du wirklich, er hat mich verlassen? Ich hab' ihn verlassen, Mama, weil er ein Arschloch ist!"

Ihre Mutter blickte bei dem Schimpfwort auf.

„Na", machte sie. „Er wusste nicht mehr, was er sonst tun soll. Du hast ja doch nicht auf ihn gehört."

„Hörst du mir überhaupt zu? Thomas ist derjenige, der mir wehgetan hat, er hat mich angefasst und Farin hat mir geholfen."

Ihre Mutter schüttelte den Kopf, während Debby vor Wut die Tränen in die Augen stiegen.

„Ich bleibe dabei. Dieser Junge ist kein guter Umgang für dich, er ist gefährlich. Er ist aggressiv. Ich verbiete dir den Umgang."

„Du verbietest mir den Umgang mit Farin?" Debby konnte nicht verhindern, dass ihre Stimme ins Nasale ging.

Ihre Mutter nickte. „Das ist mein letztes Wort."

„Hör mir doch mal zu", setzte sie an und die Tränen liefen aus ihren Augen ihre Wangen hinunter.

„Diskussion beendet!" Ihre Mutter schob den Stuhl zurück und stand auf.

„Aber", setzte Debby an und zog die Nase hoch. Hilflos sah sie zu, wie ihre Mutter das Wasserglas nahm und die Küche verließ. Sie einfach sitzen ließ, sich nicht um ihre Tränen und ihre Gefühle scherte. Mehr darauf gab, was Thomas und sein verdammter Vater gesagt hatten, als auf die Worte ihrer eigenen Tochter. Wie konnte sie nur?

Debby hatte sich nie in ihrem Leben so missverstanden und so verraten gefühlt.

36

Am Samstagabend sah Farin besonders gut aus. Die Jacke mit den Patches, die zerrissene Jeans und die klobigen Springerstiefel hoben ihn von der Masse ab, aber das war es nicht. Es war der freche Ausdruck in seinen dunkelblauen Augen, der Debbys Blick fing. Sie grinste breit, während sie aus dem Zug stieg und sich an einer großgewachsenen Frau vorbei zu ihm durchschob.

„Guten Abend, schöne Frau. Wohin darf ich Sie begleiten?", begrüßte er sie mit seiner rauen Stimme und schaute ihr so tief in die Augen, dass ihr Herz schneller schlug.

„Erstmal aus dem Bahnhof raus, würde ich vorschlagen", erwiderte sie und kratzte mit dem Zeigefinger an ihrem Daumennagel herum. Seite an Seite drängelten sie sich durch den Menschenpulk, liefen die Stufen herunter und durch die Eingangshalle nach draußen. Vor der Tür steckte Farin sich eine Zigarette an.

„Wenn du nicht weißt, was wir machen sollen, könnten wir ins *Booze* gehen", schlug er vor, während sie die Einkaufsstraße ansteuerten.

„Das Booze?", fragte Debby.

„Ist so'n kleiner Schuppen, in dem ich früher viel war. Da tritt heute 'ne Band aus der Gegend auf, könnte ganz cool werden." Er zuckte mit den Schultern und zog an seiner Zigarette.

„Klingt gut", lächelte sie. Sie spürte die Aufregung in ihren Fingerspitzen. Weil sie jetzt doch mit Farin allein war. Weil sie einen Ort sehen würde, an dem er früher gerne gewesen war. Weil heute der Abend werden könnte, den sie sich letzten Sonntag gewünscht und ruiniert hatte.

Sie bogen kurz vorm Plattenladen nach links in eine Seitenstraße ab, passierten ein paar heruntergekommene Häuser, bogen noch zweimal ab und erreichten eine verdreckte Kellertreppe, deren Geländer verbogen auf die Steinstufen hing. Die massive Metalltür war mit Stickern zugeklebt.

Gegen Nazis, gegen Tierquälerei, gegen Sexismus, für Frieden, Freiheit und Gleichheit waren einige der ersten, die Debby aus der bunten Masse ins Auge stachen. Ihre Schritte wurden zögerlicher und Farin blieb auf der obersten Treppenstufe stehen.

Er drehte sich zu ihr um.

„Keine Angst", lächelte er und hielt ihr die Hand hin.

Sie erwiderte sein Lächeln, ergriff sie und lief hinter ihm die fünf Stufen hinunter.

Farin stemmte die schwere Tür auf und lief vor ihr den engen Gang hinab, dessen ehemals weiße Wände mit Graffiti bedeckt waren, die von einer flackernden Neonröhre in Szene gesetzt wurden.

Sie zog den Kopf ein und folgte ihm. Nachdem sie zwei verschlossene Türen passiert hatten, bogen sie nach links in einen spärlich beleuchteten Raum mit niedriger Decke und ohne Fenster ab. Graffiti und Poster schmückten auch hier die Wände, runde Tische standen unordentlich verteilt, aber nur wenige von ihnen waren besetzt.

Die Gäste waren ausschließlich Punks, Gothics und ein paar Rocker. In der rechten hinteren Ecke stand ein großer Mann mit tätowiertem Gesicht und riesigen Tunneln in den Ohren hinter einer Theke, daneben bereiteten drei Männer Boxen und Instrumente vor. An der Wand standen zwei Couches neben einer Ecke, die mit schmuddeligen Matratzen und Decken ausgelegt war.

Debby rückte näher an Farin heran. Sie wollte nicht wie ihre Freundinnen sein und die Leute aufgrund ihres Äußeren in irgendeine Schublade stecken, aber geheuer war ihr der Keller trotzdem nicht. Ihr Griff um seine Hand verstärkte sich und sie folgte ihm zu den Couches.

„Bier?", fragte er und blieb stehen, während sie sich vorsichtig niederließ. Schüchtern nickte sie und Farin zog sich die Lederjacke aus, warf sie neben sie in das Polster und ging zur Theke hinüber. Er begrüßte den Barkeeper mit einem Handschlag und unterhielt sich mit ihm, während der Mann zwei Bier zapfte.

Debby ließ unauffällig ihren Blick schweifen.

Die Bandmitglieder sahen mit ihren kurzen Haaren, den einfachen Bluejeans und den abgetragenen Hemden am durchschnittlichsten aus. Zwei von ihnen trugen Tattoos auf den Armen, Piercings sah Debby keine.

Die übrigen Besucher schienen sich in ihrer Ranzigkeit überbieten zu wollen. Ihre Klamotten wirkten allesamt schmuddelig, die Frisuren zerstört oder gar nicht vorhanden und Körperschmuck trug einer mehr als der andere.

Sie sah auf, als Farin sich zu ihr gestellte. Er reichte ihr ein Bierglas und machte es sich neben ihr auf der Couch gemütlich. Seinen Arm legte er hinter ihr auf der Lehne ab und trank einen großen Schluck aus seinem Bier.

„Denkst', die sind gut?", fragte er und nickte in Richtung der Band, die gerade Gitarre und Bass an den Verstärker stöpselten.

„Ich weiß nicht." Sie nippte an ihrem Bier und spürte die Präsenz von Farins Arm hinter sich. Er war nicht weit weg, war ihr so nah und doch traute sie sich nicht, sich in seine Umarmung zu lehnen.

„Übrigens, keine Sorge, die machen Rock und keinen Hardcore Punk", lachte er.

„He, ich habe mich inzwischen mit deiner Musik angefreundet und da sind echt gute Sachen drunter", verteidigte sie sich lachend.

Er schaute ihr in die Augen. „Ach ja? Freut mich, dass du das so siehst", sagte er und lächelte.

Der Sänger räusperte sich ins Mikrofon und stellte mit wenigen Worten seine Band vor, ehe er die Saiten seiner Gitarre anschlug und den ersten Song anstimmte.

Farin überschlug sein Bein, legte seinen Fuß in seinem schweren Stiefel auf seinem Knie ab und wippte damit im Takt zur Musik. Mit großen Schlucken leerte er seinen Krug und Debby rutschte vorsichtig etwas näher zur Lehne.

„Sind ganz gut", sagte er nach dem zweiten Song und Debby nickte. Sie rutschte noch ein wenig weiter zurück und spürte den Stoff in ihrem Rücken. Lehnte sich an und wusste, dass Farins Arm direkt hinter ihr war. Ihre Nackenhärchen stellten sich auf und sie spürte seine Wärme.

Schweigend lauschten sie ein paar Liedern, dann drehte Debby den Kopf nach links.

„Was hast du eigentlich in dem CD-Laden gemacht?", fragte sie und nippte an ihrem Bier.

Farins war beinahe leer. Er lachte. „Irgendwo muss ich das Geld für Alkohol und Zigaretten ja herhaben", grinste er, trank den letzten Schluck und zog sein Zigarettenpäckchen aus seiner Jacke. Er nahm seinen Arm von der Lehne und zündete sich eine an.

„Man darf hier drinnen rauchen?", fragte sie.

„Dürfen ist übertrieben", grinste er, nahm einen tiefen Zug und pustete den Rauch nach links von ihr weg.

„Warte, du hast einen Job?"

„Ja", lachte er.

„Damit hab' ich nicht gerechnet", gestand sie.

„Ich bin eben voller Überraschungen." Er zwinkerte ihr grinsend zu, warf einen kurzen Blick auf ihr Bierglas, stand mit seinem eigenen leeren in der Hand auf und ging zur Theke hinüber.

Bezahlte Farin von dem Geld, das er im CD-Laden verdiente, wirklich nur Alkohol und Zigaretten? Oder auch sein Essen?

Debbys Eltern waren vielleicht ein wenig zu streng, aber sie sorgten immer dafür, dass etwas zu essen auf dem Tisch stand, dass sie saubere Kleidung hatte und gaben ihr Taschengeld, während Farins Mutter ihm nicht mal das Dach über seinem Kopf freiwillig angeboten hatte.

Wie fühlte es sich an, auf sich allein gestellt zu sein? Von den eigenen Eltern abgelehnt zu werden? Sie spürte den Nachhall der Tränen, die sie vergossen hatte, als ihre Mutter ihr nicht geglaubt hatte. Als sie ihr nicht zugehört und mehr auf die Worte von Thomas' Vater gegeben hatte.

Was, wenn sie ihr gesagt hätte, dass sie keinen Platz in ihrem Leben hatte? Wenn sie sie so verstoßen hätte wie Farins Mutter es getan hatte?

Sie schüttelte den Kopf und schluckte ihre Tränen herunter. Ihren Blick fokussierte sie auf Farin, der an der Theke mit dem Barkeeper redete, die Hand an seinem gefüllten Glas liegend. Vielleicht versuchte er mit seinen Exzessen nur der Verantwortung zu entfliehen, die er für sein eigenes Leben tragen musste. Vielleicht wollte er einfach Kind sein.

Zwei Punks kamen auf ihn zu, als er auf dem Rückweg zur Couch war.

„Farin, Alter. Lange nicht gesehen", grinste einer von ihnen, der einen zerpflückten, orangenen Iro auf dem Kopf trug.

Farin nickte ihm zu und ging mit einem Schlenker an ihm und seinem Kumpel vorbei.

„Darf ich dich was fragen?", sprach er Debby an, nachdem er sich wieder neben ihr niedergelassen hatte.

„Natürlich", sagte sie und nippte an ihrem Bier.

„Was hast du gegen Les?"

Kein Grund, schlechte Laune zu kriegen. Les war Teil von seinem Freundeskreis und sie würde wohl oder übel mit ihr klarkommen müssen, wenn es ihr mit ihm ernst war.

„Ich weiß nicht genau, wie ich das sagen soll", begann sie und schaute ihn an. Er sagte nichts, erwiderte nur ihren Blick. „Ich ... also ... bei der Vorabi-Party saß sie auf deinem Schoß und ... läuft da was zwischen euch?" Ihr Gesicht wurde heiß.

Farin ließ ihren Blick nicht los. „Ich möchte ehrlich zu dir sein, du hast nichts anderes verdient. Ich hatte was mit Les, aber das war nie was Ernstes. Ich war besoffen, hatte Bock zu vögeln und sie war gerade da. Ich hab' sie übrigens hier kennengelernt."

„Und das bedeutet?"

„Wirst du mit der Zeit verstehen", erwiderte er und schaute ihr tief in die Augen. „Du kannst dir sicher sein, dass ich dich Les jeder Zeit vorziehen würde." Einen Augenblick lang hielt er den prickelnden Blickkontakt aufrecht, dann zog er einen Mundwinkel zu einem Grinsen hoch, stellte sein Bier auf den Boden und steuerte die Tür des Raumes an. Auf Debbys Armen breitete sich eine Gänsehaut aus.

„Wollen wir wieder abhauen?", schlug Farin vor, als die Band eine gute Stunde später ihr letztes Lied gespielt hatte. Immer mehr Menschen traten in den niedrigen Kellerraum und füllen ihn mit ihrer Anwesenheit, ihrer Wärme und ihrem Geruch. Immer mehr Menschen begrüßten Farin oder nickten ihm zu.

„Klar", stimmte sie zu. Hinter ihm drängte sie sich nach draußen, vorbei an all den Menschen, die ihn aufhalten und mit ihm reden wollten.

Er ließ sie alle wortlos stehen, bis sie durch die schwere Kellertür nach draußen traten und ein Typ, dessen lange, fettige Haare sein eingefallenes Gesicht einrahmten, ihn aufhielt. Seine Lederjacke war schmutzig und wirkte viel zu groß an seinem dürren Körper.

„Alter, du lebst noch?", fragte er und Farin holte tief Luft, bevor er sich umdrehte und die Hand des Typen von seiner Schulter wischte.

„Offensichtlich."

Debby blieb auf der untersten Treppenstufe stehen.

„Hast dich noch nicht totgesoffen, hm?", fragte der Typ weiter. Sein Blick huschte zu Debby und zurück zu Farin.

„Nein." Auch Farin schaute kurz zu ihr und richtete seinen ablehnenden Blick wieder auf den Kerl.

„Willst nicht wieder mit reinkommen, bisschen quatschen? Ich hab' Stoff."

„Ich bin beschäftigt", erwiderte Farin. Er trat ein wenig näher an Debby heran und der Kerl leckte sich die Lippen.

„Ich versteh' schon", sagte er schmutzig grinsend. „Auch wenn die eigentlich viel zu hübsch für einen wie dich ist."

„Schnauze", sagte Farin, legte eine Hand an Debbys Seite und schob sie sanft die Stufen hinauf. Er wandte dem Typen den Rücken zu, folgte ihr und entfernte sich mit großen Schritten vom Booze. Ein Blick zurück zeigte ihr, dass der Typ ihnen hinterherstarrte.

„Ignorier einfach, was er gesagt hat, ich hab' nichts mehr mit ihm zu tun", sagte Farin ernst und steckte sich eine Zigarette zwischen die Lippen. Nebeneinander gingen sie zur Einkaufsstraße zurück und bogen nach rechts in Richtung Hauptbahnhof ab. Farin kaufte sich an einem Kiosk zwei Bier, Debby wollte nichts.

Sie schaute ihn von der Seite an. Es war unfair. Dass sein Leben so viel härter war als ihres und dass die Menschen ihm immer mit einer grundlegend ablehnenden Haltung gegenübertragen. Ihre Mutter, die ihr den Kontakt verbot, der Direktor, der am Ende bestimmt tun würde, was Thomas' Vater verlangte. Für sein Recht würde sich niemand einsetzen und deswegen würde er den Ärger bekommen. Er war der Außenseiter, der nicht ins Bild der Schule oder der Gesellschaft passte. Ihr Versuch sich für ihn einzusetzen war genauso gescheitert wie der Versuch ihrer Mutter zu widersprechen.

Inzwischen verstand sie Farins negative Einstellung gegenüber der Gesellschaft, die nicht von Fairness, sondern von Geld und Einfluss bestimmt wurde.

„Worüber denkst du nach?", fragte Farin. Er warf seine Kippe weg und öffnete eines der Biere mit seinem Feuerzeug.

„Über meine Mutter."

Er trank einen Schluck und sah sie aufmerksam an.

„Sie hat gesagt, sie verbietet mir den Kontakt zu dir. Weil Thomas' Vater bei uns zu Hause angerufen hat und sie ihm mehr glaubt als mir." Sie erwiderte seinen Blick.

„Dieser Pisser", sagte er und schüttelte den Kopf.

„Ja." Sie nickte. „Aber das ist mir egal. Sie kennt dich nicht, sie hat keine Ahnung, was für ein wunderbarer Mensch du bist." Ein Lächeln breitete sich auf ihren Lippen aus und Farin sah ein wenig überrascht aus.

„Bin ich das?", fragte er.

„Ja, bist du", lächelte sie.

„Wieso?"

„Du hast mich gefragt, ob ich nie verrückte Dinge in meinem Leben tu. Aber eigentlich habe ich das immer getan. Es ist verdammt verrückt, mein Leben mit Nichtigkeiten zu füllen, die mich nie glücklich gemacht haben und mit Menschen, die kein Verständnis für mich haben."

Sie schauten einander in die Augen und der Ausdruck in seinen wurde weicher.

„Ich trink' auf dich, Debby", sagte er mit einem neuen Tonfall in der Stimme. Einem, der ihr Herz berührte und eine Nähe zwischen ihnen herstellte, die nie zuvor dagewesen war. Er schenkte ihr ein sehr ehrliches Lächeln, dann prostete er ihr zu und nahm einen Schluck aus seiner Flasche.

37

Debby freute sich den ganzen Morgen darauf, Farin wiederzusehen, aber als sie aus dem Bus stieg und ihn gegenüber der Schule an der hüfthohen Mauer lehnen sah, krampfte ihr Herz sich zusammen. Es waren nicht die tiefen Augenringe, die sie die Stirn kraus ziehen ließen, sondern die Art, wie er mit einer unkoordinierten Bewegung die Zigarette zum Mund führte. Seine unsichere Haltung, wie er nur dastand und trotzdem schwankte.

„Hey", nuschelte er mit einem angedeuteten Lächeln und verlor fast das Gleichgewicht, als er sich zu ihr umdrehte.

„Bist du betrunken?", fragte sie und zwang sich, ihre Stimme zu senken. War es nicht gerade bergauf gegangen?

„'n biss'n vielleicht", erwiderte er und lallte so stark, dass seine Worte an Bedeutung verloren. Von der Fahne, die ihr entgegenschlug, ganz zu schweigen.

„Hast du nicht gleich das Gespräch mit dem Direktor?" Sie zog ihr Handy aus der Hosentasche und warf einen Blick auf die Uhr. Neun vor Acht.

Farin zuckte mit den Schultern und griff nach der Mauerkante, als er drohte, das Gleichgewicht zu verlieren.

„Ich hab' keine Lus' mehr", nuschelte er und stützte sich auf dem rauen Stein auf.

„Worauf?", fragte sie. Im Augenwinkel bemerkte sie die Blicke, die ein paar Mitschüler ihnen zuwarfen, ihre Finger, mit denen sie auf sie deuteten, und ihr Tuscheln.

„Die ganze Scheiße." Farin hickste und schluckte dann. Er zog an seiner Zigarette, sein glasiger Blick ruhte auf den Mauersteinen und schien sie doch nicht zu sehen.

„Welche Scheiße meinst du?" Sie suchte seinen Blick.

„Diese Scheiße halt. Ich werd' eh gleich suss'bendiert, weil dieser Wichser 'n Vadder hat, der für ihn rumstr'sst. Juckt doch niemand'n, was jetz' Recht und Unrecht is'." Die Zigarette fiel ihm aus der Hand. Er schaute ihr hinterher und seufzte.

Debby ging in die Knie und drückte sie ihm wieder zwischen die Finger.

„Willst du wirklich so da reingehen?", fragte sie besorgt. Er hatte Recht, aber was sollte sie tun? Die Verantwortung lag in der Hand der Erwachsenen, die ziemlich schluderig damit umgingen.

„Hab eh nix zu verlier'n." Farin führte seine Zigarette an die Lippen, drehte sich und lehnte sich wieder gegen die Mauer.

Debby biss sich auf die Lippen. Sie suchte die Umgebung nach Hadrian oder Lasko ab, aber die beiden waren nicht da. Was sollte sie tun? Hadrian wüsste sicher Rat.

Farin vergrub seine Hände in den Hosentaschen, gähnte herzhaft und verlor das Gleichgewicht. Er schwankte zur Seite, zog die linke Hand eilig aus der Tasche und fing sich an der Mauer ab. Er zog sein Handy aus der rechten Hosentasche und warf einen Blick darauf.

Von Hadrian und Lasko war immer noch nichts zusehen, dafür aber eine Nachricht von Les, die auf Farins Sperrbildschirm leuchtete.

„Ich geh' mir mal meine frei'n Tage abhol'n. Wir sehen uns, Debby", murmelte er undeutlich, schob das Handy in die Innentasche seiner Lederjacke und stieß sich von der Mauer ab. Mit hängenden Schultern schlurfte er auf die Schultüren zu.

Debby starrte zwei Unterrichtsstunden lang immer wieder aus dem Fenster und hoffte, Farin draußen zu entdecken. Dabei sah sie nur das Dach der Pausenhalle und die hohen Bäume mit den bunten Blättern, die von Tag zu Tag kahler wurden. Schon vor dem Klingeln packte sie ihre Sachen zusammen und verließ als erste den Klassenraum. Am Stammplatz der Punks lief sie auf und ab, bis Hadrian und Lasko endlich eintrudelten.

„Habt ihr Farin gesehen?", fragte sie und blieb stehen.

„Heute noch nicht. Du?", erwiderte Hadrian und holte seinen Drehtabak raus. Er schob sich einen Filter zwischen die Lippen und warf ihr einen Blick zu.

„Ich hab' ihn heute Morgen gesehen. Bevor er das Gespräch mit dem Direktor hatte ... Er war echt betrunken und meinte, dass das scheißegal ist, weil die eh nicht zu seinen Gunsten entscheiden werden."

Hadrian legte den Filter in die Zigarette und nickte.

„Da hat er wahrscheinlich recht", meinte er und leckte das Pape an.

Lasko steckte sich eine Zigarette an.

„Ja, schon. Aber es wird bestimmt nicht besser, wenn er sturzbetrunken hingeht." Debby knetete ihre Hände und trat einen Schritt auf den Bürgersteig, um zum Schuleingang schauen zu können.

Hadrian hielt sein Feuerzeug an seine Zigarette und zuckte mit den Schultern. „Ist jetzt eben so."

Debbys Blick klebte für ein paar Augenblicke an der Tür, aus der niemand kam, dann ging sie wieder einen Schritt auf Hadrian und Lasko zu.

„Müsste das Gespräch nicht lange zu Ende sein?", fragte sie unruhig. Sie sah Clari alleine an der Tischtennisplatte stehen, Bella entdeckte sie nicht.

„Sowas kann dauern", meinte Lasko und führte die Kippe an die Lippen.

„Aber warum hat er sich so betrunken, ihm müsste doch klar sein, dass das keine gute Idee ist?", versuchte sie es erneut, auch wenn es nichts änderte. Farin war betrunken und er befand sich im Gespräch mit dem Direktor. Sie konnte nichts dagegen tun.

„Er hat sich gestern schon die Kante gegeben, das ist seine Art mit Problemen umzugehen. Leider." Hadrian seufzte und nahm einen Zug von seiner Kippe.

„Sollten wir versuchen, ihn anzurufen?", fragte sie und zog ihr Handy aus der Hosentasche.

Er schüttelte den Kopf. „Er kommt schon her, wenn er fertig ist. Entspann dich."

Debby fing an, wieder auf und ab zu laufen. Schaute immer wieder auf ihr Handy. Die Zeit zog sich quälend in die Länge. Die fünf Minuten, bis Farin aus dem Schulgebäude stolperte und den Bürgersteig herunter auf sie zu schlurfte, fühlten sich an wie eine Ewigkeit.

„Hasse mal 'ne Kippe?", fragte er Hadrian nuschelnd und kam leicht schwankend neben ihm zum Stehen. Er fuhr sich mit der Hand durch die Haare und Debby fand, dass er mit der blassen Haut und den dunklen Ringen unter den Augen krank aussah.

Hadrian holte kopfschüttelnd seinen Tabak heraus und begann eine Zigarette zu drehen.

„Der Einzige von uns mit 'nem Job und trotzdem schnorrst du dauernd Zigaretten." Mit geschickten Fingern rollte er Filter und Tabak in das dünne Papier.

Farin nahm die Kippe entgegen, steckte sie in aller Ruhe an, inhalierte tief und lehnte sich mit dem Rücken gegen den Schulhofzaun. Alle Augenpaare ruhten auf ihm, Debby kaute nervös auf ihrer Unterlippe.

„Ihr seht echt bescheuert aus", grinste Farin.

„Jetzt erzähl schon", forderte Hadrian ihn auf.

Lasko trat einen Schritt näher an Farin heran und stellte sich mit in den Halbkreis.

„Ihr glaubt nie, was da drin passiert is'." Farins Grinsen wich langsam einem ungläubigen Gesichtsausdruck. Er zog an der Zigarette, pustete den Rauch wieder aus.

„Was?", fragte Debby.

„Ich bin nich' suspendiert." Debby zog die Augenbrauen hoch und Farin machte eine kurze Pause, ehe er langsam weitersprach und sich bemühte, seine Worte deutlich rauszubekommen. „Die waren auf meiner Seite. Haben diesen Wichser richtig dumm dastehen lassen." Er schüttelte den Kopf, als könne er es selbst nicht fassen.

„Echt jetzt?" Hadrian schaute anerkennend zu dem Fenster hoch, hinter dem das Büro des Direktors liegen musste.

„Ja. Ich muss nur so'n scheiß Projekt zusammen mit dei'm Ex machen", sagte Farin und schaute Debby an.

„Was für ein Projekt?", fragte sie.

„Musik, keine Ahnung. Wird 'n Kinderspiel." Nach zwei tiefen Zügen stieß er sich vom Zaun ab und schaute Debby in die Augen. „Ich glaub, dieses Date am Samstag war keine gute Idee. Wir sollten's dabei belassen, okay?"

Debbys Herz klopfte schneller, während die Worte zu ihr durchdrangen. Sie bohrten sich in ihre Brust und drückten ihr die Luft aus den Lungen.

„Klar", presste sie hervor und legte ihre zitternden Hände an die Oberschenkel. „Kann ich verstehen."

Warum sollte ein Typ wie Farin ausgerechnet mit ihr zusammen sein, wenn er jemanden wie Les haben konnte? Jemanden, der seine Interessen und seinen Lebensstil teilte und nicht wegen Kleinigkeiten rumstresste. Ihr Date im Booze hatte ihm wahrscheinlich nur gezeigt, wie wenig sie in seine Welt passte.

Sie räusperte sich und strich sich eine Haarsträhne ins Gesicht.

„Ich muss dann mal los!", brachte sie hervor und hörte den weinerlichen Unterton in ihrer Stimme. Schnell drehte sie sich um und stürmte mit gesenktem Kopf an Lasko und Hadrian vorbei auf den Schulhof in Richtung der Toiletten. Die Tränen liefen über ihre Wangen, während sie vor ihrem inneren Auge Farin mit Les sah. Wie er mit ihr lachte, mit ihr trank, sie küsste. Wie er ihr sagte, dass sie die Frau in seinem Leben und das mit Debby ein dummer Fehler gewesen war.

Sie stieß die Toilettentür auf und eilte an ein paar Mädels vorbei in die erste Kabine, deren Tür sie hinter sich zuknallte. Sie drehte das Schloss, klappte den Klodeckel mit einem Knallen runter, setzte sich darauf und ließ ihrem Schmerz freien Lauf.

38

Es war kurz vor elf abends, als Debby aus dem Haus schlich. Die Zeiten, in denen sie Dinge einfach hingenommen hatte, waren vorbei. Wenn Farin sie nicht mehr daten wollte, okay, aber sie wollte den Grund kennen. Im besten Fall wollte sie ihm zeigen, dass sie es wert war, seine Zeit mit ihr zu verbringen.

Trotz seiner Macken hatte niemand ihr Herz je so berührt wie er. Niemandes Vertrauen bedeutete ihr so viel wie das seine, das man sich verdienen musste, und niemandes Anerkennung wog so schwer wie Farins, der schon mehr gesehen hatte als die meisten Erwachsenen, die sie kannte.

Obwohl es unter der Woche war, glaubte sie nicht, ihn zu Hause anzutreffen. Sie fuhr zum Bahnhof, fand ihn dort aber nicht. Mit eingezogenem Kopf eilte sie die leere Einkaufsstraße hinunter, vorbei an geschlossenen Geschäften und Cafés. Gitter oder Rollläden versperrten die Eingänge und waren mit verschmierten Graffiti bedeckt.

Kurz vor dem Plattenladen bog sie links in die Seitenstraße ab und wurde vom kalten Herbstwind erwischt, der sie trotz ihrer Kapuzenjacke frösteln ließ. Der Duft von Urin stieg ihr in die Nase und wurde stärker, so näher sie dem Booze kam.

Farin hatte gesagt, dass er früher viel Zeit dort verbracht hatte und vielleicht sucht er auch heute sein Glück dort. Mit klopfendem Herzen ging sie die ausgetretenen Stufen zu der beklebten Metalltür hinab, während sie sich immer wieder sagte, dass er es wert war. Sie stemmte die Tür auf und schon im Flur schlugen ihr Punkmusik und das Gemurmel gedämpfter Stimmen entgegen.

Ganz ruhig.

Sie atmete tief durch, während ihr Herz schneller schlug, lief unter der flackernden Neonröhre durch und blieb im Türrahmen zum düsteren Kellerraum einen Moment stehen, während ihre Augen sich an die Dunkelheit gewöhnten. Sie bereute es. Die meisten Besucher starrten sie an, niemand hatte ein Lächeln übrig. Keine der blassen, abgerissenen Gestalten mit tätowierten Gesichtern und Unmengen von Piercings überall.

Debby schluckte.

Farin ist es wert, sagte sie sich und wagte sich weiter in den verqualmten Raum hinein. Mit jedem Schritt, den sie tat, schwand die Hoffnung und das dumpfe Gefühl, einen Fehler gemacht zu haben, nahm zu. Denn Farin war nicht da.

Sie drehte sich auf dem Absatz um und stieß mit jemandem zusammen.

„Sorry", murmelte sie, machte einen Schritt zurück und blickte geradewegs in Les' Gesicht. Sie war eigentlich nur einen halben Kopf größer als Debby, aber sie wirkte riesig mit ihrem perfekten, bunten Make-Up und den aufwändig frisierten Haaren.

„Was tust du denn hier?", fragte sie.

„Gehen", sagte Debby und versucht sich an ihr vorbeizudrücken, aber Les packte sie am Arm und schob sie zurück.

„Und was wolltest du hier?", fragte sie.

„Ich habe Farin gesucht", sagte Debby und versuchte sich aus ihrem Griff zu befreien, aber Les zog sie mit zu ihrem Tisch und drückte sie auf einen der Stühle. Dann setzte sie sich so nah vor sie, dass ihre Knie einander berührten.

„Wir sollten uns mal unterhalten", sagte sie. „Du bist so ein liebes, unschuldiges Mädchen. So durchschnittlich. Du passt perfekt in die Gesellschaft. Was möchtest du von Farin?"

„Was zwischen Farin und mir ist, geht dich einen Scheiß an", schnappte Debby und verschränkte die Arme. Farin war nicht hier, aber Les war es. Also verbrachte er gerade keine Zeit mit ihr.

„Ich kenne Farin und ich weiß, was er alles durchgemacht hat. Ich war an seinem tiefsten Punkt bei ihm und ich kann ihn wieder glücklich machen, wenn er down ist. Er braucht kein Püppchen wie dich, dem immer alles in den Arsch geschoben wurde und das kein Verständnis für jemanden mit seiner Geschichte hat. Er hat auch ohne dich schon genug

Probleme", brauste Les auf. Sie fixierte Debby mit ihrem Blick.

„Es zeugt nicht von einem guten Charakter vorschnell über jemanden zu urteilen, den man gar nicht kennt. Auch eine Sache, die Farin wichtig ist. Ich tu so etwas nicht, aber wie steht's mit dir, Lesley?" Debby kniff die Augen zusammen und schaute ihr herausfordernd ins Gesicht. Er war nicht mit ihr zusammen und er hatte gesagt, er würde Debby ihr jederzeit vorziehen.

„Punkt für dich. Aber trotzdem: Was willst du von Farin? Er passt nicht in deine heile Welt und du passt nicht in seine. Schon als du den Raum betreten hast, konnte jeder sehen, wie unwohl du dich fühlst. Aber das hier ist Farins Welt. Früher war er jeden verdammten Tag hier und hat da hinten auf den Matratzen in seiner eigenen Kotze gepennt, ohne zu wissen, wie viel Uhr oder welche Tageszeit es überhaupt ist. Die einzige Zeitspanne, die für ihn gezählt hat, war die vom Höhepunkt bis zum Runterkommen und zur nächsten Dröhnung. Kannst du mit sowas umgehen?"

Debby hielt ihrem Blick stand.

„Ich glaube nicht, dass Farin jemanden braucht, der ihn in seinen Exzessen unterstützt. Er war früher jeden Tag hier, du sagst es. Früher. Wird Gründe haben, dass er es nicht mehr ist, oder?"

Les lachte auf und ihr Lachen war das falscheste und abschätzigste, das Debby je gehört hatte.

„Was kann eine verklemmte Jungfrau wie du einem Mann schon bieten, hm? Ich hatte Farin öfter im Bett als du in deinem mickrigen Leben Jungs geküsst hast. Gib's einfach auf, du hast keine Chance gegen mich. Von mir bekommt er alles, was er will."

„Das ist dein Problem. Niemand verzehrt sich nach der Schokolade, von der er einen ganzen Schrank voll hat." Debby rückte ihren Stuhl zurück und erhob sich mit einem selbstsicheren Ausdruck im Gesicht. Les hielt sie nicht auf, als sie an ihr vorbei das Booze verließ.

Debby verbarg ihr Handy unter dem Schultisch und betrachtete Farins Profilbild. Es schien auf einem Konzert aufgenommen worden zu sein, im Hintergrund waren weitere Punks zu sehen. Farin hatte eine Augenbraue hochgezogen und schaute skeptisch, aber mit einem frechen Lächeln auf den Lippen in die Linse.

„He, Debby", rief jemand und sie sah auf. Maja, die zwei Reihen vor ihr saß, hatte sich zu ihr umgedreht und grinste sie schadenfroh an. „Hat der Punk dich fallen lassen?"

„Vielleicht hättest du dich nicht von ihm knallen lassen sollen", stimmte ihre Sitznachbarin zu. Auf dem Tisch der beiden saß Leyla.

„Thomas hat dich vor ihm gewarnt, aber du wolltest ja nicht hören", lachte Maja und Debby folgte ihrem Blick zu Thomas, der absichtlich nicht in ihre Richtung schaute.

„Was soll das?", fragte sie die Mädels und schob das Handy in ihre Hosentasche.

„Tu nicht so. Du bist eine Schlampe, du hast deinen Freund verraten, weil ein anderer dir besser gefallen hat. Da brauchst du dich nicht wundern, dass er dich jetzt verlassen hat", sagte Maja, während die übrigen Gespräche in der Klasse verstummten. Gelächter wurde laut.

„Sie wollte sich halt mit einem interessanteren Typen treffen. Aber dem war sie wohl zu langweilig", grinste Leyla und warf Debby einen bedauernden Blick zu.

Debby setzte sich aufrechter hin und stützte ihre Unterarme auf die Tischplatte. Bella neben ihr starrte Leyla feindselig an, während Clari, die zwei Plätze weiter saß, schadenfroh einen Mundwinkel nach oben zog.

„Geht der ganze Mist hier von dir aus?", fragte Debby deutlich und schaute Leyla in die Augen. Die hob amüsiert die Augenbrauen.

„Bitte. Jeder hat dich gestern heulend über den Schulhof rennen sehen und die meisten von uns waren mit auf der Abschlussfahrt. Im Gegensatz zu dir können wir eins und eins ganz gut zusammenrechnen."

Zustimmendes Lachen.

Debby schaute zu Bella, die ihren Blick von Leyla abgewandt hatte und mit zusammengekniffenen Lippen ihre Fingernägel betrachtete. Sie schaute zu Clari, ehe sie sich wieder nach vorne wandte.

„Geh mir nicht auf die Nerven!", verlangte sie. Immer deutlicher verstand sie, warum Farin von den meisten Leuten Abstand hielt, wenn er nicht gerade etwas von ihnen wollte. Wie Zigaretten an jedem Abend.

Als das Klingeln die Fünf-Minuten-Pause beendete und Leyla vom Tisch rutschte, um den Klassenraum zu verlassen, atmete sie auf.

In der Pause sah Debby Farin über den Schulhof auf sie zulaufen. Mit sanfter Gewalt nahm er sie unter den Blicken ihrer Mitschüler zur Seite.

„Warst du gestern im Booze?", fragte er. Seine Stimme war heiser, die blutunterlaufenen Augenringe waren noch tiefer als am Vortag. Der starke Geruch von Zigaretten stieg ihr in die Nase.

„Hat Les dir davon erzählt?" Als der Name ihren Mund verließ, spürte sie die Wut in ihrem Bauch.

„Ja. Sie macht sich Sorgen." Er zog die Augenbrauen ein wenig zusammen, sah selbst irgendwie besorgt aus.

„Sorgen? Dass ich nicht lache." Sie verschränkte die Arme und richtete sich auf. „Les ist das verlogenste Miststück, das mir nach Clari je begegnet ist!"

„Sprich nich' so von meinen Freunden!", sagte Farin scharf und die Sorge wich dem Ärger. „Warum warst du dort?"

„Wenn du's unbedingt wissen willst: Ich habe dich gesucht und wollte mit dir reden!" Es war sowieso egal. Sie brauchte nichts vertuschen oder schönreden. Farin war klar, dass sie in ihn verliebt war und er hatte ihr bereits einen Korb gegeben. Die Wahrheit konnte es nicht schlimmer machen.

Farin seufzte tief und entspannte seine Gesichtszüge. Erschöpft fuhr er sich mit der Hand durchs Gesicht.

„Ich weiß gar nich', warum ich dir das Booze gezeigt hab, aber vergiss den Laden, okay? Da geht niemand hin, der nich' irgendwo 'n abgestürzter Verlierer is'. Ich weiß, wovon ich red'. Tut mir leid, dass ich dich gestern so vor den Kopf gestoßen hab, das war scheiße, aber ich bin einfach kein guter Umgang für dich. Du solls' dir wegen mir nich' dein Leben kaputt machen."

„Red' nicht so einen Scheiß!" Debby zog die Augenbrauen zusammen und löste ihre Arme. „Ist es, weil meine Eltern mir den Kontakt zu dir verbieten wollten? Es ist nicht deine Schuld, dass die bescheuert sind und sich von Thomas' dämlichem Vater irgendeinen Mist erzählen lassen. Sie kennen dich nicht und sie haben kein Recht, zu urteilen. Aber ich kenne dich, Farin, und ich weiß genau, dass du ein guter Mensch bist." Sie lächelte und als Farin überrascht aufschaute, erwiderte er das Lächeln mit einem Mundwinkel. „Du bist es wert. Jeden Ärger dieser Welt." Anerkennung mischte sich in seinen Blick, er zog auch den zweiten Mundwinkel hoch und dann Debby in seine Arme.

39

„Ich will's dir ja nicht antun bei der Kälte am Bahnhof rumzuhängen", grinste Farin mit hochgezogener Augenbraue, als Hadrian, Lasko, er und Debby am Freitagabend gemeinsam die Kneipe ansteuerten, in der sie nach dem Kino gewesen waren.

„Ach, aber dir würde das nichts ausmachen?", fragte sie. Der schneidende Wind sprach deutlich davon, dass der Sommer vorbei war und der Winter sich mit großen Schritten näherte.

„'ne Flasche Korn und mir ist warm", lachte er und laute Rockmusik mischte sich unter seine Worte, als Hadrian die Tür zum Lokal aufstieß. Hintereinander traten sie ein und gingen an besetzten Tischen vorbei zur Theke. Während Hadrian sich nach einem Platz für sie umsah, ließ Farin sich vier Bier zapfen und trug sie zu dem kleinen Tisch hinten in der Ecke an der Wand, den ersterer inzwischen ergattert hatte.

Hadrian und Lasko nahmen auf den Stühlen Platz, Farin stellte die Biere auf den Tisch und warf sich in die Ecke der Bank. Er zog seine Jacke aus und schob sie unter den Tisch, ehe er den Arm auf der Lehne ablegte.

Debbys Herz klopfte schneller. Sie warf Hadrian und Lasko einen schnellen Blick zu, während sie sich mit langsamen Bewegungen ihrer Jacke entledigte. Konnte sie sich einfach so in diese offensichtliche Geste hineinbegeben? Wollte sie es?

Sie biss sich auf die Unterlippe, drückte ihre Jacke an ihren Oberkörper und setzte sich. Farin machte vor seinen Freunden keinen Hehl daraus, dass er mit ihr ausging, und das war ein verdammt schönes Gefühl.

„Ich freu' mich schon die ganze verfickte Woche auf diesen Moment", seufzte er, zog einen Krug an sich heran und kippte die Hälfte des Inhalts in einem Zug hinunter.

„Als würdest du nur am Wochenende saufen", sagte Lasko in seinem üblichen ernsten Tonfall.

Farin quittierte diese Aussage mit einer angehobenen Augenbraue, nahm dann aber noch einen Schluck aus seinem Glas.

Debby nippte an ihrem Bier und schaffte es nicht, sich zu entspannen. Sie ließ ihren Blick durch die Kneipe wandern und betrachtete die Kundschaft, die definitiv eine angenehmere Gesellschaft war, als die seltsamen Leute im Booze. Sie erblickte Männer und Frauen mit langen Haaren und Bandshirts, an den Füßen trugen einige von ihnen ähnlich schwere Stiefel wie die Punks, die meisten aber eher Sneakers. Hier gab es keine abgerissenen Leichen in schmutziger Kleidung, denen man ihre Drogensucht schon von Weitem ansehen konnte.

„Alles gut?", fragte Farin sanft.

Debby drehte sich zu ihm und setzte ein Lächeln auf.

„Klar", sagte sie sofort. Wieso fiel es ihr so schwer, sich neben ihm zu entspannen? Wo war die angenehme Atmosphäre, die sonst herrschte, wenn sie Zeit mit ihm verbrachte? Warum war sie so nervös, seitdem Bella ihr klar gemacht hatte, dass sie mehr für ihn empfand als nur Freundschaft?

„Kommste mit eine rauchen?", fragte er und suchte ihren Blick. Es ging ihm nicht um die Zigarette. Nicht nur. Er wollte ihr die Möglichkeit geben, ungestört mit ihm zu reden.

Sie nickte mit einem dankbaren Lächeln.

Weder Lasko noch Hadrian folgten ihnen, als sie sich hintereinander nach draußen schlängelten und in die kalte Nachtluft traten. Debby beobachtete, wie Farins Atem in feinen Wölkchen aufstieg, während er eine Zigarette hervorholte und sie sich ansteckte. Wasserdampf wurde zu Rauch. Er schaute sie an.

„Was ist los?", fragte er sanft.

„Ich weiß auch nicht", seufzte sie und strich sich frustriert eine Haarsträhne aus der Stirn, die der kühle Wind ihr ins Gesicht gepustet hatte. Es war alles in Ordnung. Mehr als es in den letzten Wochen gewesen war.

Farin schien mehr zu verstehen als sie selbst. Er steckte sich die Zigarette zwischen die Lippen, trat einen Schritt vor und zog sie an sich. Während sie ihren Kopf an seiner Schulter ablegte und seine Wärme spürte, schlang er die Arme um sie und hielt sie fest.

Sie schloss die Augen und ließ ihre Gedanken fließen. Atmete seinen Geruch nach altem und frischem Rauch ein. Vorsichtig schlang sie ihre Arme um seinen Bauch und verschränkte ihre Finger in seinem Rücken miteinander.

Eine halbe Ewigkeit und doch nur ein paar Sekunden standen sie so da, bis Farin seine Zigarette am Boden austrat und Debby vorsichtig ein Stückchen von sich wegschob. Er nahm ihre Hand und führte sie von der Kneipe weg ein paar Schritte in die Fußgängerzone, wo er in den Himmel deutete. Keine Wolken versperrten den Blick auf das tiefschwarze Firmament und trotz des Lichtsmogs leuchteten die Sterne hell.

„Erinnerst du dich an die Sternbilder, die ich dir gezeigt hab?", fragte er. Debby nickte und rückte ein wenig näher an ihn heran, weil die Kälte durch ihren Pulli kroch. Er legte seinen Arm um sie. „Sie sind immer noch da." Mit dem Finger fuhr er die Formen von Cassiopeia und dem Schwan nach. „Sie befinden sich nicht mehr an derselben Stelle wie das letzte Mal, aber niemand kann sie vertreiben. Niemand kann ihnen ihren Platz streitig machen. Auch, wenn unendlich viele andere Sterne am Himmel leuchten und verglühen, konnte keiner ihnen was in tausenden von Jahren." Er stellte sich vor Debby, schaute ihr tief in die Augen und sie verlor sich in den Tiefen des dunklen Blaus.

In diesem Moment gab es nur sie beide. Farins Finger in ihren, seine Wärme so nah an ihrem Körper. Die Intensität seines Blickes aus Augen, die schon so viel Leid gesehen hatten. Trotzdem war er noch da. Wie die Sterne am unendlichen Nachthimmel.

Eine riesige Last löste sich von ihr und sie lächelte, als ihre Schultern leichter wurden.

„Danke", hauchte sie.

Ihr Atem stockte, als Farin sich vorbeugte und sein Blick sanfter wurde. Er schloss die Lider und legte seine weichen Lippen auf ihre. Seine freie Hand legte er an ihre Seite, kam ihr noch ein wenig näher und berührte ihre Zunge mit seiner. Sie schmeckte Qualm und Bier und trotzdem ließ dieser Kuss ihr Herz sofort so viel höher schlagen als jeder Kuss von Thomas es vermocht hätte. Farin lächelte, als sie ihre Lippen voneinander lösten.

Den Blick in seine Augen gerichtet verweilte Debby und glaubte in ihnen Weiten zu sehen, die denen des Himmels Konkurrenz machten. Auch sie lächelte.

Er hob die Hand und strich sanft über ihre Wange, das Lächeln wurde noch ein wenig sanfter.

„Bereit, wieder reinzugehen?", flüsterte er irgendwann. Keiner von ihnen hatte den Blickkontakt unterbrochen und auch als Debby mit heißen Wangen nickte, schaute sie ihm weiter in die Augen.

Er beugte sich vor und gab ihr noch einen Kuss, ehe er zurücktrat und einen Blick in den Himmel warf.

Auch sie schaute zu den Sternen bis Farin sich in Bewegung setzte. Die Hände noch miteinander verschlungen liefen sie durch die kalte Luft zur Kneipe zurück. Er hielt an der Theke an und bestellte vier Kurze, die er vor Hadrian und Lasko auf den Tisch knallte.

„Auf uns!", rief er, lächelte aber nur Debby an, und rutschte ans Ende der Bank durch. Sie folgte und jeder griff sich ein Pinnchen. Nacheinander schauten sie sich in die Augen, als sie miteinander anstießen und die brennende Flüssigkeit hinunterkippten.

Debby verzog das Gesicht. Was auch immer das gewesen war, lecker war etwas anderes.

Farin legte seinen Arm um sie und streichelte mit seinem Daumen über ihre Schulter. Eine eigenartige Wärme ging von seiner Hand aus, die sich bis in ihre Fingerspitzen und die Füße verteilte. Sein Lächeln ließ ihr Herz schneller schlagen und all die Zweifel und negativen Gefühle rückten in weite Ferne.

Sie trank Bier und lachte über die Sprüche, die die Jungs sich an den Kopf warfen. Lachte über die Scherze, die sie machten. Bald zählte nichts mehr außer die kleine Runde, in der sie zusammensaßen. Sie vergaß ihre intoleranten Eltern, ihr angespanntes Verhältnis mit Bella, Thomas und Clari, und Les, die nicht diejenige war, die in Farins Arm saß. Das Lachen reinigte ihre Seele von all dem Mist.

Farin bestellte noch mehr Schnaps und kippte ein Bier nach dem anderen hinunter. Auch Debby merkte, wie ihr bald ein wenig schwindelig wurde, während alles mit einem Mal verdammt witzig war. Sie kam aus dem Lachen gar nicht mehr heraus und fühlte sich leicht und beflügelt. Küsste Farin auf die Wange und auf den Mund, ohne nur einen Gedanken an Hadrian und Lasko zu verschwenden, die ihnen gegenübersaßen und nicht ganz mit Farins Trinkgeschwindigkeit mithielten.

„Woll'n wir langsam zahlen?", fragte Hadrian, in dessen Stimme ein leichtes Lallen zu vernehmen war.

Debby lag in Farins Arm, während er selbst in der Ecke der Bank hing. Er sah müde und verdammt zufrieden aus.

„Können wir", stimmte sie zu und zog zum ersten Mal an diesem Abend ihr Handy aus der Hosentasche.

02:34 Uhr.

Wann war das passiert?

„Wir möcht'n zahl'n", teilte Hadrian der Kellnerin mit, die nickte und ihr Portemonnaie herausholte. Sie nahm Hadrians Deckel entgegen und rechnete die einzelnen Preise zusammen.

„37,40", sagte sie und er reichte ihr zwei Zwanziger.

„Stimmt so.", sagte er und sie bedankte sich.

Lasko zahlte dreißig und Farin schob ihr seinen und Debbys Deckel zu, als er an der Reihe war.

„Du brauchst das nicht für mich zahlen", sagte sie und griff nach ihrem Deckel, aber Farin legte seine Hand auf ihre.

„Ich will aber."

„Ich kann das selbst bezahlen."

„Ich weiß." Er schaute ihr in die Augen, sein Blick war glasig und unfokussiert. Trotzdem standhaft. „Lass mich das zahl'n."

„Das macht 75,90 zusammen", sagte die Kellnerin.

„Nein, das ist viel zu viel!", wehrte Debby sich, als Farin sein Portemonnaie aus seiner Jacke hervorkramte.

„Von dir sind eh nich' mehr als zehn Euro vielleicht", meinte er und reichte der Kellnerin eine Sammlung von zehn und zwanzig Euro Scheinen und Kleingeld. „Stimmt so."

„Danke, schönen Abend euch noch!"

„Ebenso", erwiderte Hadrian.

Sie zogen ihre Jacken an und verließen die Kneipe, deren Innenraum sich beträchtlich geleert hatte. Nebeneinander machten sie sich auf den Weg zum Hauptbahnhof.

„Kann ich vielleicht bei dir übernachten? Ich möchte um die Uhrzeit nicht mehr nach Hause kommen", fragte Debby Farin. Sie wollte auch nicht, dass ihre Eltern mitbekamen, dass sie getrunken hatte, sonst konnte sie sich wahrscheinlich auf die nächste Standpauke einstellen.

„Klar", lächelte er. Er schwankte leicht beim Laufen, die dunklen Ringe unter seinen Augen waren nicht schwächer geworden, aber er wirkte zufrieden. Der Abend schien ihm gut getan zu haben.

In der Bahnhofshalle trennten sich ihre Wege. Hadrian und Lasko verabschiedeten sich, weil sie einen anderen Zug nach Hause nehmen mussten, und gingen zu ihrem Gleis, während Debby Farin zu Gleis 7 folgte. Oben angekommen schlang sie die Arme um ihren Oberkörper, als der eisige Wind den Bahnsteig entlangpfiff.

Farin hängte ihr seine Lederjacke um die Schultern.

„Ist dir nicht kalt?", fragte sie und zog die Jacke enger um sich. Er schüttelte den Kopf.

„Ich hab' dir von der Flasche Korn erzählt? Ich hab' heute genug gesoff'n, um die nächsten drei Tage nich' mehr zu frier'n", grinste er. Er steuerte die nächstgelegene Metallbank an, ließ sich darauf nieder und zog Debby auf seinen Schoß.

Dankbar kuschelte sie sich in seine Wärme und konnte nicht anders als zu lächeln, während sie gemeinsam auf den Zug warteten.

Man könnte meinen, Farin wohnte alleine. Wären da nicht die Frauenschuhe vor der Tür, der Mantel an der Garderobe und die drückende Atmosphäre, die die Wohnung beherrschte. Er schob Debby in sein Zimmer und verschwand selbst im Bad.

Sie trat ans Fenster und beugte sich nah an die Scheibe. Der Himmel war immer noch wolkenfrei und sie suchte nach den Sternbildern, die er ihr gezeigt hatte. Da, der Schwan. Sie streckte die Hand aus und stieß mit den Fingerspitzen gegen die Scheibe, während ein Lächeln ihre Lippen verzog. Ganz alleine hatte sie ihn gefunden.

„Hab dir 'ne Zahnbürste und 'n Handtuch hingelegt", sagte Farin, als er in sein Zimmer kam.

„Danke", lächelte sie, berührte seinen Arm, als sie an ihm vorbeiging und machte sich im Badezimmer bettfertig.

Als sie zurückkam, zog Farin sich gerade sein T-Shirt über den Kopf. Er stand mit dem Rücken zu ihr und im Schein der Deckenlampe erblickte sie sein Tattoo – es sah anders aus als beim letzten Mal. Der Baum stand jetzt am Ufer eines Sees, auf dem ein Boot trieb. Mit der Hand konnte man es nicht mehr erreichen, aber es war mit einer langen Leine am Ufer vertäut. Das Seil hing durch und verschwand unter der Wasseroberfläche.

Debby verstand, was dieses Bild bedeuten sollte. Neben dem Herbstbaum, der Farins Abschied von seinem kleinen Bruder und seinem verstorbenen Freund Karel darstellte, symbolisierte das Boot Noah. Er wäre noch erreichbar, war nicht verloren, aber es war besser für beide, wenn sie einander losließen.

„Was dagegen, wenn wir im selben Bett penn'?", fragte Farin und drehte sich um. Debby schüttelte den Kopf. Er warf ihr das T-Shirt zu und sie drehte sich von ihm weg, um ihr eigenes aus- und Farins wieder anzuziehen, während er ein Fenster öffnete und sich ins Bett legte.

Kühle Nachtluft zog in den Raum und Debby legte ihren BH, ihr Oberteil und ihre Jeans auf einen Stapel, ehe sie ans Bett trat. Farin hob die Decke und gewährte ihr einen kurzen Blick auf seinen Körper, der nur von Boxershorts bedeckt wurde. Trotz der Kälte in ihrem Rücken wurde ihr heiß.

„Komm her", murmelte er mit rauer Stimme und streckte seinen Arm auf der Matratze aus. Mit klopfendem Herzen legte sie sich zu ihm und schaute ihm direkt ins Gesicht. Er legte seinen Arm um sie, zog sie mit festem Griff an sich heran und erwiderte ihren Blick. Ihm ging es nicht anders als ihr, das erkannte sie, ehe er die Augen schloss und sie küsste. Nicht so vorsichtig wie den Abend über, sondern fester. Fordernder. Hungriger.

Sie merkte, wie ihre Hand zu seinem Haar wanderte und sich darin verkrallte. Sie zog ihn näher an sich und er richtete sich auf. Beugte sich über sie, während er mit der Hand langsam ihren Körper hinabfuhr. Seine Küsse nahmen ihr den Atem und er schob seine Finger unter Shirt, wanderte langsam nach oben. Seine Berührungen kribbelten auf ihrem Bauch, ihre Haut fühlte sich so empfindlich an wie nie zuvor. Bis zu ihrem Bauchnabel wanderten seine Finger, dann stockte er. Löste sich von ihr, zog sich plötzlich zurück, drehte sich um und setzte sich mit den Beinen auf den Boden an die Bettkante.

„Was ist los?", fragte sie leicht außer Atem. Sie setzte sich auf und rückte näher an ihn heran, streckte ihre Hand nach seiner Schulter aus und ließ sie wieder sinken. Farin fuhr sich mit den Händen durchs Gesicht, ehe er sie anblickte.

„Du sollst dein erstes Mal nicht mit'm besoffenen Verlierer wie mir hab'm", sagte er leise. „Du hast Besseres verdient."

40

Farin ließ sein Gesicht wieder in seine Hände sinken und stützte seine Ellbogen auf den Oberschenkeln ab. Er schwankte im Sitzen und als Debby ihre Hand erneut ausstreckte, sprang er auf. Er riss seine Zimmertür auf, sprang zur Badezimmertür und riss auch sie auf. Vor dem Klo ließ er sich auf die Knie fallen, der Toilettendeckel knallte gegen den Spülkasten und im nächsten Moment übergab er sich mit einem Würgen und einem Plätschern.

Nun war es an Debby, das Gesicht in den Händen zu vergraben. Sie musste Farin wirklich was bedeuten. Warum sonst sollte er sich betrunken eine sichere Nummer entgehen lassen?

Weil sie mehr als eine Nummer für ihn war. Mehr als eine, die er ins Bett bekommen hatte.

Die Spülung erklang, dann der Wasserhahn. Debby hob den Kopf, als Farin ins Zimmer zurücktorkelte und sich erschöpft aufs Bett fallen ließ. Die Haut in seinem Gesicht war noch blasser als sonst.

„Warum sagst du sowas?", flüsterte sie und rückte an ihn heran.

„Weil's wahr is'", murmelte er und erwiderte ihren Blick, das eine Auge weiter geschlossen als das andere. „Sieh mich doch an, ich bin gescheitert auf voller Linie. Halt's keine Woche aus, ohne mich volllauf'n zu lass'n." Er bedeckte seine Augen mit der Hand.

„Wenn jemand einen Grund dafür hat, dann ja wohl du", sagte sie sanft und schloss ihre Finger zu einer Faust. Sie wollte ihn berühren, ihn streicheln, ihm zeigen, dass alles gar nicht so schlimm war, aber sie traute sich nicht.

Er schüttelte den Kopf.

„Du has' jemand' verdient, der dir ebenbürtich is' und dir was biet'n kann. Der für dich da is' und dich beschütz'."

„Niemand war je so für mich da wie du", sagte sie und legte ihre Hand nun doch auf seine Schulter. „Und du hast mich beschützt. Am Strand vor Thomas."

Farin hob die Hand und schaute sie mit hochgezogener Augenbraue skeptisch an.

„Nein. Ich war besoff'n wie Scheiße und hab mich von ihm vermöbeln lass'n. Dann hab' ich dich auf dies' scheiß Boot mitgenomm', mir mit Noah die Birne zugeknallt und dich in Gefahr gebracht." Er richtete sich auf und beugte sich zum Boden, wo er das Zigarettenpäckchen aus seiner Hose fischte. Er steckte sich eine Kippe zwischen die Lippen und setzte sich auf die Fensterbank, wo er sie ansteckte und den Rauch in die sternenklare Nacht hinauspustete. Das Päckchen warf er auf seinen unordentlichen Schreibtisch.

Debby drehte sich zu ihm um.

„Das tut nichts zur Sache! Ich hätte ja nicht mitkommen müssen!"

Er schüttelte entschieden den Kopf. „Du hattes' nur Ärger, seit du mich kenns'." Er lehnte sich gegen den Fensterrahmen, wandte den Blick nach draußen und nahm einen tiefen Zug von der Zigarette.

„Stimmt", sagte sie mit fester Stimme, rutschte über das Bett und schwang die Beine über die Kante. „Du hast mir gezeigt, dass mein Leben voller Nichtigkeiten war und hast mich aus meiner Langeweile gerettet. Dank dir habe ich gesehen, dass es mehr gibt als oberflächlichen Smalltalk, Klamotten und Fernsehserien. Dass ich nicht alleine bin. Du hast mir das wahre Leben gezeigt und das ist eben nicht immer schön." Sie stand auf und verschränkte die Arme. Farin schaute sie an. „Hör auf, mir einreden zu wollen, was richtig und falsch ist. Ich weiß, was ich möchte und das bist du!"

Er hatte gerade noch so ausgesehen, als wolle er etwas erwidern, jetzt schwieg er.

„Es soll trotzdem schön für dich werd'n", meinte er nach ein paar Augenblicken und klang fast ein wenig verlegen. „Ohne Alkohol und den ganz'n Scheiß." Er nahm noch einen Zug und legte die Zigarette im Aschenbecher auf seinem Schreibtisch ab, ehe er von der Fensterbank rutschte, an Debby herantrat und sie in die Arme schloss.

Sie erwiderte seine Umarmung und vergrub ihr Gesicht an seiner Schulter, während er das seine in ihre Haare drückte.

„Schlafen?", murmelte er gedämpft.

Sie nickte und genoss das Gefühl der Vertrautheit zwischen ihnen. Farin rauchte seine Zigarette auf, dann legten sie sich hin, Debby kuschelte sich in seinen Arm und schlief einige Minuten später mit einem Lächeln im Gesicht ein.

Licht flutete das Zimmer und Debby atmete frische und kühle Luft. Das Fenster stand noch offen, aber Farins Bettseite war leer. Einen Moment schaute sie sich um. Sie könnte warten, bis er zurückkam – tat sie aber nicht. Sie stand auf, schlüpfte in ihre Jeans und öffnete die Zimmertür. Um eine Ecke konnte sie in die Küche spähen und hielt inne.

Eine Frau saß auf einem der Stühle. Auf dem Tisch quoll der Aschenbecher über und die geblümte Tischdecke war vollkommen versifft. Auf den Ablagen standen schmutzige Teller und angebrochene Lebensmittel, den einzigen freien Platz nutzte Farin, um Brot zu schneiden.

„Haste widder eine deiner Schlampen mitgebracht?", lallte seine Mutter. Farin verkrampfte sich und starrte auf das Messer und den Brotlaib in seiner Hand. „Ich will nich', dasse immer Leute herbrings'."

Debby hielt die Luft an.

„Sonst interessiert dich auch nicht, was ich mache, also halt den Mund", presste er zwischen zusammengebissenen Zähnen hervor.

„Sprich nich' so mit mir, ich bin immer noch deine Mutter!", verlangte die Frau, die mit dem Gesicht knapp über der Tischplatte hing. Farin schüttelte den Kopf, legte die Brotscheiben auf zwei Teller und füllte Kaffee in eine Filtertüte.

„Könntes' auch langsam mal auszieh'n. Bis' immerhin alt genug. Hab eh nich' verstand'n, wieso du nich' bei dein' Junkiefreunden geblieben bis' damals."

Er ballte die Hände zu Fäusten und im Profil seines Gesichts konnte Debby neben der Wut den Schmerz sehen, den die Aussagen seiner Mutter wachgerufen hatten.

„Was willst du von mir?", brüllte er, während er herumwirbelte. „Du hast wochenlang kein Wort mit mir gewechselt, warum redest du jetzt mit mir?"

Seine Mutter hob den Kopf und schaute ihn mit einem irgendwie schadenfrohen Ausdruck im Gesicht an. „Du has' monatelang kein' Fuß durch diese Tür gesetzt, wieso bis' du zurückgekomm'?"

Ihre Worte bohrten sich wie ein Messer in Debbys Herz. Wie konnte eine Mutter so etwas zu ihrem Kind sagen? Zu dem einzigen Kind, das sie noch hatte?

Plötzlich wandten sich die Köpfe in ihre Richtung und sie sog scharf die Luft ein.

„Debby", sagte Farin in einem merkwürdigen Tonfall, während seine Mutter sie aus trüben Augen ansah. Er ließ Brot und Kaffee zurück, trat an sie heran und schob sie sanft in sein Zimmer zurück. „Lass uns bitte gehen", sagte er und sie sah, dass seine Hände zitterten.

„Wir sind quasi schon weg", sagte sie, griff sich ihre Kleidung und verschwand im Badezimmer.

Farin hatte es eilig, die ausgetretenen Stufen hinabzulaufen.

„Wie lange standst du da?", fragte er ein wenig unsicher, während er die Haustür aufzog.

„Zu lange", murmelte sie und spürte, wie ihr Herz sich zusammenzog. Er hatte das nicht verdient. Sie trat neben ihm auf den Bürgersteig und sah, wie er den Kopf schüttelte.

„Tut mir leid", murmelte er, schob die Hände in seine Jackentaschen und dann in seine Hosentasche, aus der er seine Zigaretten rausholte.

„*Du* brauchst dich nicht entschuldigen", erwiderte sie bestimmt und berührte ihn sanft an der Schulter. Sie hätte ihm gerne gesagt, wie leid es ihr tat, dass seine Mutter so zu ihm war, dass seine Mutter überhaupt so war, aber sie wusste nicht, ob er es hören wollte. Deswegen schwieg sie.

Farin sog den Rauch tief in die Lunge.

Sie liefen nebeneinander die Straße herunter und Debby ließ sich zurückfallen, als ein Mann mit zwei Hunden ihnen entgegenkam. Autos fuhren auf der Straße vorbei an den geparkten, die mit den Häusern auf der anderen Seite eine schmale Gasse für die Fußgänger bildeten. Einer der Hunde berührte mit seiner feuchten Nase ihre Hand.

Farin schmiss seine Zigarette in den Rinnstein und bog in einen Supermarkt ab.

„Hast du Hunger?", fragte er, während sie ihm durch die elektrischen Schiebetüren folgte.

„Schon", sagte sie.

„Magst du Käse?"

Sie nickte.

Er durchquerte schnellen Schrittes den Laden, nahm Brötchen, eine Packung Käse, eine Gurke und eine Flasche Orangensaft.

„Willst du noch was?", fragte er auf dem Weg zur Kasse. Debby schüttelte den Kopf. Er nahm noch eine Tafel Schokolade mit und legte alles aufs Band. Während die Kassiererin alles über den Scanner zog, holte Debby ihr Portemonnaie hervor.

„Ich zahl' das", sagte sie, als Farin in die Innentasche seiner Jacke griff.

„Na gut", erwiderte er und schob die Hände wieder in die Jackentaschen.

Er führte Debby in einen Park, wo sie sich auf einer Bank einem kleinen Ententeich niederließen. Mit einem Taschenmesser schnitt er die Brötchen auf, belegte sie mit Käse und Gurke, und drückte ihr eines in die Hand. „Guten Appetit", wünschte er mit einem schiefen Grinsen, schob das Messer in seine Jackentasche und biss in sein Brötchen.

Sie verbrachten den Morgen im Park und gingen am frühen Nachmittag gemeinsam zum Zug. Als Debbys Haltestelle angesagt wurde, stand Farin mit ihr auf. An der Tür legte er eine Hand an ihre Wange und schaute ihr in die Augen.

„Mach's gut", sagte er mit einem Lächeln, schloss die Lider und gab ihr einen sanften Kuss, in den sie sich nur zu gern fallen ließ. Die Härchen auf ihren Armen stellten sich auf, während sie Zigaretten und Orangensaft auf der Zunge schmeckte und ihr Herz einen kleinen Hüpfer machte.

„Viel Spaß auf der Arbeit", lächelte sie, als sie einander wieder in die Augen schauten. Die Türen öffneten sich und Farin hielt ihre Finger fest, bis sie auf dem Bahnsteig stand und das Licht über der Tür zu blinken begann.

„Wir sehen uns", lächelte er und mit dem Schließen der Türen verschwand seine Wärme von ihrer Seite, aber in ihrem Inneren blieb sie. Sie schaute dem Zug hinterher, wie er sich entfernte und langsam immer kleiner wurde.

Und jetzt? Mit einem Mal war sie allein. Mit einem Mal war sie wieder nur Debby, die nicht ansatzweise so intensiv war wie Farin und deren eigenes Leben nicht besonders spannend war. Sie lief die Stufen zur Straße herunter und holte ihr Handy aus der Hosentasche, wischte die beiden verpassten Anrufe ihrer Mutter beiseite und öffnete ihre Messengerapp.

Was war das zwischen Farin und ihr? Waren sie ein Paar?

Ihr Blick blieb an Bellas Bild hängen und gleich darauf wählte sie ihre Nummer. Sie nahm nicht ab, also schrieb Debby ihr eine Nachricht mit der Bitte, sie zurückzurufen, weil sie ihr etwas erzählen wollte.

41

Als sie Zuhause ankam, drangen die Stimmen ihrer Mutter und Oma in den Flur, wo Debby fast über Bernhard stolperte, der sich im Halbschatten breit gemacht hatte.

„Ich möchte so einen Unsinn nicht mehr hören, Susanne! Deine Tochter ist alt genug, um sich ihre Freunde selbst auszusuchen und intelligent genug, um nichts Dummes zu tun."

Debby stellte vorsichtig ihre Schuhe ins Regal, hängte ihre Jacke an die Garderobe und stieg über Bernhards Kopf hinweg, um einen Blick in die Küche erhaschen zu können. Ihre Mutter lehnte mit unzufriedener Miene am Herd, während ihre Oma auf einem der Küchenstühle Platz genommen hatte und ihre Unterarme auf die Tischplatte stützte.

„Red' mir nicht in die Erziehung meiner Tochter rein, Mama!", beschwerte Debbys Mutter sich und klang, als sei sie selbst wieder in ihrem Alter.

„Irgendwer muss es ja tun. Ich habe Farin kennengelernt, Debby war mit ihm bei mir. Er ist ein guter Junge. Er braucht keinen Kaffeevollautomaten, er mag meinen Filterkaffee. Und öfter gesehen als euch, meine eigene Familie, habe ich ihn in letzter Zeit auch."

Debby zog die Augenbrauen zusammen.

„Was willst du damit sagen?", fragte ihre Mutter.

„Er geht für mich mit Bernhard spazieren. Jetzt habe ich wenigstens wieder jemanden, für den sich das Backen lohnt."

„Wie bitte?", fragte Susanne überrascht. „Diesen abgerissenen Punk lässt du in deine Wohnung? Der räumt dir bestimmt die Bude aus!"

Debbys Oma stemmte sich hoch und erhob das Kinn. Eine plötzliche autoritäre Ausstrahlung ließ die liebe alte Dame verschwinden.

„So habe ich dich nicht erzogen! Ich habe immer mein Bestes gegeben, dass aus dir ein weltoffener und unvoreingenommener Mensch wird, Susanne. So etwas möchte ich von dir nicht noch einmal hören, hast du verstanden? Du wirst jetzt aufhören, deine Tochter wie ein kleines Kind zu behandeln und ihr vorschreiben zu wollen, mit wem sie ihre Zeit verbringt!"

„Mama!", setzte Debbys Mutter an und verstummte, als ihre Oma das Kinn ein Stück weiter hob. Sie zog die Augenbrauen zusammen und schaute ihre Tochter so lange an bis die unter ihrem Blick einknickte. „Ist ja gut", murmelte sie säuerlich.

Debby hatte ihre Mutter noch nie so gesehen. In derselben Position, in der sie sich sonst befand. Sie holte tief Luft und trat in die Küche.

„Hallo", sagte sie.

„Hallo, Debby", erwiderte ihre Mutter kühl und verschränkte die Arme. Ihre Oma kam auf sie zu gehumpelt und umarmte sie kräftig.

„Wie geht es dir, Kind?"

„Gut", sagte sie und warf ihrer Mutter einen Blick zu.

„Schön, dass du auch noch nach Hause kommst", meinte diese, stieß sich vom Herd ab und verließ die Küche, während Debbys Oma sie wieder losließ und sich zu ihrem Stuhl zurückbegab.

„Farin ist ein guter Junge", sagte sie. „Du wirst es mit ihm nicht einfach haben, aber im Grunde will er niemandem etwas Böses. Er ist deinem Opa sehr ähnlich."

„Ja?", fragte Debby und nahm ebenfalls am Küchentisch Platz.

„Oh ja", sagte ihre Oma und erzählte die Geschichte, wie sie ihren Mann kennengelernt hatte.

Debby lag im Bett und schaute die Serie, die sie ursprünglich mit Thomas geschaut hatte, als Bella zurückrief. Sie streckte sich und pausierte mit der Leertaste, ehe sie abnahm.

„Du willst mir was erzählen?", fragte Bella.

„Können wir uns treffen?"

„Klar, geht auch. Kommst du zu mir?"

Eine Dreiviertelstunde später saßen die beiden auf Bellas Bett und ließen einen Film laufen, den sie schon hundertmal gesehen hatten.

„Ich glaub', das mit Farin und mir wird was Ernstes. Wir waren gestern mit Hadrian und Lasko unterwegs und er hat mich vor allen geküsst und seinen Arm um mich gelegt und so", erzählte Debby und spürte, wie ihre Wangen sich erhitzten.

„Man könnte meinen, er sei dein erster Freund", lachte Bella und strich sich eine gelockte Haarsträhne hinters Ohr.

„Mit ihm ist es ganz anders als mit Thomas. Da ist so viel mehr irgendwie. Er ist ein ganz anderer Mensch."

Bella lächelte.

„Vielleicht lagen wir doch falsch. Vielleicht ist er kein so'n schlechter Kerl."

Debby lächelte ebenfalls. „Ist er echt nicht. Er ist wunderbar."

„Ich hoffe es." Bella wurde ein wenig ernster und malte mit ihrem Finger die Linien ihres Bettzeugs nach. „Wie stehst du jetzt eigentlich zu Clari?"

Debby zuckte mit den Schultern und folgte den Bewegungen von ihrem Finger. „Weiß nicht. Ist schon echt scheiße, was sie gemacht hat."

Bella nickte.

„Ziemlich. Aber … sei bitte nicht sauer, aber ich hab' mich letztens mit ihr getroffen. Sie ist echt einsam ohne uns, auch wenn sie sich das in der Schule nie anmerken lässt."

„Selber schuld, oder?", fragte Debby.

„Ja, irgendwie schon. Und ich seh's ja auch wie du, dass das eine absolute scheiß Aktion von ihr war. Dass das nicht in Ordnung war. Aber Clari ist trotzdem noch meine Freundin und jeder macht mal Fehler, oder?" Sie hielt Debbys Blick fest und in ihren Augen sah diese einen ähnlichen Ausdruck wie der, mit dem Hadrian Farin oft bedachte.

„Ja, das stimmt. Jeder macht Fehler. Ich hab' Fehler gemacht, ihr auch. Aber das … Keine Ahnung, das ist schon echt scheiße."

„Ich hab' auch nicht damit gerechnet, dass du noch mit ihr befreundet sein willst. Aber würde es dich stören, wenn ich es wäre?"

Debby schüttelte langsam den Kopf. Es fühlte sich gut an, dass Bella sie fragte.

„Nein." Sie hätte gar nicht das Recht, etwas dagegen zu haben. Es war Bellas Entscheidung und wenn Clari ihr wichtig war, war das in Ordnung.

„Danke", lächelte Bella und zog sie in eine Umarmung. „Du bist mir wichtig. Ich möchte nicht, dass unsere Freundschaft zerbricht, egal, woran."

„Du mir auch", flüsterte Debby und drückte sie an sich.

Debby wachte mit klopfendem Herzen auf und schaute sich fast panisch im Zimmer um. Ihr leuchtendes, vibrierendes Handy zog ihre Aufmerksamkeit auf sich.

Farin.

Sie nahm sofort ab und hielt es gegen ihr Ohr, während sie sich wieder ins Kissen sinken ließ.

„Ja?", murmelte sie.

„Ich hoffe, ich stör' nich'", kam es von Farin und sie konnte hören, wie er ein Gähnen unterdrückte.

„Du störst nie", lächelte sie und schloss die Augen. Der Schlaf lag immer noch bleiern auf ihr, von draußen kam kein Licht ins Zimmer. Es musste mitten in der Nacht sein.

Farin schwieg eine lange Weile und fast wäre sie wieder eingeschlafen. Seine Worte holten sie in die Gegenwart zurück.

„Kann ich vielleicht vorbei kommen oder so?", fragte er leise. Er klang, als wolle er noch eine Erklärung anfügen, tat es aber nicht.

Sie strich sich nachdenklich die Haare aus dem Gesicht. *Ja, natürlich*, wollte sie antworten. Aber was würde ihre Mutter sagen, wenn sie mitten in der Nacht einen Kerl, sogar ausgerechnet Farin, in ihr Haus ließ? *Der räumt dir garantiert die Bude aus*, kamen ihr ihre Worte wieder in den Sinn.

„Bitte", fügte Farin fast ein wenig flehend hinzu und Debby zog die Augenbrauen zusammen.

Wie konnte sie darüber nachdenken, ausgerechnet ihm etwas abzuschlagen, nur weil ihre Mutter irgendwelche überholten Ansichten pflegte?

„Klar", stimmte sie zu. „Schreib mir, wenn du da bist."

Sie legten auf und Debby drehte sich auf die andere Seite, um aus ihrem Fenster in den Himmel schauen zu können. Wolken verbargen die Sterne vor ihrem Blick und ließen die Nacht noch dunkler erscheinen.

Es dauerte vierzig Minuten, bis Farin da war und Debby ihn unten abholte. Die Zeiger der Uhr gingen bereits auf die sechs zu. In der offenen Haustür ging er in die Hocke und schnürte seine Springerstiefel auf.

„Nimm sie mit hoch", flüsterte Debby, als er sie in den Händen hielt. Darauf, dass ihre Mutter in ihr Zimmer gestürmt kam, konnte sie verzichten. Sie schlichen die Treppe hoch und sie führte ihn in ihr Zimmer, wo sie ihm die Jacke abnahm und über ihren Schreibtischstuhl hängte. Dorthin, wo sie schon einmal gehangen hatte.

Er ließ sich auf ihre Matratze sinken, stützte die Ellbogen auf die Oberschenkel und fuhr sich mit den Händen durchs Gesicht. „Tut mir leid, dass ich dich so spät stör'. Ich wusst' nich' … wohin." Er schaute auf den Boden, während er sprach und brauchte keine weiteren Worte, damit sie verstand, dass er nicht nach Hause wollte. Sie kannte das Gefühl, auch wenn ihr Grund nie so schwer gewogen hatte wie seiner.

Sie lächelte und setzte sich an seine Seite. Legte ihm eine Hand auf den Rücken.

„Du störst nicht und ich freu' mich, dass ich dir endlich mal was zurückgeben kann." Das schwache Lächeln, das Farin ihr zuwarf, erwärmte ihr Herz, aber über seine blassen Haut und die dunklen Augenringe, die mal wieder sein Gesicht dominierten, konnte es nicht hinweg täuschen.

„Ich leg dir im Bad eine Zahnbürste bereit." Sie warf ihm noch ein Lächeln zu, ehe sie das Zimmer verließ.

Zehn Minuten später lagen sie nebeneinander in Debbys schmalem Bett, das nicht für zwei Leute gedacht war. Farin schloss seine Arme um sie und zog sie eng an sich, während er bereits in die Traumwelt hinüberzudämmern schien. Sie genoss seine Wärme und die Geborgenheit, die sich in ihrem Inneren ausbreitete.

In diesem Moment war die beängstigende Welt weit weg und keiner konnte ihr was. Niemandes Worte wären im Stande, sie zu verletzen und keiner würde ihr etwas tun, solange Farin sie fest im Arm hielt. Während draußen bald die Sonne den Horizont erklomm, schlief sie ein.

Als sie das nächste Mal die Augen aufschlug, stand die Sonne hoch am Himmel und Farin neben ihr schlief tief und fest. Seine Arme hatte er noch immer um sie geschlungen und mit ihm unter der Decke war ihr fast zu warm. Trotzdem blieb sie liegen und genoss den einzigartigen Moment, wollte nicht aus dem sicheren Kokon steigen und sich der kalten, trostlosen Welt stellen. Wollte das Zusammentreffen von Farin und ihren Eltern so weit hinausschieben, wie es ging. So lange dieser Frieden noch währte, wollte sie ihn genießen.

Ihre Blase zerstörte den Frieden. Nach einer guten halben Stunde drückte sie so sehr, dass Debby nichts anderes übrigblieb, als sich aus Farins Umarmung zu lösen und vorsichtig zwischen Decke und Matratze unter seinem Arm durch auf den Teppich zu rutschen.

Farin bewegte sich, aber er schien nicht aufzuwachen.

Auf leisen Sohlen schlich sie in den Flur und zum Bad hinüber, von unten vernahm sie die Stimmen ihrer Eltern. Statt in ihr Zimmer zurück zu schleichen, blieb sie anschließend am Treppengeländer stehen.

Farin konnte es nicht gebrauchen, dass er wieder nur Hass entgegengebracht bekam. Ärger gab es bei ihm Zuhause genug, da konnte er auf Streit mit ihren Eltern sicher gut verzichten.

Sie schloss die Hände zu Fäusten und schritt entschlossen die Treppe hinunter zu ihren Eltern, die gemeinsam am

Frühstückstisch saßen und ihr Frühstück bereits beendet zu haben schienen.

„Du hast aber lange geschlafen", begrüßte ihr Vater sie, ohne seine Zeitung beiseite zu legen. Es roch nach Kaffee.

Ihre Mutter lächelte ihr ein wenig halbherzig zu, sie schien sich immer noch nicht von dem Gespräch mit ihrer Oma erholt zu haben.

„Tut mir einen Gefallen und regt euch nicht direkt wieder auf, okay? Benehmt euch einmal wie die Erwachsenen, die ihr eigentlich seid!", sagte Debby mit fester Stimme. Ihre Mutter zog die Augenbrauen hoch und ihr Vater ließ die Zeitung sinken. Beide schauten sie an. „Mir ist klar, dass euch das nicht passt, aber heute früh ist Farin vorbeigekommen, weil er nicht wusste, wo er sonst hin soll. Er hat hier übernachtet und er wird auch mit mir hier frühstücken und ihr werdet nett zu ihm sein. Was anderes hat er nämlich nicht verdient!"

Ihre Eltern tauschten Blicke, dann sprach ihr Vater. „Na schön. Du scheinst in letzter Zeit sowieso nur noch zu tun, was du für richtig hältst. Bitte, mach. Aber wenn du damit auf die Nase fällst, musst du die Suppe selbst auslöffeln."

42

Farin blinzelte verschlafen, als Debby wieder in ihr Zimmer trat.

„Morgen", murmelte er, drehte sich auf den Rücken und rieb sich durchs Gesicht. „Ich darf hier drinnen nicht rauchen, oder?"

Sie schüttelte den Kopf und nahm auf ihrer Bettkante Platz. Ganz ab von ihren Eltern hatte sie selbst keine Lust, dass es in ihrem Schlafzimmer nach Rauch stank.

„Dacht' ich's mir", seufzte er, atmete nochmal tief durch und quälte sich aus dem Bett. Ein wenig schwerfällig zog er seine Jeans an, die er am Abend achtlos auf den Boden geworfen hatte. Aus seiner Jacke nahm er die Zigaretten mit und verschwand noch kurz im Bad, ehe er hinter Debby die Treppen hinunterstieg.

„Guten Morgen", sagte er, als sie an der Küche vorbeikamen.

„Morgen", sagte ihr Vater tonlos, während ihre Mutter ein erzwungenes Lächeln aufsetzte.

Sie gingen ins Wohnzimmer, wo Debby die Gartentür öffnete. Ein Schwall kühler Luft ergoss sich ins Innere des Hauses und sie schlüpfte in ihre Schlappen, während Farin auf Socken auf die gefliese Terrasse trat. Er holte seine Kippenpackung heraus, steckte sich eine zwischen die Lippen und zündete sie an.

„Habt ihr 'n Aschenbecher?", fragte er nach dem ersten tiefen Zug, während er den Rauch entweichen ließ.

„Bestimmt", sagte sie, schüttelte ihre Schlappen von den Füßen und trat ins Wohnzimmer zurück, wo sie eine der großen Schranktüren öffnete. Wenn sie Besuch hatten, stellten ihre Eltern immer welche bereit. Sie fand einen hinter der zweiten Schranktür, trat wieder auf die Terrasse und stellte ihn auf den Gartentisch.

Farin hatte sich in einem der Stühle niedergelassen und stützte die Arme auf den Lehnen auf.

„Danke, dass ich herkommen durfte", sagte er, beugte sich vor und strich die Asche im gläsernen Aschenbecher ab.

„Immer", lächelte sie. Er hätte zu Lasko oder Hadrian gehen können. Oder zu Les. Aber er war zu ihr gekommen. „Hast du eigentlich Hunger?"

„Ich würde was zu essen jedenfalls nich' ablehnen", grinste er, während er die Zigarette an die Lippen führte. Er zog und pustete den Rauch wieder aus. „Essen wir hier draußen?"

„Können wir", sagte sie, auch wenn der kühle Wind ihr eine leichte Gänsehaut auf die Arme trieb. Ihre Eltern sagten nichts, als sie in die Küche kam, Tee und Kaffee kochte und Brote mit Marmelade beschmierte. Sie brachte alles auf einem Tablett nach draußen und nahm Farin gegenüber Platz. Die Zigarette lag ausgedrückt im Aschenbecher.

„Wir könnten deine Oma besuchen", schlug er zwischen zwei Bissen vor.

„Was hast du eigentlich mit meiner Oma?", lachte sie. „Sie hat uns erzählt, dass du für sie mit Bernhard rausgehst, stimmt das?" Sie biss in ihr Brot.

Farin nickte und schluckte seinen Bissen runter. „Deine Oma kann Hilfe gut gebrauchen und wenn ich nichts vorhab', wieso nicht? Außerdem ist deine Oma echt cool drauf."

„Was ist eigentlich mit deiner eigenen Oma?", fragte sie vorsichtig.

Er seufzte und nahm einen Schluck Kaffee, ehe er antwortete. „Meine Oma väterlicherseits ist vor ein paar Jahren gestorben und die mütterlicherseits hat den Kontakt abgebrochen. Meine Mutter und ich sind nich' so die Familie, die man sich wünscht, weißt du." Er senkte den Blick in seine Tasse.

„Wir können meine Oma gerne besuchen gehen. Ich bin ihr eh noch was schuldig", lächelte Debby und Farin erwiderte das Lächeln mit einem Mundwinkel, ehe er sich ein neues Brot vom Teller nahm.

„Was für eine nette Überraschung. Kommt rein, Kinder!", lächelte Debbys Oma, als sie den beiden die Tür öffnete. Mit einer raumgreifenden Armbewegung lud sie sie ins Haus ein und humpelte vor ihnen in die Küche. Als Debby hinter Farin eintrat, stellte sie gerade den Kuchen auf den Tisch und schnitt ihn mit einem langen Messer an. „Kaffee, Debby?", fragte sie und humpelte zur Arbeitsfläche, während Farin an ihr vorbei zum Tisch hinüberging. Ganz selbstverständlich zog er seine Jacke aus und hängte sie über die Stuhllehne, ehe er auf der Bank Platz nahm.

„Eine Tasse nehm' ich", sagte sie und setzte sich neben ihn. Ihre Oma brachte drei Teller und Kuchengabeln zum Tisch und rückte sich einen Stuhl ab, während im Hintergrund der Kaffee durchlief. „Wie geht's dir, Oma?"

„Ach, es geht. Du weißt ja, in meinem Alter hat man lauter Wehwehchen, von denen ihr jungen Leute noch keine Ahnung habt."

„So alt bist du gar nicht", meinte Farin.

„Na na, Jungchen, ich bin alt und stolz darauf", mahnte Debbys Oma und hob ihren angeschwollenen Zeigefinger in die Luft. „All meine Gebrechen kommen daher, dass ich mein Leben gelebt habe."

Farin lächelte, der Blick in seinen Augen war weich.

„Aber wie geht es dir? Wie läuft es in der Schule?", wandte die Oma sich wieder an Debby.

„Alles wie immer. Dank dir." Sie lächelte. „Danke, dass du Mama die Meinung gesagt hast."

Ihre Oma wedelte mit der Hand in der Luft herum und neigte den Kopf nach rechts.

„Das war selbstverständlich", meinte sie und Debby lächelte ein bisschen breiter. „Also ist sie zur Vernunft gekommen?" Sie warf Farin einen Blick zu.

„Schon irgendwie", sagte Debby und stand auf. Sie füllte den Kaffee in drei Tassen und stellte jedem eine hin, ehe sie Milch und Zucker aus dem Küchenschrank holte und in die Tischmitte stellte.

Farin verteilte währenddessen die Kuchenstücke und legte das Messer wieder beiseite, als Debby Platz nahm.

„Du möchtest wahrscheinlich nicht über die Schule reden, was?", wandte ihre Oma sich an ihn, während sie ihre Gabel aufnahm.

„Doch, es gibt echt was zu erzählen. Unser Direktor ist nicht so'n Wichser wie ich dachte", erwiderte er und schob sich ein großes Stück Kuchen in den Mund.

Debbys Augenbrauen zuckten in die Höhe, als sie das Schimpfwort hörte, und sie warf ihrer Oma einen Seitenblick zu.

„Nicht?", fragte diese, ohne das Gesicht zu verziehen.

„Nein. Ich dachte, ich werde eh suspendiert, aber seine Lösung war einfach fair." Er schüttelte den Kopf, als könne er es immer noch nicht glauben.

Die Oma sah zufrieden aus.

„Das freut mich, Jungchen", sagte sie und trennte ein säuberliches Viereck von ihrem Kuchenstück ab, ehe sie es aufspießte und sich in den Mund schob.

Farin nahm sich ein weiteres Stück und füllte seine Tasse nochmal auf, ehe sie sich mit Bernhard auf den Weg zu seiner Hunderunde machten. Ohne Widerstreben lief der Bernhardiner neben Farin her, der sich eine Zigarette anzündete, ohne ihn weiter zu beobachten. Ohne eine Pause einlegen zu müssen, erreichten sie den Park.

„Wie machst du das?", fragte Debby, während ein Jogger sie überholte.

„Was meinst du?", fragte Farin und tätschelte Bernhards Kopf, während er sie anschaute.

„Dass er einfach so mitläuft und keine Zicken macht."

Er zuckte mit den Schultern. „Wir verstehen uns."

Sie liefen den Weg hinunter und er ließ Bernhard über die Wiese trotten. Ein Fahrradfahrer überholte sie, zwei Frauen mit Nordic Walking-Stöcken kamen ihnen entgegen. Sie passierten die Stelle, an der Thomas mit einer Zigarette in der Hand ein *böser Junge* hatte werden wollen. Er hatte Angst gehabt, sie an Farin zu verlieren und selbst dafür gesorgt, dass es so gekommen war.

„Was machst du an Halloween?", fragte sie. Das letzte Mal hatte sie Halloween gefeiert, als sie noch verkleidet um die Häuser gezogen war und für Süßigkeiten an Türen geklingelt hatte.

„Wir machen jedes Jahr so 'ne kleine Feier im Wald. Mit Feuertonne, geiler Musik und was zu saufen natürlich", antwortete Farin. „Biste dabei?"

„Das klingt heftig", meinte Debby und schluckte. Bei Nacht mitten im Wald? War das nicht gefährlich?

„Ist es auch, aber es is' ja auch Halloween", erwiderte Farin mit einem leichten Grinsen im Mundwinkel und zuckte mit den Schultern. „Ich kann verstehen, wenn du keine Lust hast."

„Doch, ich denke, ich bin dabei", sagte sie schnell und setzte ein Lächeln auf. Sie wollte ein Teil von Farins Leben sein und sie wollte Erfahrungen machen. Sie machten das jedes Jahr, was sollte groß passieren? „Sind Hadrian und Lasko auch da?"

„Klar", lächelte Farin. „Ich bin gespannt, wie du's findest."

Ihr Herz klopfte ein wenig schneller und sie schob die Hände in ihre Jackentaschen. Es würde nichts passieren.

Farin hielt an einer Bank. Hechelnd legte Bernhard sich auf den Boden, während Farin sich auf die Bank fallen ließ und Debby auf seinen Schoß zog. Überrascht schaute sie ihm ins Gesicht, das ihr mit einem Mal so nah war, dass ihr Herz erneut die Schlagfrequenz erhöhte. Mit seinem durchdringenden Blick schaute er ihr bis in die Seele.

Sie verlor sich in dem dunklen Blau seiner Iris wie sie in einem stürmischen Ozean versinken würde.

Er legte ihr eine Hand hinter den Kopf, schloss die Augen und küsste sie. Auch sie ließ ihre Lider zufallen. Konzentrierte sich auf seine Lippen und die Hitze seiner Hand an ihrem Hinterkopf. Schmeckte den Rauch auf seiner Zunge, der die Süße des Kuchens und die Herbe des Kaffees überdeckte.

Viel zu schnell löste er sich wieder von ihr. Einen Augenblick lang schauten sie sich nur an, ihr lauter Atem war das einzige Geräusch in Debbys Kopf. Dann holte die Realität sie ein und sie umarmte Farin fest.

Er bedeutete ihr mehr, als sie je erwartet hatte. Alles, was sie fühlte, wenn sie mit ihm zusammen war, war genau wie Farin selbst – echt, wahr und ein bisschen erdrückend. Sie fühlte sich so oft überfordert, wusste nicht was sie tun sollte. Und doch genoss sie jede dieser Sekunden mehr als jene, in denen sie daheim vor ihrem Computer saß und genau wusste, was zu tun war. Mit Farin spürte sie das Leben.

43

Am Nachmittag des 31. Oktobers saß Debby auf der untersten Stufe der Treppe hinter der Haustür und schaute auf ihr Handy.

15:53

Die Drei schlug um, wurde zur Vier, und sie sperrte ihren Bildschirm. Richtete den Blick auf die Tür, durch deren Milchglas kaum noch Licht hereinfiel und wippte mit dem Bein. Als ein Schatten sich näherte, sprang sie auf und öffnete, noch bevor Farin auf die Klingel gedrückt hatte. Mit der Hand in der Luft schaute er in ihr lächelndes Gesicht.

„Hey", sagte er und verzog die Lippen ebenfalls zu einem Lächeln. „Bereit?"

„Na ja." Sie grinste nervös und schwang sich ihren Rucksack auf den Rücken, in den sie einen warmen Pulli, eine Flasche Wasser und eine Cola gepackt hatte. „Werde ich's überleben?"

„Sicher", erwiderte Hadrian, der zusammen mit Lasko ein paar Schritte hinter Farin auf dem Bürgersteig stand. „Sogar Farin steht noch halbwegs lebendig vor dir."

„Ha-ha", machte der, zeigte Hadrian den Mittelfinger und zog Debby sanft an sich heran. Mit geschlossenen Augen beugte er sich vor und gab ihr einen liebevollen Kuss, der den Geschmack von Zigarettenrauch und Bier auf ihre Zunge legte. „Ich freu' mich, dass du dabei bist", flüsterte er ihr zu und schenkte ihr ein sanftes Lächeln, das ihr Herz erreichte.

„Ich freu' mich auch", erwiderte sie leise, trat noch einen Schritt näher an ihn heran und zog die Tür hinter sich ins Schloss.

Er griff ihre Hand und nahm sie mit sich die Stufen hinab. Sie stellten sich zu Hadrian und Lasko, wo er seinen Rucksack absetzte und jedem eine Flasche Bier anbot. Debby schüttelte mit einem kurzen Blick auf die Küchenfenster den Kopf. Er ergriff ihre Hand wieder, als sie sich auf den Weg zum Bahnhof machten.

Der Zug fuhr wenige Minuten nach ihrer Ankunft ein, doch als Debby den zweiten Fuß in sein Inneres gesetzt hatte, sank ihre Laune schlagartig und sie warf einen Blick auf die noch offene Tür zurück. Noch könnte sie wieder aussteigen.

Les schob sich mit einem Lächeln entgegen der Flussrichtung der Fahrgäste auf sie zu.

„Auch unterwegs in den Wald?", fragte sie, während hinter Debby die Türen piepten und sich langsam schlossen.

„Sicher", grinste Farin und umarmte sie. „Wusste gar nicht, dass du auch kommst."

„Als würde ich mir diesen denkwürdigen Abend entgehen lassen", grinste sie, während sie an Hadrian herantrat und ihn als nächstes umarmte.

Debby spürte ein Ziehen in der Magengegend. Les war Farins Freundin, so wie Lasko sein Freund war. Nicht mehr. Kaum mehr. Nur ein bisschen bedeutungsloser Sex. Sie versuchte den Kloß in ihrem Hals runterzuschlucken, während Les Lasko umarmte.

„Hey, Debby", sagte sie mit einem zuckersüßen Lächeln, als sie an sie herantrat. Ein Mann im Mantel drängte sich an ihnen vorbei.

„Hey", murmelte Debby und roch einen schweren, süßlichen Duft, als Les sie an sich zog. Würde sie heute Abend versuchen, einen Keil zwischen Farin und Debby zu treiben? Hinterhältig genug war sie.

Gemeinsam blieben sie in der Tür stehen. Debby lehnte sich gegen die Glaswand und schwieg, während Farin ihr gegenüber stand und genau wie die anderen beiden mit Les redete. Über das letzte Jahr und das davor.

„Du warst so besoffen, ohne Spaß", lachte Les und legte ihre Hand auf Farins Schulter.

„Nur'n bisschen", grinste der.

„Ein bisschen?", lachte Les und hob ihre Hand, um ihm auf die Schulter zu klopfen.

„Du warst selber zu besoffen, um dich gescheit zu erinnern", lachte Farin und schlug ihr mit der flachen Hand auf den Hinterkopf.

„Ich glaub' nicht, dass du das wissen kannst", grinste sie. „Was, Hadrian?"

„Ich bin schon aus Prinzip auf ihrer Seite", erwiderte der und Farin zeigte ihm den Mittelfinger.

„Fick dich einfach."

Sie fuhren bestimmt eine Stunde, bis sie an einem winzigen Bahnhof ausstiegen, der aus einem einzigen Bahnsteig bestand. Es gab nicht mal ein Dach, nur eine Treppe, die auf eine kaputte Straße hinabführte und den Ausblick auf Felder und Wälder offenbarte.

„Da wären wir", verkündete Farin lachend und schob sich eine Zigarette zwischen die Lippen. Er zündete sie an und verteilte wieder Bier.

Debby schüttelte den Kopf. Sie ließ sich nach hinten fallen, als sie die Treppe hinabschlenderten.

Les passte wirklich sehr viel besser zu Farin. Sie machte all das mit ihm, was er gerne tat und auf sie musste er nicht aufpassen. Sie war bestimmt wunderbar in der Lage, sich selbst zu verteidigen. Allein ihre Art sorgte dafür, dass man es sich zwei Mal überlegte, ob man sich mit ihr anlegte.

Farin blieb am Fuß der Treppe stehen und wartete bis Debby zu ihm aufgeholt hatte. Er lächelte und legte ihr seinen Arm um die Schultern.

„Du sagst mir Bescheid, wenn dir irgendwas nicht gefällt oder sonst irgendwas ist, okay?", bat er und schaute ihr so tief in die Augen, dass sie Angst hatte, er könne ihre Gedanken lesen.

„Mach' ich", murmelte sie und schaffte es nicht recht, sein Lächeln zu erwidern.

„Ich bin mir sicher, es wird dir gefallen", erwiderte er sanft und zog an seiner Zigarette. „Und wenn nicht, sag einfach Bescheid."

„Okay", sagte sie leise.

Bei Les brauchte er keine Angst haben, dass es ihr nicht gefiel.

Sie folgten einem breiten Forstweg in den Wald und bogen nach einer Weile ins Unterholz ab. Die Dämmerung legte ihre Schatten über die Welt und raubte den Pflanzen ihre Farbe.

„Is' nich' mehr weit", sagte Farin zu Debby, ehe er schwungvoll über einen umgefallenen Baum kletterte. In seinem Rucksack klirrte es. „Ich hab' übrigens Rum besorgt, den mochtest du auf der Abschlussfahrt, wenn ich mich richtig erinnere, oder?" Er schaute sie fragend an, während er ihr die Hand reichte, um ihr über den Stamm zu helfen.

Debby ergriff sie und nickte.

„Ich bin beeindruckt, dass du dich daran noch erinnern kannst. Hätte ich deinem alkoholgetränkten Hirn gar nicht zugetraut", kam es von Hadrian, der hinter ihr stehen blieb.

Farin schnitt ihm eine Grimasse und half ihr vom Baumstamm.

„Ach, so verwunderlich ist das gar nicht", sagte Les. „Farin hat nachgelassen. Ich glaube, er wird alt."

Er ließ Debbys Hand los, als sie sicher auf den trockenen Blättern stand, die den Waldboden bedeckten.

„Ich trink' noch genau so viel wie vorher. Ich schmeiß bloß nicht noch zwanzig andere Sachen ein und schlaf am Ende in irgendeiner Ecke in meiner eigenen Kotze."

Hadrian nickte zustimmend, während er als Nächster den Baumstamm überwand.

„Du lässt nach", beharrte Les mit einem frechen Grinsen. „Als wir das erste Mal hier waren, warst du voll bevor wir überhaupt da waren."

„Da hab' ich auch noch nichts vertragen", lachte Farin. „Aber wir können heute gern brüderlich dasselbe trinken, wenn du's drauf anlegen willst."

„Ich bin dabei", grinste Les, streckte ihm die Hand hin und er schlug ein.

Bedeutete das jetzt, dass Les ihm den ganzen Abend nicht mehr von der Seite weichen würde? Wunderbar.

Farin holte eine Flasche Korn aus seinem Rucksack hervor und warf sie Les zu.

„Fang an", grinste er, woraufhin sie den Deckel aufschraubte.

Sie zwinkerte ihm zu und trank gleich mehrere Schlucke von der durchsichtigen Flüssigkeit.

Farin zog die Augenbrauen hoch, grinste aber.

„So willst du das Spiel also spielen? Na schön." Er nahm den Korn entgegen und trank zwei Schlucke mehr als sie.

„Keine Sorge. Farins Liebe gilt dem Alkohol und nicht Les", sagte Hadrian, der plötzlich neben Debby stand. Ihr Blickt huschte ein wenig erschrocken zu ihm, ehe sie wieder zu Les schaute, die Farin die Flasche aus der Hand nahm.

„Wieso tut sie das?"

„Die beiden kennen sich eben noch aus Farins Booze-Zeiten. Du erinnerst dich daran, wie er war, als wir Noah getroffen haben? Glaubst du, es wurde besser, als er plötzlich ohne seine zwei Junkiefreunde dastand?"

Debby schaute ihn an und Hadrian schüttelte den Kopf. „Und für Les ist das Ganze ein Spiel. Sie weiß nichts von Karel oder Felix, glaube ich. Sie versteht nicht, dass Farin sich nicht zum Spaß so abschießt, wenn er mit ihr unterwegs ist und dass er mit klarem Kopf seine Gedanken und sein Leben nicht ertragen kann."

Es war stockdunkel im Wald. Mit den Taschenlampen ihrer Handys leuchteten die Jungs den Weg, bis sie eine Lichtung erreichten, die in den Schein zwei starker Autoscheinwerfer getaucht war. Auf der Ladefläche des Pickups stapelten sich Kästen mit Bier und Softgetränken neben einer Unzahl an vollen und leeren Alkoholflaschen. Punkmusik wummerte aus den offenen Fenstern, Feuerholz stapelte sich neben der Beifahrertür und einige Schritte entfernt stand ein altes Ölfass, in dem ein Feuer brannte.

„Da wären wir", grinste Farin und schaute Debby an, während sie auf die Feuertonne zusteuerten.

„Ey, Hadrian, Farin!", rief ein Kerl mit rotem Iro, der im Scheinwerferlicht die Hand hob. „Seid ihr das?"

„Sind wir", rief Hadrian zurück und winkte ihm.

Ein Typ mit Kunstblut im Gesicht kam zu ihnen und grinste sie breit an.

„Schön, dass ihr da seid!", sagte er, zog Les in eine Umarmung und begrüßte die Jungs mit Handschlag. „Hi, Florian", stellte er sich vor und streckte Debby die Hand hin.

„Debby", erwiderte sie und schüttelte sie, während ihr Blick an Florian vorbei zu den übrigen Leuten glitt, von denen einige weitere die Punks begrüßten. Nicht alle von ihnen trugen Nieten und Aufnäher auf ihren Jacken und Irokesen auf den Köpfen. Manche hatten langes Haar oder schicke Hemden, einige sahen durchschnittlich aus wie Bella oder Thomas. Oder eben Debby.

Farin zündete sich eine Zigarette an und stellte seinen Rucksack auf dem Boden ab. Er holte eine Rumflasche hervor, drehte sie auf und trank ein paar Schlucke, ehe er sie an Les weiterreichte. „Trinkt mal was ab, damit ich mischen kann."

Les reichte die Flasche an Hadrian weiter, der sie Lasko gab, von dem aus sie wieder bei Farin landete. Er trank noch zwei tiefe Schlucke, gab sie an Les und füllte den freien Platz mit Cola auf, die er ebenfalls mitgebracht hatte. Er reichte sie Debby, die nach dem ersten Schluck von der bitteren Flüssigkeit das Gesicht verzog. Definitiv zu viel Rum und zu wenig Cola.

Farin lächelte entschuldigend.

„Wir können gleich noch mehr Cola reinkippen", sagte er und Lasko nahm die Flasche von ihr entgegen. Farin schulterte seinen Rucksack und sie legten die letzten Schritte zur Feuertonne zurück, neben der einige umgedrehte Bierkästen standen.

Während Hadrian an der Tonne vorbei auf die dicht nebeneinander stehenden Bäume zuging, ließ Farin sich neben einen der Kästen auf den Boden sinken und nahm den Rucksack in seinen Schoß.

Les ließ sich neben ihn fallen, Lasko ging an den beiden vorbei und zog einen Kasten näher heran und Debby nahm auf dem neben Farin Platz.

„Jetzt trinkst du eins mit mir, oder?", fragte der mit einem unschuldigen Lächeln und streckte ihr eine offene Bierflasche hin.

Der Rauch änderte die Richtung und wehte ihr ins Gesicht, der holzige Geschmack legte sich auf ihre Zunge und kratzte in ihrem Rachen. Sie spürte Les' Blick auf sich und griff mit einem Lächeln zu. Farin öffnete eine zweite Flasche und stieß mit ihr an.

„Kann ich auch noch eins haben?", fragte Les, während Farin den Rucksack hinter sich auf den Boden legte.

„Klar, nimm dir", erwiderte er und Debby war sich sicher, dass Les eine andere Antwort erwartet hatte.

Sie zögerte kurz und griff erst selbst in den Rucksack, als Farin keine Anstalten dazu machte.

Er schaute auf die Feuertonne, die an einigen Stellen schon durchgebrannt war und durch kleine Löcher einen Blick in das lodernde Innere offenbarte, während er ein paar Schlucke seine Kehle hinablaufen ließ.

Les streifte Debby mit ihrem Blick. *Du wirst schon sehen*, schien sie sagen zu wollen, schwieg aber und öffnete die Flasche mit ihrem Feuerzeug.

Debby zog die Augenbrauen hoch. Den Blick auf Les gerichtet trank sie einen Schluck aus ihrem Bier und beugte sich zu Farin herab. Als er sich ihr zuwandte, legte sie ihre freie Hand an seine Wange und drückte ihm einen sanften Kuss auf die Lippen. Les schaute sie noch immer an, das spürte sie. Und es fühlte sich falsch an, so falsch. Küsste sie Farin, um Les zu zeigen, dass sie gewonnen hatte?

Mit einem unsicheren Lächeln auf den Lippen zog sie sich zurück, richtete sich wieder auf und vermied es, in ihre Richtung zu schauen.

„Wie findest du's hier?", fragte Farin.

Debby ließ ihren Blick einen Augenblick schweifen. Vorbei an der Feuertonne, die den Wald in ein sanftes, rötliches Flackern tauchte, nicht Les anschauen, über die Menschen, die im Scheinwerferlicht in kleinen Grüppchen zusammenstanden, die dunklen Bäume in der Ferne bis hin zum Pickup.

„Bisher ist es ganz nett", meinte sie und hoffte, dass es so blieb.

44

Zu Beginn blieb das kleine Grüppchen, mit dem Debby gekommen war, zusammen. Ein paar Leute setzten sich zu ihnen, dann ging Hadrian zu einer anderen Gruppe und kam wieder zurück. Les verschwand, Farin stand auf, um mit ein paar alten Freunden zu reden. Manchmal kamen Leute zu ihnen, die keinen von den Punks kannten, ebenfalls zum ersten Mal hier waren und sich unterhalten wollten. Debby sprach mit ein paar von ihnen, die Gruppe fluktuierte und irgendwann fand sie sich alleine mit einem fremden Typen an der Feuertonne wieder.

„Du bist mit Farin hier, stimmt's?", fragte er. Er hatte kurzes, dunkelbraunes Haar, trug ein Bandshirt und Springerstiefel an den Füßen.

„Richtig."

„Läuft da was zwischen euch?" Er saß rechts von ihr auf einem Bierkasten und schaute sie aufmerksam an.

„Warum interessiert dich das?", fragte sie und zog die Augenbrauen zusammen.

„Ich möchte dir nicht zu nahetreten", sagte er sofort abwehrend und streckte ihr die Hand hin. „Mein Name ist Leon."

„Debby", erwiderte sie und schüttelte seine Hand. Sie schaute sich nach Farin um und erblickte ihn zusammen mit Les bei einer kleinen Gruppe Punks.

„Was Farin angeht", setzte Leon wieder an. „Ich kenne ihn schon eine ganze Weile und ich kannte auch viele seiner Freundinnen. Er mag sich am Anfang wie der größte Gentleman benehmen, aber das ist er nicht. Er weiß bloß, was den Frauen gefällt und wie er bekommt, was er möchte. Seinem Verhalten dir gegenüber nach zu urteilen würde ich behaupten, ihr habt noch nicht miteinander geschlafen?"

Debby zog die Augenbrauen noch ein wenig höher.

„Ich denke nicht, dass dich das was angeht", sagte sie deutlich und verschränkte die Arme vor der Brust.

„Ich will dir wirklich nicht zu nahetreten. Ich glaube nur, dass du ein nettes Mädchen bist, das wissen sollte, worauf es sich einlässt. Ich möchte dich nicht in einem Jahr wiedertreffen und sehen, dass du genauso abgestürzt bist wie er."

„Keine Sorge", erwiderte sie und schaute erneut zu Farin, der mit einer Schnapsflasche in der Hand lachte, während Les sich auf seine Schulter stützte. Sie könnte aufstehen und zu ihm gehen, aber sie tat es nicht.

„Ich kenne Farin wie gesagt schon ein paar Jahre. Vor Hadrian und Lasko hing er immer mit zwei anderen Typen rum. Noah und Karel waren ihre Namen. Mach dir nichts draus, falls du noch nie was von ihnen gehört hast. Farin verschweigt seine Vergangenheit gerne."

Sie schaute ihn an und sagte nichts. Sollte er ruhig denken, dass sie keine Ahnung hatte, mal sehen, was er noch erzählen würde.

„So lange ich mich erinnern kann, war Karel ein Junkie. Er hat die Schule abgebrochen und jede Ausbildung, die er angefangen hat, in den Sand gesetzt. Entweder hatte er nach kurzer Zeit keinen Bock mehr oder er wurde rausgeworfen, weil er zugedröhnt zur Arbeit gekommen ist. Sein Leben lief also so richtig beschissen, aber nach einer Weile sah es so aus, als hätte es Klick gemacht. Als hätte er echt gerafft, dass es so nicht weitergehen kann. Er hat damals immer bei einem Kumpel von mir gekauft und angefangen, immer seltener zu kommen. Hat sogar begonnen zu entziehen. Tja, dann hat er Farin und Noah kennengelernt und von da an ging es nur noch bergab mit ihm. Er ist wieder mehrmals die Woche bei seinem Dealer vorbeigekommen, hat jeden möglichen Scheiß gekauft und sogar unter den anderen Junkies waren die drei die Schlimmsten. Die haben alles genommen, was ihnen zwischen die Finger gekommen ist, nacheinander, durcheinander, scheißegal. Die wollten nicht high werden, die wollten sich komplett abschießen. Karel hat natürlich jedes Mal mitgemacht, wenn Noah und Farin Lust hatten, er war eh abhängig und hatte einen verdammt schwachen Willen und Farin und Noah haben nicht mal mitbekommen, dass sie die Zukunft ihres Freundes mit jedem Mal mehr ruiniert haben. Die waren egoistisch, haben immer nur an sich gedacht. Karel hat sich verschuldet, hat sich Geld bei sehr gefährlichen Leuten geliehen, das er nie zurückzahlen konnte. Wovon denn auch? Er hatte nicht mal Geld, seine Miete zu zahlen und irgendwann drohte ihm sogar der Knast, weil er sich irgendwelche Anzeigen eingefangen hat. Das hätte er nicht gepackt, das war ihm wahrscheinlich genauso klar wie uns allen. Es war verdammt unwahrscheinlich, dass er da je wieder herauskommen würde." Er machte eine kurze Pause und suchte ihren Blick. „Er hat sich das Leben genommen und es ist ein Wunder, dass Farin und Noah noch nicht an einer Überdosis gestorben sind."

Debbys Herz pochte schmerzhaft gegen ihren Brustkorb. Farin hatte nicht viel von Karel erzählt, aber in der Nacht auf dem Boot hatte es geklungen, als könne er sich seinen Selbstmord nicht erklären.

Wusste Leon mehr als er? Würde Karel noch leben, wenn er sich nicht mit Noah und Farin angefreundet hätte oder wäre es auch ohne sie so bergab gegangen?

„Farin nimmt gar nicht mehr so viele Drogen", murmelte sie, weil ihr sonst nichts einfiel.

Leon hob die Augenbrauen und warf einen Blick an ihr vorbei, dorthin, wo sie Farin wusste.

„Vergiss mal für einen Moment Farins charmante Art und wie er es trotz seiner verdammt egoistischen Art doch irgendwie immer schafft, einfühlsam zu wirken – was bleibt dann noch? Möchtest du wirklich mit einem abhängigen Blender zusammen sein? Was für eine Zukunft stellst du dir mit ihm vor?"

Farin lebte viel zu sehr im Jetzt, als dass Debby über eine Zukunft mit ihm nachgedacht hätte. Er hatte sie gelehrt, im Jetzt zu leben. Sie waren noch so jung, es war absurd, sich jetzt schon festzulegen.

„Ich bin noch nicht mal erwachsen, darum mach ich mir Gedanken, wenn die Zeit gekommen ist", sagte sie. Alles zu seiner Zeit. Es brachte nichts, sich wegen etwas verrückt zu machen, das vielleicht nie eintreten würde.

„Du bist noch nicht mal erwachsen und willst dein Leben schon einem in die Hände legen, der nicht mal sein eigenes auf die Reihe kriegt?" Leon nickte in Farins Richtung und sie folgte seinem Blick. Sie sah Farin einen Joint von jemandem entgegen nehmen, ziehen, und ihn an Les weiterreichen, ehe er einen Schluck aus einer Schnapsflasche nahm. „Erwartest du wirklich dieses Verhalten von deinem Freund, während du dich mitten in der Nacht mit einem fremden Mann im Wald unterhältst?"

Debby zog die Augenbrauen hoch und wandte sich wieder Leon zu.

„Ich war schon mal mit einem eifersüchtigen Idioten zusammen, der meinte, bestimmen zu müssen, wer der richtige Umgang für mich ist. Farin passt gut genug auf mich auf, keine Sorge." Sie verschränkte ihre Arme ein wenig enger und starrte ihn feindselig an. Wollte den kleinen Stich, den seine Worte ihrem Herzen versetzt hatten, nicht an sich heranlassen. Während sie hier mit ihm saß, stand Farin dort mit Les.

„Wärst du ihm wichtig, würde er sich nicht mit anderen Frauen zusammen zudröhnen, während du mit mir hier sitzt", sagte Leon.

Debby presste die Lippen aufeinander, drehte nochmal ihren Kopf und schaute zu Farin, der in diesem Moment ihren Blick erwiderte. Erst lächelte er ein wenig, dann wanderten seine Augen zu Leon und er kniff sie für einen Moment zusammen. Sie sah, wie er eine Braue hochzog, als er ihn zu erkennen schien. Mit einer energischen Bewegung drückte er Les die Schnapsflasche in die Hand und kam schnellen Schrittes auf sie zu.

Leon rappelte sich eilig auf und wich einen Schritt zurück und auch Debby erhob sich. Farin blieb mit geballten Fäusten neben ihr stehen und taxierte Leon für einen Moment, ehe er sich ihr zuwandte.

„Alles in Ordnung?", fragte er und Wut schwang in seiner Stimme mit. Er schaute wieder zu Leon, der einen Blick über die Schulter warf.

„Ja. Er hat über dich geredet", sagte sie und schaute ebenfalls zu Leon.

„Was hast du wieder erzählt?", wurde Farin laut. Er ging an ihr vorbei und machte ein paar bedrohliche Schritte auf Leon zu, der zurückwich.

„Bleib cool, Farin", sagte er betont lässig und hob abwehrend die Hände, dann warf er nochmal einen Blick über die andere Schulter.

„Spuck's aus, Mann! Hast du dich wieder in mein scheiß Leben eingemischt, weil deine verfickte, mickrige Existenz so verschissen langweilig ist?", brüllte er, untermalt vom Knacken des Holzes in der Feuertonne. Einige der Umstehenden wandten sich den beiden zu.

„Ich hab' ihr nichts als die Wahrheit erzählt", sagte Leon und straffte die Schultern.

„Deine Wahrheit kenn' ich, du dummer Wichser. Ich geb' dir fünf Sekunden, um dich zu verpissen, sonst setzt's was!"

Ein paar Leute näherten sich und blieben wieder stehen. Die Musik hämmerte weiter, aber die Gespräche verstummten langsam. Während Les im Hintergrund beinahe umkippte und von dem Punk mit dem roten Iro aufgefangen wurde, schien Farin noch die volle Kontrolle über sich zu haben. Die Hände zu Fäusten geballt schienen all seine Muskeln angespannt, er selbst bereit, zuzuschlagen.

„Vor einem abgefuckten Junkie wie dir hab' ich keine Angst. Du bist doch eh zu dicht, um einen vernünftigen Schlag zu landen."

„Fünf", sagte Farin ungerührt und drosch Leon seine Faust ins Gesicht. Der stolperte einen Schritt zurück und sah einen Augenblick lang überrascht drein, dann ging er auf Farin los.

Im Gegensatz zu den Prügeleien zwischen ihm und Thomas, die jedes Mal sehr schnell vorbei gewesen waren, schienen hier zwei Ebenbürtige aufeinanderzutreffen.

Debby wich zurück und prallte gegen einen Kerl, der sich hinter sie gestellt hatte. Ein Kreis bildete sich um die Prügelnden, in dessen erster Reihe sie nicht wusste, was sie tun sollte, während Farin und Leon gnadenlos aufeinander einschlugen und -traten. Sie suchte nach Hadrian, blickte aber nur in fremde Gesichter.

Wo war er?

Niemand machte Anstalten, die Streithähne zu trennen. Stattdessen feuerten sie sie an und überschütteten sie lachend mit Bier.

Farin und Leon gingen zu Boden, wo sie sich ineinander verkeilten und miteinander rangen.

Als Debby zu verzweifeln drohte, tauchte endlich Hadrian auf. Er bahnte sich seinen Weg durch die jubelnde Menge, steckte sich seine Zigarette zwischen die Lippen und trat in die Mitte des Kreises, wo er sich runterbeugte, Farin mit einem kräftigen Ruck von Leon herunterzog und in die Menschenmenge schubste.

„Bleib da stehen!", befahl er und zog Leon auf die Füße. „Und du, verpiss dich!" Hadrian war genau so ruhig wie immer und dabei so respekteinflößend, dass Farin stehen blieb und Leon auf die Umstehenden zu stolperte, die ihm den Weg freigaben. Hadrian drehte sich zu Farin, der sich mit der Hand die blutende Nase abwischte. Mehrere Wunden entstellten sein Gesicht.

„Die Show ist vorbei!", rief Farin den Gaffern ungehalten zu und spuckte auf den Boden. Während die Menge sich langsam auflöste, blieb Debby stehen und knibbelte an ihrem Fingernagel. „Ich such mal 'n bisschen Wasser", sagte er und wischte sich einen Schwall frisches Blut von der Oberlippe, ehe er sich auf den Pickup zubewegte.

„Macht er sowas eigentlich öfter?", fragte sie Hadrian, als er außer Hörweite war.

„Was meinst du?" Hadrian klopfte die Asche von seiner Kippe und nahm einen Zug.

„Sich schlagen."

Er zuckte mit den Schultern. „Wenn wir ehrlich sind, haben weder dein Ex noch Leon es anders verdient. Er ist ein Schwätzer, der nicht weiß, wann man besser den Mund halten sollte."

Debby schaute in die Richtung des Pickups, hinter dem Farin verschwunden war. Sie schwieg eine ganze Weile und schob Leons Worte in ihrem Mund von links nach rechts.

„Er hat mir von Karel erzählt", flüsterte sie. „Wie er war und wieso er … du weißt schon. Keine Ahnung, ob das stimmt, was er gesagt hat."

Hadrian schaute sie an und schnipste seine Zigarette nach einem letzten Zug in die Feuertonne. „Niemand außer Karel könnte diese Frage beantworten. Ich will gar nicht wissen, was Leon dir erzählt hat und Farin solltest du auch nichts davon sagen. Er hat nie viel über ihn oder die Zeit damals gesprochen, er hat mir nicht mal von Noah erzählt. Ich glaube, er möchte einfach nur vergessen, auch wenn er das nicht kann."

Hadrians Blick war so voller Trauer und Sorge, dass ihr ein Schauer den Rücken hinablief.

„Es ist nicht einfach, mit ihm befreundet zu sein, oder?", fragte sie.

Hadrian schüttelte den Kopf. „Er hat's verdient, dass sich jemand um ihn kümmert."

45

„Lass uns abhauen", sagte Farin, als er zurückkam. Das Blut war abgewaschen, dafür schimmerte seine Haut an manchen Stellen blau, das Auge war angeschwollen.

„Ich bleib' noch", erwiderte Hadrian. Farin nickte und verabschiedete sich mit einem Handschlag von ihm.

„Pass auf Les auf und sieh zu, dass sie nach Hause kommt", bat er und Hadrian nickte.

Debby schaute zu Les, die noch immer im Arm des Kerls mit dem roten Iro lehnte, der gerade aus einer Schnapsflasche trank und einen Schritt zur Seite schwankte, woraufhin sie stolperte.

„Keine Sorge", sagte Hadrian und klopfte Farin auf die Schulter, während der sich an Debby wandte.

„Kommst du mit?"

Sie nickte und umarmte Hadrian zum Abschied.

„Passt auf euch auf", sagte er.

„Ihr auch", erwiderte sie und lächelte ihn an, ehe sie an Farins Seite auf die Dunkelheit und Kälte zulief, die zwischen den Bäumen auf sie wartete. Nach dem gleißenden Scheinwerferlicht wirkte der Wald noch dunkler, während die Kälte von unten in ihre Jacke kroch. Sie zog den Reißverschluss bis zum Kinn hoch und betrachtete die flackernden Schatten, die das Feuer ins Unterholz warf.

Alles Mögliche konnte sich hinter den Baumstämmen verbergen, sie würden es nicht sehen. Würden die Personen nicht sehen, wenn dort welche waren. Debbys Herz klopfte ein wenig schneller, während Bilder von Messern, Schusswaffen und Kerlen mit Masken vor ihrem inneren Auge vorbeiflogen. Sie rückte ein wenig näher an Farin heran.

„Tut mir echt leid, dass das so'n beschissenes Ende genommen hat", sagte der und übertönte das Knacken der Äste unter ihren Füßen und das Rascheln der Blätter über ihren Köpfen. „So hast du's dir bestimmt nich' vorgestellt."

„Mach dir keinen Kopf, ist alles in Ordnung", lächelte sie, aber er schüttelte den Kopf, zog sein Zigarettenpäckchen aus der Jackentasche und steckte sich eine zwischen die Lippen. Das Feuerzeug flammte auf und durchbrach für einen Augenblick die Dunkelheit bis nur noch das schwache Glühen der Kippe blieb. „Ich schaff's einfach nich', mal irgendwas mit dir zu unternehmen, was nich' am Ende irgendwie scheiße wird. Und das liegt an mir."

„Das stimmt doch gar nicht. Ich hatte Spaß heute und was ist mit dem Abend, an dem wir im Booze waren? Oder als wir mit Hadrian und Lasko in der Kneipe waren letztens, das war auch schön." Sie griff nach seiner Hand und schenkte ihm ein aufmunterndes Lächeln, das er in der Dunkelheit wahrscheinlich gar nicht sehen konnte.

„Nein!", erwiderte er deutlich.

„Was nein?"

„Nein halt." Sein Griff um ihre Finger versteifte sich. Seine Wut schien noch nicht verraucht und sich jetzt von Leon auf ihn selbst zu übertragen. Wahrscheinlich wäre alles, was sie jetzt sagen konnte, falsch.

Sie strich mit ihrem Daumen über seinen Handrücken und richtete den Blick schweigend geradeaus, wo sie langsam mehr erkannte als Schwärze. Schweigend stapften sie durch das Unterholz, immer weiter an gleich aussehenden Bäumen vorbei, die wieder und wieder vor ihnen auftauchten. Der Wald nahm kein Ende. Gerade als Debby sich sicher war, dass sie sich verlaufen hatten, erreichten sie den Waldrand und traten auf die unbeleuchtete Landstraße.

Ein eisiger Wind fuhr ihr durch die Haare und sie schlang ihren Arm eng um ihren Körper, während sie die Straße überquerten und die Stufen zum Bahnsteig hinaufstiegen. Eine Bank gab es nicht, also blieben sie nahe der einzigen Neonröhre stehen.

Farin schaute Debby an, zog seine Jacke aus und hängte sie ihr um die Schultern. Ein leichtes Lächeln verzog seine Lippen.

„Danke", flüsterte sie in die Stille. Keine Autos waren zu hören, keine Vögel und keine Menschen. Nur der Wind, der in den Blättern der Bäume raschelte und das Surren der Lampe.

Farin legte seinen Arm um ihre Schultern und sie kuschelte sich an ihn.

Der Zug kam knapp zwanzig Minuten später. Sie setzten sich nebeneinander und schwiegen während der Fahrt zu Farins Zuhause. Dort angekommen zogen sie sich vor der geschlossenen Wohnungstür die Schuhe aus und in Debbys Kopf hallten die Worte von Farins Mutter nach, die sie bei ihrem letzten Besuch mitangehört hatte. Hoffentlich schlief sie schon. Hoffentlich behielt sie ihre Gemeinheiten für sich und ließ ihn in Frieden.

Farin schloss die Tür auf und als sie hinter ihm eintrat, lauschte sie. Kein Laut drang aus den im Dunkeln daliegenden Räumen zu ihr, auch der Fernseher im Wohnzimmer war aus. Wie schon bei ihrem ersten Besuch breitete sich das Gefühl aus, dass Farin allein hier wohnte, doch da war immer noch die drückende Atmosphäre, die von einer Mutter sprach, die ihrem einzig verbliebenen Sohn keine Liebe schenken wollte. Oder konnte.

Debbys Zahnbürste lag im Bad noch an derselben Stelle, an der sie sie zurückgelassen hatte, und ein Lächeln huschte über ihre Lippen. Sie brauchte kein Teil von seinem Leben werden – sie war bereits eins.

Zurück in seinem Zimmer nahm sie sein T-Shirt entgegen und zog es sich schweigend über den Kopf. Ihr Blickt glitt über seinen nackten Oberkörper, der ebenfalls ein paar Blessuren von der Schlägerei davongetragen hatte. Wie er so am Fenster saß und mit dem Blick in den Himmel gerichtet an seiner Zigarette zog, konnte sie seine Rippen zählen. Ganz viele weiße, ein paar mit blauen Flecken gespickte.

Sie setzte sich aufs Bett und Farin kam dazu, nachdem er seine Zigarette in dem Aschenbecher auf seinem Schreibtisch ausgedrückt hatte. Sie legten sich hin und er zog sie näher an sich.

„Schlaf gut", flüsterte er und drückte ihr einen Kuss auf die Stirn.

„Du auch."

Frieden legte sich über ihren aufgewühlten Geist, als sie sich in seinen Arm kuschelte. Die wirren Gedanken an Leons Worte, Farins Erzählungen, die Zeit mit Noah und die Frage nach Karels Motiven verblassten. Das alles war nicht wichtig, es war Vergangenheit und konnte nicht mehr beeinflusst werden. Einzig die Zukunft zählte.

Am nächsten Tag machten Farin und Debby sich auf den Weg zu Hadrian, der sie zum Kochen eingeladen hatte. Die Leute am Bahnhof starrten ihn noch länger an als sonst.

„Ihr solltet den anderen sehen", sagte er mit hochgezogener Augenbraue zu ein paar besonders penetranten Gaffern und lachte bei einer anderen Gruppe, die zusammenzuckte, als er plötzlich einen Satz auf sie zumachte.

Debby grinste in sich hinein und schüttelte den Kopf, woraufhin Farin ihr einen Kuss gab und sie mit sich zu den Gleisen zog.

Das Haus, in dem Hadrian lebte, stand in einer ähnlichen Siedlung wie die, in der Debby wohnte. Ein steinerner Vorgarten mit ein paar kleinen Statuen erstreckte sich vor der strahlend weißen Fassade und den Kästen mit den bunten Blumen, die vor jedem Fenster hingen. Bunte Blumen, die in einer immer gleichen Reihenfolge gepflanzt worden waren, während Hadrian nicht mal seine Springerstiefel mit derselben Anzahl Löcher schnürte.

Er öffnete ihnen, bevor sie die Hand zu der silbern glänzenden Klingel ausstrecken konnten.

„Schön, dass ihr da seid. Kommt rein", lächelte er. Statt in einer kaputten Militärhose steckten seine Beine in einer schief abgeschnittenen Jogginghose und zwei unterschiedlich langen und unterschiedlich farbigen Socken. Eine von ihnen entblößte durch ein Loch in der Hacke ziemlich viel Haut. Sein Iro war nicht aufgestellt, sondern zu einem Zopf gebunden.

Farin ging in die Hocke und begann seine Stiefel aufzuschnüren und Debby beugte sich herunter und tat es ihm gleich. Sie ließen die Schuhe draußen stehen und traten ein, Farin begrüßte Hadrian mit einem Handschlag, bevor Debby von diesem in eine Umarmung gezogen wurde.

„Seid ihr gestern gut nach Hause gekommen?", fragte er, während Farin auf seinen pinken Socken über die unfassbar sauberen Fliesen lief und rechts in den ersten Raum einbog.

„Ja", lächelte sie. „War's noch schön?"

„Mein Kater sagt, es war bombastisch", grinste Hadrian und schob die Tür zu, ehe er Debby in die Küche führte.

Das edle Mobiliar war schlicht in grau und weiß gehalten und mit den verchromten Armaturen wirkte der Raum wie die Titelseite eines Möbelkatalogs.

Lasko saß am Küchentisch und Farin ließ sich auf den Stuhl ihm gegenüber fallen.

Debby blieb neben dem Tisch stehen, während Hadrian an die Arbeitsplatte trat, wo schon Schneidebrett, Messer und Gemüse bereit lagen.

„Kann man dir helfen?", fragte sie, als weder Lasko noch Farin Anstalten machten, aufzustehen. „Wir wollten doch zusammen kochen, oder?"

Die Jungs lachten, dann schüttelten Lasko und Hadrian mit recht ernsten Mienen den Kopf. Letzterer legte das Messer wieder hin, zog den freien Stuhl neben Farin ab und machte eine einladende Geste.

„Du musst wissen, Debby", begann er, während sie an Farin vorbei ging und sich auf der Sitzfläche niederließ, „Farin kann Paprikas nicht von Chilis unterscheiden." Er holte tief Luft, schüttelte mit betretenem Gesichtsausdruck den Kopf und schaute zu Boden, ehe er sich zum Schneidebrett zurückbegab.

Debby schaute Farin an, der grinsend mit den Schultern zuckte. „Die sind beide rot und länglich", verteidigte er sich lachend und verstummte, als sie hörten wie sich ein Schlüssel im Türschloss drehte.

„Ich dachte, dein Vater ist unterwegs", sagte Lasko, ohne sich Richtung Tür zu drehen.

„Dachte ich auch", murmelte Hadrian, der die Küchentür fixierte. Mit dem Messer in der Hand verspannte er sich.

Jemand trat ein, die Tür wurde energisch geschlossen. Das Klacken von Absätzen erklang, als die Person mit kräftigen Schritten durch den Flur marschierte. In der Tür erschien ein groß gewachsener Mann, der sein gebügeltes Hemd in die Hose gesteckt hatte. Die Lederschuhe glänzten makellos, während das Haar gleichmäßig kurzgeschoren und die Haut in seinem Gesicht vom Wetter gegerbt und gebräunt war. Mit einem eisigen Blick musterte er die Anwesenden einen nach dem anderen.

„Hallo, Sohn", sagte er kühl in Hadrians Richtung. Der richtete sich auf, schien die kerzengerade Haltung des Mannes zu spiegeln. „Was soll das hier werden? Und was machen deine Freunde schon wieder hier?"

Noch nie hatte Debby jemanden das Wort *Freunde* so abfällig auf den Boden spucken hören.

„Wir kochen", erwiderte Hadrian ebenso kühl. Seine Hand verkrampfte sich und Debby sah, wie er vorsichtig das Messer zur Seite legte, ehe er sich komplett umdrehte.

„Kochen, aha. Und ich muss dann später wieder deinen Dreck wegmachen, wie?"

„Keine Sorge, ich werde alles aufräumen." In diesem Moment war Hadrian nicht die Ruhe selbst. Sogar seine Stimme klang angespannt.

„Ja, ja, komm. Lass gut sein." Sein Vater wischte mit der Hand von oben nach unten durch die Luft und schüttelte den Kopf, dann blieb sein Blick an Farin hängen. Der hob das Kinn und hielt dem Blick des Mannes stand, der ungeniert die Blutergüsse in seinem Gesicht musterte. „Wenn es nach mir gehen würde, dann würdet ihr Punks alle so aussehen. Ihr seid lächerlich, wirklich. Eine echte Schande für die Gesellschaft, aber das gefällt euch wahrscheinlich noch." Mit abwertendem Blick schüttelte er den Kopf. „Was wollt ihr erreichen? Mit eurem dummen Anarchismusgerede und eurer Sauferei. So eine Welt wird nie funktionieren, hört ihr?"

Wer hatte ihn überhaupt nach seiner Meinung gefragt?

„Die Menschen brauchen jemanden, der sie führt und der ihnen zeigt, was richtig und falsch ist. Kriege sind notwendig, sie bringen uns voran. Gesellschaftlich und technisch. Würden alle nur gemeinsam Blumen pflücken und Bier trinken, wären wir heute noch im finsteren Mittelalter. Versoffenes Pack." Er machte einen Schritt in die Küche und fixierte Hadrian mit seinem Blick. „Dass ausgerechnet du mir so in den Rücken fällst und mich so blamieren musst, schockiert mich immer wieder. Wirklich, Hadrian. So hab' ich dich nicht erzogen. Aus dir, aus euch allen, wird nie etwas werden. Stellt euch gegen den Staat, dank dem es euch so gut geht. Ihr seid verwöhnte Bengel, denen nichts als die Prügelstrafe helfen würde. Anders kann man euch nicht zur Vernunft bringen."

Mit zusammengezogenen Augenbrauen schaute Debby Hadrians Vater an und Farin holte Luft, wurde aber mit einem warnenden Blick von Hadrian zum Schweigen gebracht.

„Bist du fertig?", fragte er seinen Vater.

„Mit dir schon lange. Da ist alle Hoffnung verloren." Er verschwand nach oben, seine Schritte waren laut auf der Treppe. Debby hörte durch die Decke, wie er über ihren Köpfen herumstampfte, dann die Stufen wieder herunterkam. Er richtete seinen Hemdkragen vor dem Spiegel, vermied es, noch einen Blick in die Küche zu werfen und verschwand so schnell wie er gekommen war durch die Eingangstür.

Hadrian atmete tief durch. Er entspannte seine verkrampften Hände und drehte sich zum Schneidebrett um. Mit kräftigen Bewegungen zerteilte er das Gemüse.

„Tut mir leid, Debby, ignorier ihn einfach. Der kommt so schnell nicht wieder, er hat Wichtigeres zu tun. Er muss unser wundervolles Vaterland beschützen."

„Hadrians Vater ist irgend'n hohes Tier beim Militär und leider immer noch nicht darüber hinweggekommen, wie verkommen sein Sohn ist", erklärte Farin, der die Unterarme auf den Küchentisch stützte.

Debby nickte, ihr Blick blieb an der Küchentür hängen. War Hadrian Punk geworden, um gegen seinen Vater zu rebellieren?

Lasko holte sein Handy heraus und ließ einen Punksong laufen, in dem der Sänger so wütend herumbrüllte, dass sie kein Wort verstand. „Vergesst den Typen. Mancher Leuts Augen bleiben verschlossen", sagte er.

46

„Eindeutig zu wenig Chili", meinte Farin, nachdem er sich die erste Gabel in den Mund geschoben hatte. Zu viert saßen sie am Küchentisch, jeder einen dampfenden Teller vor sich.

„Halt die Fresse", sagte Hadrian, der Debby gegenüber neben Lasko saß.

„Schmeckt echt gut", lächelte sie und Hadrian zog die Mundwinkel hoch.

„Danke", erwiderte er und schaute zu Farin. „Siehse, sie weiß wenigstens, was gut ist."

„Was meinst du, wieso sie mich will?", grinste der und lachte auf.

„Sagt wer?", fragte Debby.

Farin schaute ihr in die Augen. „Etwa nicht?", fragte er mit rauer Stimme und sie konnte nicht verhindern, dass ihr die Hitze in die Wangen stieg. Sie senkte ihren Blick auf ihren Teller und schob sich eine Gabel mit Gemüse in den Mund.

Hadrian rückte seinen Stuhl ab und verteilte Gläser, ehe er eine angefangene Flasche Apfelschorle aus dem Kühlschrank nahm und ihnen eingoss. Sie aßen und lachten zusammen, räumten den Tisch ab und putzten die Küche. Zum Nachtisch holte Hadrian ein paar Süßigkeiten, die seine kleine Schwester gestern Abend von Haus zu Haus ziehend erbeutet hatte.

Als Debby und Farin am Abend am Gleis standen, rieb er seine Handflächen aneinander. Ein wenig unruhig tastete sein Blick die Umgebung ab und blieb immer wieder an Debby hängen.

„Das war ein schöner Tag heute", lächelte sie.

Mit der Hand fuhr er sich durch den Nacken und vergrub die Finger in den Jackentaschen.

„Ja, war's", murmelte er und schaute ihr in die Augen. „Hast du vielleicht Lust, nochmal mit zu mir zu kommen?"

„Ich weiß nicht", sagte sie und zog unter seinem eindringlichen Blick die Augenbrauen zusammen.

„Ich mein', heute war ein schöner Tag und ich hab' nichts getrunken oder so." Er schaute sie fragend an und sah dabei ungewohnt unschuldig aus.

Debby zog die Augenbrauen noch ein wenig enger zusammen, als sie es plötzlich verstand. Ihre Handinnenflächen begannen zu schwitzen und sie verknotete ihre Finger miteinander.

„Natürlich nur wenn du willst", sagte Farin schnell.

„Doch, ich will", sagte sie. „Ich würde gerne noch mitkommen." Sie setzte ein Lächeln auf, während ihr Herz schneller klopfte. „Ich sag' nur schnell meiner Mutter Bescheid." Sie konzentrierte sich auf die Buchstaben auf ihrem Handybildschirm, während sie tippte.

Es war soweit.

Heute Abend war es soweit.

Von Farins Mutter war wieder nichts zu sehen, aber diesmal flimmerte der Fernseher im Wohnzimmer. Sein flackernder Lichtschein erhellte den dunklen Flur, aber bevor Debby erkennen konnte, was dort lief, schob Farin sie in sein Zimmer und schloss die Tür.

Obwohl sie schon ein paar Mal in diesem Raum gewesen war, wusste sie nicht, wohin mit sich. Neben dem ungemachten Bett blieb sie stehen, schaute auf das zerknitterte Laken und die zusammengeknüllte Decke. Schaute zum Fenster, an die Wand.

Farin trat an sie heran. Sein Auge war abgeschwollen und hatte sich in ein dunkelblaues Veilchen verwandelt, unter dem ein paar Krusten und weitere blaue Flecken von Leons Schlägen erzählten. Er kam ihr ganz nah. Sanft öffnete er den Reißverschluss ihrer Jacke und schob sie ihr von den Schultern. Er befreite ihre Arme und ließ die Jacke zu Boden rutschen, auch seine eigene warf er ab. Mit einem Lächeln im Gesicht nahm er ihre Hand und führte sie an die Seite des Bettes. Sanft drückte er sie auf die Matratze und zog sich seinen Kapuzenpulli über den Kopf, ehe er sich über sie beugte. Sie verkrampfte sich. Sie lag auf dem Rücken, die Füße noch auf dem Boden und schloss die Finger um ihren Daumen, während sie zu Farin hochschaute.

„Keine Angst", flüsterte er und streichelte ihr behutsam über die Wange. Mit geschlossenen Augen küsste er sie, ließ seinen Finger an ihrem Hals entlang zu ihrer Schulter wandern. Er packte sie an den Seiten und schob sie sanft weiter aufs Bett, ehe er seine Hand unter ihren Pulli schob und ihre Haut liebkoste. Vorsichtig zog er ihr das Oberteil aus und wanderte mit seinen Fingern zu ihrem Rücken. Er ertastete den Verschluss des BHs und schaute ihr tief in die Augen, als er ihn öffnete. „Darf ich?" Er ließ den Stoff auf ihren Brüsten liegen, bis sie nickte.

Ihr Atem ging schnell, ihr Herz pochte schneller. Sie entspannte sich, während er ihr den BH auszog und sie wieder fest und fordernd küsste wie beim ersten Mal, als sie einander nähergekommen waren. Die Hitze verbreitete sich in ihrem Inneren und sie streckte die Hände aus. Berührte seinen Körper, zog ihn näher an sich heran, bis er mit seinem ganzen Gewicht auf ihr lag. Seine Küsse wurden inniger, dann drehte er sich von ihr herunter und zog sie auf sich. Sie verlor sich in den Tiefen seiner dunkelblauen Augen, während er die Hände zu ihrer Hose schob, sie aufknöpfte und langsam über ihren Hintern auszog.

„Bist du dir sicher, dass du das möchtest?", flüsterte er und sie nickte atemlos. Er schob sie wieder von sich herunter, drückte sie in die Matratze.

„Ich liebe dich!", hauchte sie.

Farin hielt in seinen Bewegungen inne und schaute ihr tief in die Augen.

„Ich liebe dich", erwiderte er und seine Worte hinterließen eine Gänsehaut auf ihrer nackten Haut. Jede seiner Berührungen verursachte ein Kribbeln, das sie bald wahnsinnig zu machen drohte. Aus seinem Nachttisch holte er ein Kondom hervor und öffnete die Verpackung mit den Zähnen, während er mit der freien Hand durch ihr Haar strich.

„Sag mir, wenn irgendwas ist", flüsterte er, entledigte sich seiner Hose und zog sich das Kondom über. Sie sah nicht hin, konzentrierte sich auf das Blau seiner Augen. Versuchte, sich jede Musterung einzuprägen, jede feine Linie, jeden Punkt. Ihr Herz schlug zu schnell und sie nahm jede von seinen Berührungen unglaublich intensiv wahr. Sanft schob er ihre Beine auseinander und sie ließ ihn. Ihre Atmung beschleunigte sich, aber Farin unterdrückte ihre Angst mit seinen sanften Küssen. „Entspann dich. Genieß es." Er liebkoste ihren Hals mit seinen Lippen. Zärtlicher, als sie es ihm zugetraut hätte, näherte er sich ihr.

Sie schloss die Augen und ließ los, statt sich für das erste Mal zu wappnen. Konzentrierte sich auf Farin, seine Nähe, seine Wärme und seine Berührungen. Ließ sich fallen und genoss, dass er ihr für einige kostbare Momente so nah wie irgend möglich war.

Die Nächte wurden länger, die Tage immer kürzer und kälter. Farin und Debby sahen sich unter der Woche nicht viel, da er arbeiten musste und sie sich aufs Abi vorbereiten wollte. Kein halbes Jahr mehr bis die Prüfungen anstanden, die ihr weiteres Leben, ihre Zukunft, bestimmen sollten.

An einem Samstag im Dezember saß sie zusammen mit Hadrian, Lasko, Farin und Les in der Kneipe.

„Kommt ihr mit, eine rauchen?", fragte Farin und stellte sein leeres Bierglas auf den Tisch. Hadrian nickte und erhob sich, auch Lasko stand auf. Farins Blick blieb an Les hängen.

„Ich komm' sofort nach", sagte diese und Farin strich Debby lächelnd mit dem Finger über die Wange, ehe er sich mit den anderen beiden auf den Weg machte. Les wartete bis sie sich ein paar Schritte entfernt hatten und drehte sich dann zu Debby. „Farin scheint echt glücklich mit dir zu sein."

Debby bemühte sich, ihr Lächeln zu unterdrücken und schaute sie an.

„Er bedeutet mir echt viel", sagte Les und ihre sonst so laute Stimme ging fast in der hämmernden Musik unter.

„Mir auch", sagte Debby.

Les nickte.

„Alles Gute, okay? Ich versteh immer noch nicht, was er an dir findet, aber ich will ihm nichts kaputt machen und du bist schon ganz okay, schätze ich. Sei einfach nicht scheiße zu ihm."

„Niemals", sagte Debby und ließ ihr Lächeln nun doch zu.

Les erwiderte es und stand auf. Sie nickte Debby zu, ehe sie den Jungs nach draußen folgte.

Am nächsten Morgen ging Debby von Farin aus direkt zu ihrer Oma, wo sie mit ihren Eltern zum Kuchen essen verabredet war. Ihre Mutter öffnete ihr und ging in die Küche voran, wo ihr Vater und ihre Oma schon am gedeckten Tisch saßen.

„Hallo, Oma", lächelte Debby und umarmte sie.

„Hallo, Kindchen", erwiderte sie und drückte ihr einen feuchten Kuss auf die Wange.

„Ich soll dir liebe Grüße von Farin bestellen", sagte sie, während sie sich neben ihre Mutter auf die Bank setzte.

„Dankeschön, Kindchen! Bestell ihm auch liebe Grüße, ja?" Sie streckte die Hände aus und begann den Kuchen zu verteilen. „Wo wir das Thema gerade schon angeschnitten haben: Ich möchte dieses Jahr wieder mit der ganzen Familie Weihnachten hier bei mir feiern. Ihr kommt doch?"

„Natürlich", sagte Susanne und hielt der Oma ihren Teller hin.

Rita nickte und tat ihr auf.

„Debby, ich möchte, dass du Farin einlädst. Ich hätte ihn gerne dabei." Sie hob den Blick und schaute ihre Enkelin an.

„Klar, ich frag' ihn", erwiderte sie und nickte.

„Muss das wirklich sein?", fragte ihre Mutter und erntete einen enttäuschen Blick von Debbys Oma, der sie den Kopf senken ließ.

„Ich wäre gerne dabei. Weihnachten mit der Familie, so richtig mit Baum und Essen, klingt schön", sagte Farin am nächsten Tag in der Pause. Er lächelte und nahm einen Zug von seiner Zigarette.

„Meine ganze Familie wird dabei sein", betonte Debby und er lachte.

„Mach dir keine Sorgen, mit deinen Eltern werd' ich schon fertig. Wird schon." Er war seit ein paar Wochen ziemlich gut drauf. Wie Hadrian gesagt hatte. Auf seine schlechten Zeiten folgten bessere und es tat ihr im Herzen gut, ihn zufrieden zu sehen. Weniger fertig, seltener betrunken. Es gab Hoffnung für sie alle.

Die Zukunft war noch nicht geschrieben und hielt so viel Positives bereit, dass man über die Regentage hinwegsehen konnte. Die Sonne würde wieder aufgehen und eines schönen Tages würde sie auch für Farin scheinen.

47

Farin sah wirklich gut aus am Weihnachtsabend, fand Debby. Er trug einen einfachen schwarzen Kapuzenpullover, schwarze, zerrissene Röhrenjeans und seine unverzichtbaren pinken Socken.

Ihre Verwandten erwischte sie immer wieder dabei, wie sie ihn anstarrten oder ihm heimliche Blicke zuwarfen, aber niemand sagte etwas gegen ihn, alle waren höflich und freundlich und spätestens, als Debbys Oma das Essen auftischte, hatten sich alle an sein Aussehen gewöhnt.

Kerzen brannten in der Tischmitte und leise Weihnachtsmusik tauchte den Raum in eine angenehme Wärme.

„Ich freu' mich, dass du hier bist, Jungchen", sagte Debbys Oma zu Farin. Sie saß am Kopfende des Tisches, er neben ihr an der Längsseite.

„Danke für die Einladung", erwiderte er mit einem herzerweichenden Lächeln.

Debbys Tante verteilte Klöße an ihre beiden kleinen Mädchen, die auf ihren Stühlen knieten.

„Keine Ursache, du gehörst doch zur Familie", erwiderte die Oma. Farin lächelte noch ein bisschen breiter, senkte den Blick und schaute zu Debby, die sein Lächeln ganz berührt erwiderte.

„Find' ich auch", sagte sie leise. „Ohne dich würde heute jemand fehlen."

Er griff unter dem Tisch nach ihrer Hand und drückte sie fest, sein Blick sprach eine Dankbarkeit aus, die sie nicht in Worte fassen könnte. Dieser Abend bedeutete ihm unglaublich viel.

Sie verspeisten köstliche selbstgemachte Klöße mit Rotkohl und Farin spielte nach dem Essen mit Debbys jüngeren Cousinen und Cousins, die begeistert an den Ketten an seiner Hose zogen und ihm durch die wilden Haare fuhren. Debby beobachtete von der Couch aus wie er mit den Kleinen lachte.

Ob er und Felix sich auch so gut verstanden hatten? Wie alt wäre er heute überhaupt?

Nach einer Weile stand er auf und hauchte Debby einen Kuss auf die Wange, ehe er in den Flur ging und mit seinen Zigaretten in der Hand zurückkam. Auf Socken trat er in den Garten und durch die spiegelnden Scheiben konnte sie nur das Feuerzeug aufflammen sehen, dann die Glut im Dunkeln.

„Wie läuft es denn eigentlich in der Schule? Du machst dieses Frühjahr dein Abitur, oder?", fragte ihre Tante und setzte sich in ihr Blickfeld.

„Ja, genau. Nicht mehr lange", erwiderte sie lächelnd.

„Wie läuft's?"

„Na ja, es ist echt ziemlich viel zu lernen", begann sie und war noch im Gespräch, als Farin wieder reinkam. Er wirkte nachdenklich und setzte sich an den Tisch, statt zu den Kindern auf den Teppich. An ihrer Tante vorbei sah sie ihn die Weinflasche greifen und sein Glas auffüllen. Mit wenigen Schlucken trank er es leer.

„Entschuldige", murmelte sie und wollte aufstehen, aber ihre Tante legte ihr die Hand auf den Unterarm.

„Warte mal. Weißt du, Micha und ich haben darüber nachgedacht", redete sie weiter, während Farin hinter ihr den Rest aus der Flasche in sein Glas kippte, es austrank, und sich über den Tisch streckte, um nach der nächsten Flasche zu greifen. Als sie es endlich schaffte, sich loszureißen und aufzustehen, schnitt ihr Onkel ihr den Weg ab. „Wir haben uns heute ja noch gar nicht unterhalten", sagte er und verdeckte mit seinem stämmigen Körper Farin hinter sich.

„Wir können ja gleich sprechen, ich wollte kurz", sagte Debby, aber er legte ihr eine schwere Hand auf die Schulter und begann auf sie einzureden. Sie trat einen Schritt zur Seite und sah hilflos zu, wie Farin sämtliche Weinflaschen in Reichweite leerte. Als sie endlich zu ihm durchkam und neben ihm Platz nahm, war sein Blick unfokussiert.

„Alles in Ordnung?", flüsterte sie, während ihre Oma im Hintergrund gerade eine DVD aus dem Schrank holte.

„Wir schauen jetzt alle zusammen einen Weihnachtsfilm und danach gibt es Bescherung!", verkündete sie fröhlich, während er träge nickte. Er kippte den Rest einer vorhin noch vollen Flasche in sein Glas und schüttete es wie Wasser hinunter, während auf dem Fernseher das Startmenü von *Rudolph* erschien.

Debby biss sich auf die Unterlippe. Was sollte sie sagen? Sie wollte seinen Alkoholkonsum nicht kritisieren wie es alle immer taten, sie akzeptierte ihn, wie er war. Aber irgendwas stimmte nicht. Irgendwas war passiert in den Minuten, die er zum Rauchen draußen gewesen war.

„Gibt's noch Wein?", fragte er und schaute sie an.

„Ich ... weiß nicht", murmelte sie und schaute zu den Wohnzimmerschränken, in denen ihre Oma die Flaschen meist aufbewahrte.

Farin folgte ihrem Blick und stand auf. Er öffnete die Vitrine und nahm eine neue Flasche heraus, mit der er sich wieder an den Tisch setzte, den Korken zog und sein Glas füllte.

Debbys Familie verteilte sich auf die Couch und die Stühle, die Kinder nahmen zu Füßen der Erwachsenen Platz und die Oma startete den Film. Stille kehrte ein und während alle gebannt auf den Fernseher schauten, trank Farin den Wein leer.

Debby knibbelte an ihrem Daumennagel herum.

„Wirklich alles gut?", fragte sie nochmal.

„Bestens", murmelte er, stand auf, schob sich am Fernseher vorbei und trat in den Flur, wo nur wenige Sekunden später die Haustür zuschlug.

Debby sprang auf und rannte ihm hinterher. Sie riss die Tür auf und ein eisiger Wind schlug ihr ins Gesicht. Es hatte zu schneien begonnen und ein feiner, weißer Film legte sich über die Landschaft.

Farins Schuhabdrücke führten die Treppe herunter, durch den Vorgarten und um die Ecke auf den Bürgersteig. Von ihm war schon nichts mehr zu sehen.

„Was machst du da?", erklang die Stimme ihrer Mutter.

Debby drehte sich zu ihr um.

„Wo ist Farin hin?", fragte ihre Oma, die in den Flur gehumpelt kam.

„Er ... musste weg", murmelte sie und spürte einen Stich in ihrem Herzen.

„Wir wollten doch jetzt Bescherung machen", sagte ihre Oma.

„Ich", setzte Debby an, aber ihre Mutter unterbrach sie.

„Du bleibst zumindest solange, bis alle ihre Geschenke ausgepackt haben!", verlangte sie und die Oma nickte zustimmend.

Debby schaute von einem Gesicht ins andere und schob seufzend die Tür zu. Wahrscheinlich hatte ihre Familie Farin zu sehr an seine eigene erinnert. An die Weihnachten mit seinen Eltern und seinem Bruder, die es nie wieder geben würde. Die es seit Jahren nicht gegeben hatte.

Mit gesenktem Blick trottete sie ins Wohnzimmer zurück und versuchte aus dem Fenster zu schauen, während die Geschenke verteilt wurden. Sie erblickte ihr Spiegelbild, ihre Familie im Hintergrund. Mehr nicht.

Sie verteilte ihre Päckchen an ihre Verwandten und zwang sich zu einem Lächeln, als sie eine Dekofigur aus Glas, einen Pullover und zwei DVDs auspackte. Immer wieder wanderte ihr Blick zu den unberührten Päckchen, die noch unter dem festlich geschmückten Baum lagen. Ihr Geschenk für Farin und das ihrer Oma. Mit einem Blick in die leuchtenden Kinderaugen und auf die fröhlichen Erwachsenen stand sie auf und griff sich das rechteckige, flache Päckchen.

„Ich wünsche euch allen noch einen wunderschönen Abend, ich hab' noch was zu erledigen. Fröhliche Weihnachten!", lächelte sie und verließ schnellen Schrittes das Wohnzimmer. Sie hatte Schuhe und Jacke angezogen und das Haus über Bernhards schlafenden Körper hinweg verlassen, bevor jemand sie aufhalten konnte. Mit ihrem Geschenk unter dem Arm stapfte sie durch den Schnee, während ihr Atem vor ihr in weißen Wölkchen sichtbar wurde. Sie versuchte Farin anzurufen, aber er ging nicht an sein Handy.

Zuerst schaute sie an dem Berg vorbei, auf dem sie mit ihm den Sonnenaufgang angeschaut hatte, aber da war er nicht. Sie fuhr zum Bahnhof und von dort zum Booze, das auch heute geöffnet hatte. Die Besucher sahen noch abgestürzter und fertiger aus als sonst, aber Farin war nicht unter ihnen. Schnell verließ sie die zwielichtige Gegend wieder. Immer öfter wechselte sie die Hand, mit der sie das Geschenk hielt, denn der schneidende Wind saugte ihr in kürzester Zeit alles Gefühl aus den Fingern. Notdürftig wärmte sie die freie Hand in ihrer Jackentasche, ihre Handschuhe hatte sie bei ihrer Oma vergessen.

Es hörte auf zu schneien, aber die weiße Decke blieb liegen. Der klare, blaue Fluss stach aus der einfarbigen Landschaft hervor und nur ein einziges Paar Fußspuren führte zu der kleinen Brücke.

Farin saß auf den Holzbrettern, ließ die Füße über dem Wasser baumeln und stützte seinen Kopf auf den unteren Teil des Geländers. Der Schnee knirschte unter Debbys Schuhen, als sie sich ihm näherte, aber er bemerkte sie erst, als sie sich neben ihn setzte und ihre Füße ebenfalls über den Rand der Brücke baumeln ließ. Der kalte Schnee zog in ihre Jeans, aber sie blieb sitzen. Die Kälte in ihrem Herzen, als sie Farin so dasitzen sah, war schlimmer.

„Was machse hier?", nuschelte er. Seine Zunge stieß beim Sprechen an, seine Worte waren verwaschen. Es musste inzwischen nach null Uhr sein, der Weihnachtsmorgen bereits begonnen haben. Der Himmel war wolkenlos, unendliche viele Sterne leuchteten mit dem Mond um die Wette.

„Ich hab' ein Geschenk für dich", lächelte sie. Ihr ganzer Körper zitterte, während sie Farin das große, flache Paket hinhielt.

Er starrte es einen Augenblick lang teilnahmslos an, holte tief Luft und rieb sich unkoordiniert durch das Gesicht.

„Tut mir leid", murmelte er, aber sie schüttelte den Kopf.

„Es ist alles in Ordnung, ich versteh' das. Wirklich."

„Weihnacht'n mit 'ner Familie is' toll. Aber 's war nich' meine. Ich hab' keine." Er hickste und zog die Brauen zusammen. Seine Haut war blass, die Augen rot, die Augenringe dunkel.

„Mach es auf. Bitte!" Sie streckte ihm das Päckchen entgegen und wartete, bis er es ergriff. Er rutschte vom Geländer weg und setzte sich schwankend in den Schneidersitz. Mit fahrigen Bewegungen zerriss er das blaue Papier mit dem Schneeflockenprint.

Eine Leinwand kam zum Vorschein. In den verschiedensten Grüntönen war ein Baum in voller Blätterpracht darauf gemalt worden. Namen waren um die Krone verteilt und oben über der Ecke hing eine Kette.

Er starrte das Gemälde an.

„Alle deine Freunde haben an diesem Bild mitgemalt. Hadrian, Lasko und Les. Bene. Ich." Sie löste die Kette von der Leinwand und hielt Farin den Metallanhänger vors Gesicht. Eine kleinere Version des Baumes war dort eingraviert. „Hier, damit kannst du uns immer bei dir tragen."

Er löste seinen Blick von dem Bild und dem Anhänger und starrte sie an. Im Schein des Mondes konnte sie sehen, dass seine Augen unter seinem fassungslosen Blick feucht glänzten. Tränen liefen ihm über die Wangen, als sie sagte: „Du hast eine Familie, der du alles bedeutest."

Ende

Nachwort

Ein paar Dinge, deren Erwähnung vielleicht wichtig ist und vielleicht auch nicht:

In diesem Buch ist kein Platz für Rechte und ihre Symbolik. Kein Platz für (eine Seite) 88, aber Platz für eine 13, denn Neo-Nazis, Faschisten, Rassisten und der ganze Haufen sind schlimmer als jedes Unglück der Welt.

Wenn diese Geschichte Dich nur ein einziges Mal mit Freude erfüllt hat, bitte ich Dich, diese Freude weiterzugeben. Tu etwas Nettes für jemanden ohne eine Gegenleistung zu erwarten.

Geh mit offenen Augen und offenem Herzen durchs Leben und verschenk mit offenen Armen Glück und Liebe.

Ich wünsche Dir das Beste. Hab ein schönes Leben und ich hoffe, Du verbringst es damit, glücklich zu sein.

Ich freue mich stets darüber, Deine Gedanken zu meinem Geschriebenen und meinen Charakteren zu hören, also lass mir gerne eine Nachricht zukommen.

Danksagung

Ich möchte jedem danken, der Teil meines Lebens ist und war. Jedem, der seine Zeit mit mir teilt. Jedem, der mich je zum Lachen gebracht hat. Jedem, der für mich da war und mich unterstützt hat. Ich möchte hier keine Namen nennen, aber ich denke ihr wisst, dass ihr gemeint seid.

Danke an jeden, der an mich glaubt.

Danke an den Wreaders-Verlag für die Chance meinen Traum wahr werden zu lassen.

Danke an Mary, dass sie mehrfach jedes Kapitel gelesen und am Ende auch noch jedes Komma einzeln überprüft hat. Danke fürs Mut machen. Ohne dich wäre all das hier nicht möglich.

Und ich danke Farin dafür, dass er mein Leben verändert hat.